U0831948

本书是安徽省重点马克思主义学院（淮北师范大学）的建设成果

朱庆跃　李怀琴　著

近现代以来中国化马克思主义对自由主义挑战的回应研究

上海三联书店

目　录

绪　论

一、本专著研究的主要内容

本专著以问题情境作为重要的立论视阈，来就近现代中国化马克思主义对自由主义挑战的回应史展开分析和研究，探讨它们之间开展论争的源由、实质、内容和目的，着重把握不同时期、不同阶段中国的马克思主义者如何回应自由主义所提出的挑战，以及如何在总体批判的前提下对自由主义的合理性成分进行吸收的。在此基础上，科学地把握和揭示马克思主义中国化实践的实质和相关规律，以及为现实中进一步深入地推进这一实践的展开提供一些启示性思考。

(一) 关于基本概念的厘定

1. “问题”的内涵；2. “情境”的内涵；3. 问题与情境的关系。

(二) 近现代中国化马克思主义和自由主义与各自本元理论的关系

1. 近现代中国化马克思主义与马克思主义的关系；

2. 近现代中国自由主义与西方自由主义的关系。

(三) 问题情境：近现代中国化马克思主义与自由主义论争的源由和重要特征

1. 对不同时期、不同阶段具体问题情境方面认识和破解的各自差异性以及彼此质疑性，构成了双方论争的主要源由；

2. 问题情境构成了近现代中国化马克思主义与自由主义论争的重要特征（双方论争本身就是马克思主义中国化实践所面临的“问题情境”之一，双方论争具备了“问题情境”的“五要素”即托夫勒在《未来的冲击》一书中所提出的有一个“物品”即因主客观实践所造成的具体而特殊的国情、有一个场合、有一批角色、有社会组织系统的场所、有概念和信息的来龙去脉)。

(四) 革命时期中国社会所面临的具体问题情境与双方思想论争史的考察

1. 两者之间碰撞与激荡关系的具体考察和分析;

2. 两者之间互动与调适关系的具体考察和分析。

(五) 建设时期中国社会所面临的具体问题情境与双方思想论争史的考察

1. 两者之间碰撞与激荡关系的具体考察和分析;

2. 两者之间互动与调适关系的具体考察和分析。

(六) 改革开放新时期中国社会所面临的具体问题情境与双方思想论争史的考察

1. 两者之间碰撞与激荡关系的具体考察和分析;

2. 两者之间互动与调适关系的具体考察和分析。

(七) 近现代中国化马克思主义与自由主义之间思想论争的性质及其目的

1. 思想论争的性质表现(即具有强、弱两种性质)及其原因分析(强、弱两种性质差异性的原因);

2. 思想论争的目的(解决现实问题中谁为指导、社会意识构建中谁为主流、中国化本身实践中马克思主义与其他意识特别是自由主义的关系中谁为主导)。

(八) 近现代中国化马克思主义与自由主义之间思想论争的历史经验和现实启示(注重从对于一般马克思主义的发展、中国化马克思主义的发展以及社会意识形态格局的构建三个方面把握)

1. 近现代中国化马克思主义与自由主义论争的历史经验;

2. 近现代中国化马克思主义与自由主义论争的现实启示。

二、本专著拟解决的关键问题

1. 以问题情境作为重要的立论视阈,着力探讨近现代中国化马克思主义与自由主义之间开展思想论争的源由、实质、内容和目的。

2. 重点考察分析不同时期、不同阶段中国的马克思主义者如何回应自由主义所提出的挑战，以及如何在总体批判的前提下对自由主义的合理性成分进行吸收的。

3. 深刻探讨中国化马克思主义与自由主义之间思想论争对于新时期丰富和发展马克思主义、意识形态建设的启示价值。如对于一般马克思主义的发展、中国化马克思主义的发展以及对于今天如何坚持和巩固中国化马克思主义在社会意识形态格局中的主导乃至最终的主流地位等方面，可以从论争中得到哪些启示。

三、本专著拟采取的研究方法

1. 场景还原法：将近现代中国化马克思主义与自由主义之间的论争还原到当时具体的历史时期和阶段中，注重探讨就不同具体的历史情境中的问题是什么、问题为何产生以及问题如何解决等方面双方是如何认识和立论的，以寻找它们其中的差异性。

2. 系统分解法：以具体问题情境作为立论视阈，从而将中国化马克思主义与自由主义之间论争的内容分解为间接式挑战（即对不同具体的历史情境中的问题是什么、问题为何产生以及问题如何解决等方面，两种思想文化提出了不同的判断和认识，这些差异性本身就是一种挑战）和直接式挑战（即自由主义对马克思主义理论或中国化马克思主义理论在解决问题情境中所面临的问题时，是否具有科学性、是否具有适用性、依据理论所提出的方案是否具有有效性等方面直接开展质疑与挑战）两种类型。同时，强调问题情境的破解程度及其问题本身的对抗与否，决定了双方论争分强、弱两种性质；而其中的强挑战性（即相对于总体维护马克思主义或中国化马克思主义的指导地位的“弱挑战”而言，“强挑战”则采取根本的否定）又具有三个目的：解决问题中谁为指导、社会意识构建中谁为主流、中国化本身实践中即两者的互动结合中谁为主导。

3. 文献分析和历史考察法：注重从思想学术史维度考察近现代每一具体历史时期、阶段自由主义作为重要的社会思潮在马克思主义中国化进程所产生的影响，特别是消极性影响；以及具体论述面对这些影响包括消极性影响，中国的马克思主义者如何给予回应并推进马克思主义中国化进程的。在此基础上，以获取基本的历史经验和必要的现实启示。

4. 多学科相交叉的研究方法。在对近现代中国化马克思主义与自由主义之间思想论争的历史脉络进行全面、整体的历史性描述的同时，也注重运用除历史学之外诸如政治学、社会学、法学、哲学等其他学科的研究方法来进行理论性的阐释，旨在促进此研究更加精细和深刻。

四、本专著研究的技术路线

1. 重点从学理层面阐释“问题情境”是近现代中国化马克思主义与自由主义之间思想论争的缘由和特征体现。对于前者，指出不同的历史情境下所造成解决问题的不同，而围绕特定具体情境下所面临的问题是什么、为什么问题是这样、问题如何解决等诸多方面，引发了中国化马克思主义与自由主义之间的论争。双方不仅各自提出了不同的思想认识和解决方案，即间接性论争；更在于彼此之间还直接相互质疑、挑战对方所获得的思想认识和解决方案的正当合理性与现实合法性，即直接性论争。这两个层面，也是中国化马克思主义与自由主义之间论争的总体性表现。对于后者，一方面强调近现代中国化马克思主义与自由主义之间的思想论争，本身就是马克思主义中国化实践所面临的“问题情境”之一；另一方面，指出双方论争具备了托夫勒在《未来的冲击》一书中所提出的“情境”构成“五要素”，即任何一种情境都可以用五个组成部分来加以分析，它们包括“物品”——由天然或人造物体构成的物质背景；“场合”——行动发生的舞台或地点；一批角色，这就是人；社会组织系统的场所；概念和信息的来龙去脉。具体来说，它有一个“物品”即因主客观实践所造成的具体而特殊的国情；有一个场合，就是这种挑战发生于近现代、当代乃至未来的中国这个舞台或地点上；有一批角色，如从学术思想史维度看彼此都有一批知识分子和思想家；有社会组织系统的场所，诸如挑战时都形成一些团体、机构派别，乃至依附于一些政治组织，创办了一些学术刊物、杂志等；有概念和信息的来龙去脉。

2. 从学术思想史维度围绕近现代每一具体历史时期、阶段所面临的问题情境，考察中国化马克思主义与自由主义所开展思想论争的具体内容，特别是阐述中国马克思主义者如何应对自由主义作为社会思潮而对马克思主义中国化进程所产生的影响，特别是消极性影响；同时又如何在推进中国化马克思主义的发展过程中吸纳自由主义的"精华"。

3. 在学术思想史考察的基础上，总体分析和把握双方论争的性质及其目的。强调问题情境的破解程度及其问题本身的对抗与否，决定了论争分强、弱两种性质；其中强挑战性（即相对于总体维护马克思主义或中国化马克思主义的指导地位的"弱挑战"而言，"强挑战"则采取根本的否定）又具有三个目的：解决现实问题中谁为指导、社会意识构建中谁为主流、中国化实践中马克思主义与自由主义的互动结合中谁为主导。

4. 就当下马克思主义中国化实践中如何应对自由主义这一社会思潮所构成的挑战，从而推进实践的深入性这一方面，提出一些建设性意见。

五、本专著创新之处

1. 立论视角具有一定的创新性。目前学界在对中国化马克思主义与自由主义之间关系开展研究过程中，多数从较为抽象或宏观的层面进行两者差异性的比较分析，而联系具体历史的问题情境对两者之间展开论争的源由、性质及其内容、特点等方面进行分析得较少。而问题的发现及其解决本身就是马克思主义中国化的内在动力。相应地，对马克思主义中国化进程中所面临着的许多各异问题情境的分析，例如如何应对近现代不同时期、阶段各种社会思潮（包括自由主义）挑战的问题，就是科学地把握马克思主义中国化这一实践的实质以及深入地推进这一实践展开的重要视域。为此，本专著以问题情境作为立论视阈，来剖析近现代中国化马克思主义与自由主义之间开展思想论争的源由以及实质；强调近现代不同时期、不同阶段中国社会现实所面临的具体性问题，导致了就“问题是什么、问题为什么产生、问题如何解决”等方面中国化马克思主义与自由主义之间不断发生思想论争；这种论争也间接地体现出马克思主义中国化的时代特征性和现实实践性。因此，从“情境→问题→思想论争实践→马克思主义中国化”这一独特的研究视角，既反映了该专著的创新性，也体现了专著本身的独特价值。

2. 内容上有一定的创新性。目前学界对近现代中国化马克思主义与自由主义之间的关系，特别是就 20 世纪以来直到现在这一长时间段中国化马克思主义与自由主义之间的百年论争史开展专门研究的比较少，更多的是某一时期、某一阶段片段式的论述；有些研究成果也论及某一时间段中中国化马克思主义与自由主义之间的论争状况，但是更多的是从单向度来进行探讨的，即分析中国化马克思主义如何回应自由主义的挑战，而没有深入阐释中国化马克思主义面对挑战时如何进行自身调适、创新，以及自由主义又是如何应对中国化马克思主义的挑战并进行调适的；另外，对中国化马克思主义与自由主义之间思想论争史的历史经验还缺乏理论层面的总结与分析，相应地致使其现实价值没有获得充分的体现。本专著重点突出从史实的角度而不是宏观理论辨别的角度来进行布局的，在探讨近现代中国化马克思主义与自由主义之间思想论争过程中，除考察、分析两者之间的碰撞、激荡这一层面的关系之外，更加注重考察、分析两者之间的互动、调适的关系，即面对马克思主义或中国化马克思主义的批评自由主义如何采借、调整的，特别是面对自由主义的责难后中国化马克思主义又如何调适、借鉴的，从而为现实中巩固中国化马克思主义在多样化的社会意识中的主导乃至主流地位提供一些参考和借鉴价值。

六、本专著研究的意义

1. 理论与学术价值:近现代中国化马克思主义开展与其他社会思潮诸如自由主义的思想论争,是马克思主义中国化实践的重要内容之一。通过这一个案的分析和研究,有助于拓展马克思主义中国化的研究视域以及深刻把握马克思主义中国化的内在规律。

2. 现实与社会价值:通过本专著的研究,科学把握马克思主义中国化的实践特征,从而有助于推动这一实践的深入展开;特别是在现实中有助于推进当前多样化社会思潮背景下中国特色社会主义文化建设,对认识和处理中国特色社会主义文化建设中一元指导和多样并存之间的关系具有重要现实指导意义。

七、本专著研究的应用前景

1. 推进这一方面研究的深入化,更加真实地还原近现代中国化马克思主义与自由主义之间的关系特别是两者之间论争史的全貌,深刻地探讨它们之间的微妙关系,把握双方论争的源由、性质和目的,从而加深对马克思主义中国化内在规律的认识。相应地,研究成果可以为以后的理论研究者和理论研究部门在这方面的深入研究和探讨提供一些有益的思想启迪和参考。

2. 为现实中一些加强意识形态建设的主管部门提供一定的决策参考。本专著通过对近现代中国化马克思主义与自由主义之间的思想论争史进行具体考察的基础之上,获取面对包括自由主义在内的其他社会思潮挑战时中国化马克思主义如何应对和调适的历史经验教训,从而为现实中巩固中国化马克思主义在多样化的社会意识中的主导乃至主流地位提供一些参考和借鉴价值。

第一章
问题情境:论争的源由与特征

问题的发现及其解决是马克思主义中国化的内在动力,因此从问题域的维度来探讨马克思主义中国化进程中的情境特征,将有助于更加科学地把握这一实践的实质以及深入地推进这一实践的展开。从总体来看,马克思主义中国化进程中面临着五大问题域情境,并且每一个情境的破解状况如何都从不同方面对马克思主义中国化或中国化马克思主义发挥着至关重要的影响。这些情境及其影响具体表现为:如何破解具体时代问题,它体现着马克思主义中国化的鲜明实践性;如何辩证认识元理论的问题,它决定着中国化马克思主义的理论品质性;如何应对社会思潮挑战的问题,它反映着中国化马克思主义的科学真理性;如何解决外政治社会化的技术问题,它影响着中国化马克思主义的大众信仰性;如何提高实践核心主体的能力问题,它关乎马克思主义中国化的持久健康性。

近现代中国问题情境的复杂性及其破解的紧迫性,导致了围绕近现代中国问题是什么、问题产生的原因是什么以及问题如何解决等方面引发不同社会思潮之间的论争,其中近现代中国化马克思主义与自由主义之间的论争就是典型。另外,问题情境也构成了近现代中国化马克思主义与自由主义间论争的特征体现。因为问题情境的破解性质决定了双方论争的性质、问题情境破解的迫切状况影响了双方论争内容的主次、双方论争本身就构成了重要的微观问题情境。

一、马克思主义中国化进程中的问题域情境

马克思主义中国化的动力源是什么？马克思主义中国化为何依然是一个未竟的实践？对于上述问题的回答，不同的思考视域所给予的阐释也是多样的；但是如从问题域的维度来探讨马克思主义中国化进程中的情境特征（本论著将其定义为“问题域情境”），相应所提供的答案既简约又深刻。如前者在于破解问题域情境与马克思主义所具有的问题意识这一本质特征相契合；而后者缘于问题域情境的开放、发展性。可见，以马克思主义中国化进程中的问题域情境作为立论的切入点，将有助于我们更加科学地把握这一实践的实质以及深入地推进这一实践的展开。

马克思主义中国化进程中的问题域情境，这里的“问题域”，因面临所要破解问题的系列性和每一问题所呈现的复合性，而致使其是系列问题域和单一问题域的有机体。另外，不同问题域的认识状况及其破解程度如何，都从不同的方面对马克思主义中国化或中国化马克思主义发挥着至关重要的影响。从总体来看，马克思主义中国化进程中至少有五大问题域情境需要给予关注和破解，即如何破解具体时代问题，它体现着马克思主义中国化的鲜明实践性；如何辩证认识元理论的问题，它决定着中国化马克思主义的理论品质性；如何应对社会思潮挑战的问题，它反映着中国化马克思主义的科学真理性；如何解决外政治社会化的技术问题，它影响着中国化马克思主义的大众信仰性；如何提高实践核心主体的能力问题，它关乎马克思主义中国化的持久健康性。

（一）如何破解具体时代问题，它体现着马克思主义中国化的鲜明实践性

如何破解具体时代问题，这是马克思主义中国化进程中绕不开的一个问题域情境。这既根源于马克思主义自身内在的理论品质要求，也是中国实际的现实客观需要。从马克思主义理论本身来看，对现实的人及其生活世界中所提出的诸多问题的关注，以及相关问题解决路

径的探索，是其区别于其他理论的最显著性特征之一。“对实践的唯物主义者即共产主义者来说，全部问题都在于使现实世界革命化，实际地反对并改变现存的事物。”①而从中国实际的客观需要来看，马克思主义引入到中国并最终成为主导乃至主流意识形态，最重要的在于它能够或正在为中国不同时期、不同阶段所面临的问题提供科学的解决方案。可以说，在马克思主义中国化的进程中，正是通过回答实践不断提出的问题与拓展社会实践的问题域，马克思主义展现了其独特的魅力。②同样，也正是这一鲜明的实践性特色，为中国化进程提供了不竭的动力。如马克思主义中国化的两次飞跃性的理论成果，无不是围绕着破解具体时代的问题而展开的。毛泽东思想，回答和解决了在半殖民地半封建社会这一近代中国特殊国情下“什么是新民主主义革命、如何进行新民主主义革命”的问题；而中国特色社会主义理论体系，则回答和解决了在社会主义初级阶段这一现代中国特殊国情下“什么是中国特色社会主义、如何进行中国特色社会主义实践”的问题(其中子理论又分别回答了在这一实践中不同阶段所具体面临的如何突破传统社会主义模式、如何在改革开放新条件下加强党的建设、如何实现科学发展、在新时代坚持和发展什么样的中国特色社会主义以及怎样坚持和发展中国特色社会主义等问题)。

马克思主义中国化在不同时代或具体阶段的实践，都必须以特定时代、特定的阶段具体问题的破解作为生长点。因为问题与时代是紧密联系的，它是“公开的、无畏的、左右一切个人的时代声音”，是“时代的口号，是它表现自己精神状态的最实际的呼声”③。另外，它也是科学创造、理论创新的起点。正如波普尔所强调的“科学以问题开始，以实践问题或理论问题开始”④。而具体时代问题的如何破解，前提基础

① 马克思恩格斯选集(第1卷)[M].北京：人民出版社，1995，75.

② 陈殿林.马克思主义中国化进程中的问题意识与理论自觉[J].中共中央党校学报，2012-02-05.

③ 马克思恩格斯全集(第40卷)[M].北京：人民出版社，1972，289—290.

④ [英]卡尔·波普尔.科学发现的逻辑后记[M].李本正、范景中译.杭州：中国美术学院出版社，2001，66.

在于如何正确发现和科学认识时代问题。这点在马克思主义中国化实践中同样也必须要遵循和坚持。其中以下的几个方面至少特别需要给予注意：一是必须科学判断时代问题的“世界性”，即时代主题。作为人类社会某一发展阶段中带有全球性、战略性和关乎全局的核心问题，特定时代主题决定着马克思主义中国化进程的方向是否与总体的世界历史“大势”相吻合；也决定着马克思主义中国化的基本内容和理论风格是否与总体的时代特征相契合。从一定程度上说，时代主题的转化与特征的变化，就是马克思主义中国化的历史坐标。①例如，正是毛泽东晚年对时代特征的误读，导致了1966—1976年马克思主义中国化的实践遭遇了重大的挫折。二是必须正确认识时代问题的“中国性”。马克思主义之所以中国化，是因为它是用来解决中国不同时期和具体阶段所面临的特殊问题，而不是解决别国或别的地区的问题。只有对特定时代主题下中国具体问题的正确认识，才能更加有效地促进马克思主义中国化的“有的放矢”，从而避免种种错误实践的发生；相应地才能为中国化马克思主义的不断生成及其科学真理性提供实践基础和现实依据。三是必须清醒理解特定时代主题下中国问题的“发展性”。“问题”就是矛盾，而矛盾的运动性决定了问题的“发展性”。对特定时代主题下某一具体阶段中国问题的发现和解决，并不意味着对中国所有问题的解决，相反新的问题会接踵而来，随之新的解题方式也会需要探索。最明显的例证就是当前中国特色社会主义实践远未结束，尽管已出现了解决中国特色社会主义建设时期特殊阶段不同问题的具体理论，但是中国特色社会主义理论体系依然是一个开放发展性的理论体系。而这最根本的还在于特定时代主题下中国问题的“发展性”。可见，对此的清醒理解将有助于推动马克思主义中国化实践的深入性。

（二）如何辩证认识元理论的问题，它决定着中国化马克思主义的理论品质性

所谓马克思主义中国化的元理论，就是对这一实践提供根本性指

---

① 郭维峰，田云鹤.时代主题与特征：马克思主义中国化的历史坐标[J].学理论，2010-19-19.

导原则，以及对实践中所形成的新理论具有一种本源性关系的思想。毫无疑问，马克思列宁主义就是元理论。如何辩证认识元理论的问题，之所以是马克思主义中国化进程中一个必须给予破解的问题域情境，就在于一方面，如以中国实际问题为考察对象，就会不可避免衍生出诸如产生于西方的元理论如何超越时空域限而成为指导思想？元理论的指导性地位要求其中哪些“内核”是需要始终坚守的问题等；另一方面，如以马克思列宁主义元理论作为问题研究对象，就会不可避免产生了诸如在“中国的、时代历史的实践要求、发展趋势”①这一情境中，马克思列宁主义元理论中哪些“外围”可以适当调整，新实践中所产生的新思想是否是对元理论的丢弃等问题。第一个方面的回答正确与否，关系到我们能否在马克思主义中国化进程中继承元理论，从而保证实践方向的正确性；而第二个方面的解答科学与否，关系到我们能否在马克思主义中国化进程中发展元理论，从而永葆理论生命的活力性。

如何辩证认识元理论的问题，从马克思主义中国化过去的历史实践来看破题状况并不是一帆风顺的，其间出现了“左”和右的错误倾向。“左”的倾向，就是以教条化的态度对待元理论，在此基础上来裁剪和解决中国的实际问题，结果中国的实际问题“越剪越多”“越剪越乱”；右的倾向，就是以中西时空域限的差异性来对待元理论，在此基础上要么变味地诠释元理论，甚至要么通过所谓的“证伪”而出现否定元理论的状况。如何辩证认识元理论的问题，最根本还是在于搞清楚元理论中哪些是马克思主义中国化实践中必须给予始终坚持的；元理论中又有哪些需要通过马克思主义中国化的实践给予调整和完善的。因为只有“设法区分出马克思主义理论的‘内核’和‘外围’”，才能“把‘调整外围’与‘坚守内核’结合起来”，从而能够达到“在避免‘思想僵化’的同时也避免‘立场丧失’，或者反过来说：在避免‘立场丧失’的同时避免‘思想僵化’”②。而结构主义的思维方式则给我们提供了一个较好的启示，

① 林默彪.马克思主义中国化研究的方法论与问题域[J].福建论坛（人文社科版），2008-12-55.

② 童世骏.中西对话中的现代性问题[M].上海：学林出版社，2010，344.

如可以把元理论马克思列宁主义分解成世界观和方法论、基本原理以及具体论断三大板块,其中集中体现其世界观和方法论的马克思主义哲学,是马克思主义中国化(以及其他“地域化”)进程中必须要始终坚守的,它的运用以及指导性地位一定意义上具有超越时空域限;马克思主义的基本原理具有普遍真理性,但是要发挥其实践真理的功能必须要与具体地域的实际问题密切地结合起来,因为“马克思主义基本原理不是解决具体实际问题的现成答案的堆积”[①];马克思主义经典作家所提出的一些具体论断具有时空域限,在运用时需要不断的修订乃至完善。因此,在马克思主义中国化实践中对第一、二板块的始终坚守,保证了实践的马克思主义性;对第二板块在与具体实际相结合中形成并被实践证明正确了的一些新思想,以及对第三板块在实践运用中通过不断调整、修订而形成的并被实践证明正确了的一些新观点,则充分体现了中国化马克思主义对元理论的创新性。

(三)如何应对社会思潮挑战的问题,它反映着中国化马克思主义的科学真理性

如何应对社会思潮挑战的问题,之所以成为马克思主义中国化进程中需要给予破解的问题域情境之一,主要还是由以下两个方面所决定的:一是中国实际问题解决的紧迫性。这种特征一定程度造成了对理论本身的要求上有重工具理性而轻价值理性的倾向,从而使社会上不同的阶级或阶层在传播或支持某一思想倾向时,不管其科学与否,更多以实验主义的心理待之,希冀其能够解决中国实际问题。所以,不难理解马克思主义在中国早期传播时社会上为何还存在其他社会思潮(诸如改良主义、无政府主义、基尔特社会主义等)的原因。同样,重工具理性而轻价值理性的倾向也影响了部分马克思主义中国化的实践核心主体,导致了一些核心主体成员忽视或轻视了对马克思主义内在科学真理性的认识和分析,不可避免地产生了“左”和右等妨碍马克思主

① 周新城.怎样理解马克思主义中国化——从“马克思主义基本原理无法完全解决中国问题”说起[J].毛泽东邓小平理论研究,2012-04-16.

义中国化实践顺利开展的错误倾向。二是中国实际问题解决的复杂性。如以现代化的实现作为马克思主义中国化实践的目标指向，其不仅仅表现于经济层面，还涉及政治、文化乃至微观的社会等领域；另外，还有如何摆脱或避免资本主义现代性和后现代性等弊端的要求。可见，问题的复杂性造成了现代化实践的艰巨性以及相关规律也不可能一下子完全呈现出来，相应地在每次共识未达成之前，社会上除了马克思主义中国化这一破题范式之外，还存在着种种其他社会思潮所提出的解决方案。同样从马克思主义中国化的核心主体群内部来看，中国实际问题解决的复杂性所造成的马克思主义中国化实践难度的加大，也致使一部分核心主体成员对如何推行马克思主义中国化产生了分歧。

在马克思主义中国化进程中如何应对社会思潮挑战的问题，既关系着马克思主义中国化进程能否清除各种思想层面的杂质或障碍而顺利推进，也反映着中国化马克思主义自身是否具有科学真理性，因为真理与谬误是相比较而存在的。而对于如何破解社会思潮的挑战，除了最根本的在于以中国化实践为基础不断推进马克思主义（或中国化马克思主义）的创新之外，首先我们必须要对其“挑战”有一个清醒的认识和辩证的态度，从而在此基础上方能够化弊为利，掌握应对的主动自信性。过去对于社会思潮的挑战，更多地持否定或压制性的倾向，这点缘于注重强调了社会思潮对马克思主义中国化现实合法性的质疑以及对中国化马克思主义意识形态主导或主流地位的消解。在承认上述一些消极面的同时，也还要充分认识到社会思潮的挑战所客观造成的积极性意义，如提供了推进马克思主义中国化实践深入展开的社会驱动，毕竟社会思潮无论对错与否，都是从不同维度反映中国实际的一种表现，这有利于了解、剖析中国实际的特征；提供了深入理解马克思主义（或中国化马克思主义）科学真理性的思想动力，因为马克思主义（或中国化马克思主义）的创新发展，从思想史的发展来看就是一个与错误社会思潮不断地作斗争的过程。“当某一种错误的东西被人类普遍地抛弃，某一种真理被人类普遍地接受的时候，更加新的真理又在同新的错误思想作斗争。这种斗争永远不会完结。这是真理发展的规律，当然也是马克思主义发展的规律。"①另外，对每一次社会思潮挑战的正确回应，也提供了促进马克思主义大众化的助推器以及获取广泛的马克思主义中国化主体的必备条件。而这些都将充分发挥马克思主义中国化的强大实践功能，因为"代表先进阶级的正确思想，一旦被群众掌握，就会变成改造社会改造世界的物质力量"②。在如何看待"挑战"的基础上，还应该对马克思主义（或中国化马克思主义）构成挑战的社会思潮的性质进行具体分析，针对不同性质的思潮采取差别性策略。一般而言，按照挑战的程度，社会思潮分为"维护性社会思潮、弱挑战性社会思潮和强挑战性社会思潮"③三类。相应地，对于维护性社会思潮应采取包容和引导；对于弱挑战性社会思潮在批判的前提下尽可能吸纳其合理性成分；而对于强挑战性社会思潮则必须彻底地给予批判和反击，化解对马克思主义中国化实践以及马克思主义（或中国化马克思主义）的影响。从过去的实践来看，马克思主义中国化进程能够正确推进，一定程度上与对当时社会思潮的挑战采取较为科学而有区别的策略不无关系。如马克思主义初传中国期间，早期的马克思主义者对当时的强挑战性社会思潮即维护封建主义的传统文化（注：中国的传统文化不完全是封建时代的文化，即使封建时代的文化也不完全是封建主义的文化，还有优秀的人民文化）给予了猛烈的批判；而对于一些弱挑战性社会思潮如资产阶级改良主义如胡适的实用主义在进行批判的同时，也吸纳了它重视研究社会实际问题的长处。1927—1937 年党在推进马克思主义中国化的实践中，对当时社会上所流行的否认中国半殖民地半封建社会性质的"托陈取消派""动力派""新生命派""改组派""新月派"，以及维护蒋家王朝统治的封建法西斯主义等这些强挑战性社会思潮进行了旗帜鲜明的反击；而对于中国传统文化（特别是一些优秀的人民文

---

① 毛泽东文集（第 7 卷）[M].北京：人民出版社，1999，230.

② 毛泽东文集（第 8 卷）[M].北京：人民出版社，1999，320.

③ 朱士群.当代中国社会思潮：回应与引领[J].安徽师范大学学报（人文社科版），2008-04-393.

化)等弱挑战性社会思潮则进行了积极的“扬弃”(这种策略一直为以后的马克思主义中国化实践所采用)。1937—1945年抗战期间,对当时蒋介石、汪精卫等鼓吹的各种虚假三民主义学说、日本帝国主义者的“奴化”思想等强挑战性社会思潮毫不动摇地进行了抨击,而对孙中山的三民主义等弱挑战性社会思潮在批判的同时辩证性地吸纳了它的合理性成分,从而为新民主主义论的形成提供了充分的养料。同样在1978年改革开放以后,党对于社会上所出现的新自由主义、民主社会主义、“普世价值”、历史虚无主义等反马克思主义思潮进行了彻底的批判和反击,而对于在中国社会有一定影响的但不具有浓厚政治色彩的西方思想如生态学说、可持续发展观等弱挑战性社会思潮,则在马克思主义中国化进程中进行了积极的“扬弃”。

(四)如何解决外政治社会化的技术问题,它影响着中国化马克思主义的大众信仰性

马克思主义或中国化马克思主义的外政治社会化,就是相对于通过种种学习和实践活动使政党文化真正被全体党员所认可和接受,从而实现“由政党精英的理念化为组织的理念”①这一内政治社会化而言,其强调的就是通过适当的途径,使党所依赖的阶级和群众基础即民众对马克思主义或中国化马克思主义有所认知和了解,从而促进马克思主义或中国化马克思主义成为社会的主导或者主流意识形态。如何解决外政治社会化的问题,之所以成为马克思主义中国化实践中一个无法回避的问题域情境,可以从马克思主义中国化本身所涉及的中国实际问题、马克思主义元理论、中国化实践功能的发挥这三个层面进行解读:一是从中国实际问题来看,其现实紧迫性和解决的复杂性,在重理论工具理性而轻价值理性倾向的影响下,社会意识领域并不只有单一的马克思主义,同样还有其他社会思潮;二是从马克思主义元理论来看,它更多具有西方文化的特质,导致了其与深受传统文化影响的中国

① 赵理富.政党的魂灵——中国共产党政党文化研究[M].武汉:武汉大学出版社,2008,139.

民众有一定的心理距离,这也造成了它并不是在中国一传播时就当然地成为社会的主导或主流意识形态;三是从马克思主义中国化实践功能的发挥来看,要实现其功能的最大化必须要充分发挥人民群众的主体作用,而人民群众的主体作用有赖于先进理论的引导和武装。另外,对民众开展政治社会化过程也遵循了马克思主义经典作家所强调的"灌输"理论。因为人民群众受主客观等多种因素影响,不可能自发地产生马克思主义(或中国化马克思主义)意识形态,只能从外面灌输进去,以提高其觉悟和能力。"工人本来也不可能有社会主义的意识,这种意识只能从外面灌输进去"①,"政治工作的基本任务是向农民群众不断地灌输社会主义思想"②。

外政治社会化要取得良好的功效,最根本还在于马克思主义(或中国化马克思)能否解决人民群众的实际问题并且在解决问题的过程中实现自身的不断创新,最直接的在于能够消解其他社会思潮对人民群众的消极性影响;但是对外政治社会化过程中一些工作方法和工作艺术即技术问题的重视,往往也会获得事半功倍的效果,正如毛泽东所比喻的好的工作方法和工作艺术就是过河的"桥或船的问题",这些技术问题不解决从而会造成"任务也只是瞎说一顿"③。如果将马克思主义中国化实践中所形成的理论成果,以载体呈现的不同分为科学观念化意识形态、制度化意识形态和社会化意识形态,相应的外政治社会化技术问题的解决就重点表现以下三个层面:一是在科学观念化意识形态的表现形式上,尽可能要具有中国元素。具体来说,就是在马克思主义中国化实践中所创新和调适的马克思主义意识形态的基本理论与范畴,其思维方式和表述用语要善于积极从中国传统文化中吸纳养料,使其呈现浓厚的本土化和民族化的特征。这有助于外政治社会化过程中拉近马克思主义(或中国化马克思主义)与民众的文化心理距离,使民众对其有亲近感。因为"作为各种概念和词语(名称)体系的语言,乃是

---

① 列宁选集(第一卷)[M].北京:人民出版社,1995,317.

② 毛泽东:《中国农村的社会主义高潮》序言和按语[M].北京:人民出版社,1975,16.

③ 毛泽东选集(第1卷)[M].北京:人民出版社,1991,139.

使人服从的最主要的手段。人就是通过概念和词语领悟世界和社会的"①。如"五四"后，中国早期马克思主义者就很重视以传统儒学的某些观念和话语来诠释、介绍马克思主义，如"以儒家要求'善良''均平'的道德价值观批判资本主义，并且以社会主义为前途探索社会改造问题，使传统儒学与马克思主义形成一种相容的关系"；"以儒家'天下为公'的'大同'思想，诠释和描述马克思对未来的构想，使传统儒学与马克思主义在人类社会的终极理想上形成一种相通的关系"；"以儒家'明道救世''兼善天下'的处世态度，仿效马克思为实现理想献身治学的人格品质，与马克思主义在理想人格的塑造上形成一种相融的关系"②。这些极大地促进了马克思主义在中国民众心里的扎根。同样在马克思主义中国化实践中形成的两大理论成果——毛泽东思想和中国特色社会理论体系之所以在民众中获得普遍的认同，一定程度上与对中国传统文化精粹（尤其是符号系统）的充分吸收密不可分。如其中党的思想路线吸纳和改造了传统文化的"实事求是"这一成语，党的干部路线借鉴了传统文化中的"重德"和"任人唯贤"思想，反对"左"、右错误倾向与传统文化中"执两用中"相契合，党的宗旨继承了传统文化中的"重民"思想，党在不同阶段的奋斗目标采用传统文化中的"小康""和谐""大同"等词汇，党的理论品质借用了传统文化中的"与时俱进"的表述等。二是在制度化意识形态的制定宣传上，要坚持"三贴近"即贴近实际、贴近生活、贴近群众的原则。相对于科学化意识形态的较为抽象性，体现马克思主义精义的路线方针政策和法律法规，如果在制定宣传方面能够与群众的生活实际密切结合起来，则会更易被群众认知和操作，从而成为群众实行马克思主义或中国化马克思主义"内化"的有力助推剂。如在马克思主义中国化过去的实践中，党正是通过对不同时期、不同阶段群众的实际利益需求的科学把握，制定出具体、直观的各种路线，诸

① [俄]谢·卡拉-穆尔扎.论意识的操纵[M].徐昌翰译.北京：社会科学文献出版社，2004，104.

② 都培炎.五四时期马克思主义与中国传统文化的再认识[J].党史研究与教学，2009-03，16—17.

如新民主主义革命总路线、过渡时期总路线、社会主义初级阶段基本路线等,致使毛泽东思想、中国特色社会主义理论体系对民众来说不再具有神秘感和隔阂感,相反坚持中国化马克思主义为指导逐渐成为民众的思想共识。三是在社会化意识形态的调构上,要注重聚焦性和通俗性。具体来说,"聚焦性"就是以马克思主义或中国化马克思主义为指导,重点破解不同时期、不同阶段的社会热点难点问题。因为社会热点难点问题极易对民众产生负面的社会心理影响,进而演变成消极性社会公众意识,而这最终会对中国化马克思主义的主流性地位的确立和巩固产生副作用。"通俗性"就是着力用群众容易接受的通俗语言通过深入浅出的叙述阐述,帮助民众解决在社会热点难点问题上"如何看"和"怎么办"的问题。上述两个原则的坚持和实践,将有助于推动马克思主义的大众化,以及为马克思主义中国化提供合格的政治人格主体和营造良好的社会环境氛围。例如"十六大"以来,正是通过每年理论热点面对面系列通俗读本的出版,在帮助民众科学解答社会热点难点问题产生的原因以及正确选择破解路径的过程中,也不断增强了广大民众坚持中国特色社会主义理论体系为指导的思想自觉性和坚定性。

(五) 如何提高实践核心主体的能力问题,它关乎着马克思主义中国化的持久健康性

马克思主义中国化的主体,是指在现代中国从事马克思主义基本原理与中国具体实际相结合的实践和认识活动的人及组织,主要包括人民群众、无产阶级、中国共产党、思想理论家和领袖五种类型的主体。①而这五类主体在马克思主义中国化进程中所扮演的角色以及发挥的功能是不一样的,其中人民群众和无产阶级是最广泛的实践主体,是影响和决定马克思主义中国化历史进程的根本性力量;思想理论家是传播和诠释马克思主义或中国化马克思主义理论的中坚力量②;领袖群体是"马克思主义中国化任务的提出者与马克思主义中国化主题

① 徐松林.论马克思主义中国化的主体[J].求实,2006-08-10.
② 陈红娟.马克思主义中国化主体合法性与结构探究[J].理论月刊,2012-01-30.

的确立者”[①]；中国共产党是领导和组织人民群众认识和实践马克思主义中国化的核心力量即核心主体。

之所以强调如何提高中国共产党这一实践核心主体的能力问题，是马克思主义中国化进程中必须要面对和破解的一个问题与情境，一方面在于从马克思主义中国化的历史实践来看，其实践的前进还是曲折，最直接和最具决定性的因素就是中国共产党这一实践核心主体对马克思主义基本原理和中国实际的认识和实践能力的高低程度如何，因为“党是把马克思主义基本原理与中国具体实际相结合的学习者、研究者、教育者、应用者、实践者、改造者，党如何对待马克思主义，如何对待中国实际，如何把马克思主义应用于中国实际，决定着马克思主义中国化的方向、水平和特点”[②]。而这一能力又是在马克思主义中国化实践中不断得到拓展和提高的。另一方面在于马克思主义中国化的最广泛的实践主体即人民群众和无产阶级，它的根本性力量的发挥和凸显有赖于中国共产党对其领导和组织能力的提高。“人民大众作为马克思主义中国化的主体，对于马克思主义的接受和掌握，有一个程度上的问题，而马克思主义中国化主体的形成和成熟也势必要经过一个由少数进步精英群体逐步向广大群众转化的过程。在这个过程中，一个有能力引导和带领人民大众认识和实践马克思主义的核心力量，又是促成这种转化得以顺利实现的关键因素。”[③]最后，突出提高能力问题也与中国共产党的复合文化体这一特征密不可分。尽管中国共产党是一个具有统一的理论基础和共同信念组成的阶级性的政治组织，但是其是一个由具有不同的经历、经验、文化水准、职业、年龄的人群构成的复合文化体。这就使得内部各级组织乃至个人对马克思主义的认识和把握能力具有差异性，相应地如何缩小差异性达到同一性是一个迫切需

---

① 陈金龙.领袖群体与马克思主义中国化[J].理论学刊，2009-11-06.

② 潘沁，靳书君.从主体方面理解马克思主义中国化的基本特性[J].理论学刊，2009-08-17.

③ 孔朝霞，田克勤.马克思主义中国化早期探索的主体研究[J].思想理论教育，2009-09，20—21.

要解决的课题。提高实践核心主体能力素质的途径是多种多样的,而最直接和最根本的还是在于学习。正如列宁所指出的,“作为无产阶级的先锋队,……只有用人类创造的全部知识财富来丰富自己的头脑,才能成为共产主义者”①,“先锋队要不怕进行自我教育,自我改造,……全部关键在于,现在要同无比广大的群众,即同农民一道前进,用行动、实践和经验向农民证明,我们在学习并且一定能学会帮助他们,率领他们前进”②。马克思主义中国化的历史实践证明,它的总体持久健康性与中国共产党始终保持和践行“以学习立党”这一优良传统有很大的关系。如在革命时期毛泽东倡导“思想建党”和在全党开展普遍的马克思主义学习教育活动,在新中国成立前后要求全党学会我们原来不懂的东西以建设一个新世界等。这些都有力地促进了马克思主义中国化的第一个理论成果即毛泽东思想的形成发展、成熟和继续完善。同样在改革开放新时期以及新时代,邓小平指出在实现四个现代化的进程中全党同志“一定要善于学习,善于重新学习”③;江泽民特别重视在党内开展“三讲”教育活动,而“讲学习”就是其中的第一条;胡锦涛明确向全党提出建设学习型马克思主义执政党这一重任;习近平认为学习是我们党成长壮大的秘密武器。这些都极大地加速了马克思主义中国化的第二个理论成果即中国特色社会主义理论体系,在不同阶段以各具特色的子理论形态呈现出来。同样,马克思主义中国化的历史实践也为如何通过学习以增强实践核心主体的能力提供了一些有价值性的启示:一是重视从马克思主义经典著作中学。如在六届六中全会上,毛泽东要求“一切有相当研究能力的共产党员都要研究马克思、恩格斯、列宁、斯大林的理论”④;1948 年 9 月,在中共中央政治局会议上的论著和结论中,毛泽东提出要学习马克思、列宁著作,如果五本不够,可以选十本。之所以重视经典著作的学习,正如习近平总书记所指出的“马克思

① 列宁全集(第四卷)[M].北京:人民出版社,1995, 348.
② 列宁全集(第四卷)[M].北京:人民出版社,1995, 700.
③ 邓小平文选(第二卷)[M].北京:人民出版社,1994, 153.
④ 毛泽东选集(第 2 卷)[M].北京:人民出版社,1991, 532.

主义经典著作蕴含和集中体现着马克思主义基本原理，是马克思主义理论的本源和基础”；只有通过对它们不断的学习，才能“系统掌握马克思主义基本原理”，“创造性地运用马克思主义立场观点方法去分析和解决我们面临的实际问题”①。二是重视从实践中学。如在党的七大上，毛泽东就将“理论和实践相结合的作风”视为中国共产党区别于其他任何政党的最显著标志之一。重视从实践中学，这既因为理论来源于实践，从实践中学习能够加深对马克思主义理论和中国实际的了解，也在于能够不断提高批判性和创新性思维，特别是创新性思维的培养和提高对党根据富于变化的实际及时实行能力的转化具有重要意义。三是重视把党内领导干部的学习放在首位。可以说，这是党历届中央领导集体都反复强调的。这不仅在于各级领导干部是马克思主义中国化实践中的骨干力量，更在于他们的学习能够发挥“示范”“榜样”作用，从而在全党形成良好而浓厚的学习氛围，以推动全党整体能力的提高。

二、论争的缘由与特征体现

由于近现代中国实际所面临的问题解决的紧迫性，致使许多不同的思想理论、主张在被使用时出现了更多地强调其“工具理性”而一定程度上轻视“价值理性”的倾向。另外，近现代中国实际所面临的问题解决的复杂性，亦导致了对问题发现、解决的规律也不可能完全立即获取，相应地在每次共识未达成之前，社会上除了马克思主义中国化这一破题范式之外，还存在着种种其他社会思潮所提出的解决方案。而上述的两个方面，从根本上决定了“问题情境”成为近现代中国化马克思主义与自由主义论争的主要缘由与特征。之所以说是“主要缘由”，就在于对近现代中国问题是什么、问题产生的原因是什么以及问题如何

① 习近平强调：不断推进中国特色社会主义事业[EB]. http://news.xinhuanet.com/politics/2011-05/13/c_121414216.htm.

解决构成了双方论争主要的三个焦点。之所以说是“特征体现”,就在于问题情境本身的状态是相对还是相统一的,决定了双方论争的性质、影响了双方论争内容的方式;除此之外,双方论争本身也构成了重要的“问题情境”。

(一) 问题情境:近现代中国化马克思主义与自由主义论争的主要缘由

第一,近现代中国问题是什么构成了双方论争的焦点之一。按照科学哲学的解释而言,“事实的发现”与“理论的发明”紧密相联,其中最为明显的就是“事实的发现”特别是“问题的发现”既可对原有的规范和理论构成“反常”或实施“佐证”,也可对其进行局部意义上的改变或扩充。[①]这就决定了中国化马克思主义和自由主义能否对其各自本元理论即马克思主义和西方自由思想进行所谓的继承与创新,都离不开对具体问题情境的发现。同样,问题情境的发现如何本身就具有定向和评价功能[②];相应的对近现代中国问题是什么这一方面所作的判断,关系到无论是中国化马克思主义乃至自由主义各自的发展方向如何以及是否具有科学性的验证方面。这些因素决定了近现代中国化马克思主义和自由主义都十分关注具体历史情境中的中国问题是什么的发现与判断;同时此点也构成了它们彼此之间进行挑战的重要内容之一,即质疑对方问题认定的真实性、恰当性和价值性。

第二,近现代中国问题产生的原因是什么构成了双方论争的焦点之二。此点涉及问题发现的路径、视角和方法等诸多方面。它的呈现形式或与“问题是什么”或结合在一起,或体现在其之前、有的甚至之后。但是内容上归根结底还是为“问题是什么”提供一种理论逻辑上的论证与辩护,联系到社会思潮之间的论争来说反映了“问题是什么”背后所折射的各异的世界观、方法论的斗争。

第三,近现代中国问题如何解决构成了双方论争的焦点之三。在

---

① 林定夷.问题与科学研究——问题学之探究[M].广州:中山大学出版社,2006,270—271.

② 张掌然.问题的哲学研究[M].北京:人民出版社,2005,231—237.

科学哲学里面，就问题的发现与问题的解决谁更重要，存在着两者截然相反的观点。杜威、波普尔等人强调科学的进步在于问题的发现，因为问题的发现是人的认知过程得以开展的启动源；而劳丹则主张科学的进步在于问题的解决，“科学本质上是一种解题活动”①。而马克思主义认识论科学地回答和解决了这一问题，指出两个方面在认知过程中的不同阶段都扮演了重要的角色，发挥了特定的作用；同样，两者之间又是辩证统一的，问题的发现是问题解决的前提和基础条件，而问题的解决是对“问题的发现”这一问题本身的有力的执行与回答，是事物由一种相对状态向相统一状态的转换，也意味着新的问题的发现的开始。联系到近现代中国化马克思主义与自由主义之间的思想论争来看，它们不仅仅在近现代中国问题是什么、问题产生的原因是什么展开了论争，而且还在问题如何解决这一方面进行了对峙与冲突。这个方面的论争既是前面两个方面论争内容上的延伸，也是前面两个方面论争的立足点和落脚点。如果说，前面两个方面的论争关系着中国化马克思主义与自由主义各自理论层面是否具有价值真理性的问题；那么这个方面的论争则直接关系着中国化马克思主义与自由主义各自的现实的实践真理性又是如何的问题，决定了它们在近现代中国的存在是否具有现实正当性与合法性。

（二）问题情境：近现代中国化马克思主义与自由主义论争的特征体现

第一，问题情境的破解性质决定了双方论争的性质。近现代中国问题情境中所需解决的矛盾的相对或相统一的境况，直接决定了近现代中国化马克思主义与自由主义论争的性质如何，即到底是强挑战性还是弱挑战性的。以自由主义作为挑战主体为例，如果某一时期问题情境中的矛盾呈现出根本对抗性，特别是具有政治层面阶级矛盾的色彩；那么它对中国化马克思主义所构成的挑战明显具有强挑战性，即根本上直接否定马克思主义或中国化马克思主义在解决问题中的指导地

① ［美］L.劳丹.进步及其问题［M］.刘新民译.北京：华夏出版社，1990，11.

位、社会意识构建中的主流地位、中国化实践中即两者的互动结合中的主导地位，企图在上述三个方面代替马克思主义或中国化马克思主义。而相反，在某一时期问题情境中的矛盾呈现总体统一前提下的差异性，特别是具有政治层面人民内部矛盾的色彩；那么它对中国化马克思主义所构成的挑战明显具有弱挑战性，即部分肯定了马克思主义或中国化马克思主义及其实践的积极性作用，但是总体上对马克思主义或中国化马克思主义在解决问题中的指导地位、社会意识构建中的主流地位、中国化实践中即两者的互动结合中的主导地位等方面表达了质疑，以最大程度地间接论述西方自由民主思想在上述三个方面的正功能。

第二，问题情境破解的迫切状况影响了双方论争内容的主次。近现代中国化马克思主义与自由主义之间论争的类型，可以分解为间接式挑战（即对不同具体的历史情境中的问题是什么、问题为何产生以及问题如何解决等方面，两种思想文化提出了不同的判断和认识，这些差异性本身就是一种根本性挑战）和直接式挑战（即自由主义对马克思主义理论或中国化马克思理论在解决问题情境中所面临的问题时，是否具有科学性、是否具有适用性、依据理论所提出的方案是否具有有效性等方面直接开展质疑与挑战）两种。尽管在每一次论争中这两种类型都总是交错在一起，但是又会呈现出某一种方式为“主”而另一种方式为“次”的情形。这种情形是受到特定时期或阶段中国问题情境破解的迫切状况的影响的。

第三，双方论争本身就构成了重要的微观问题情境。如果说上述在探讨近现代中国化马克思主义与自由主义论争时，将其置于一定的问题情境中。这里的“问题情境”，更多地从宏观方面给予理解和把握的，就是指近现代中国实际中所面临的迫切需要解决的矛盾相对的或相统一的境况。那么，相对于这种宏观问题情境而言，近现代中国化马克思主义与自由主义的论争本身也构成了一种微观的问题情境。这里的“微观问题情境”，至少有以下两层内涵：一是由于近现代中国实际的特殊性，导致了无论对双方的任何一方而言，如何应对对方所带来的挑战这一问题，自然会成为它们各自在近现代中国实际的演变实践中所迫切需要面对和解决的情境之一。二是除了第一层内涵中所具有的“问题”(即应对对方的挑战)这一核心和最基本的要素之外,它们之间的论争还具备了阿尔温·托夫勒(Alvin Toffler)在其专著《未来的冲击》中所提出的“情境五要素”,即任何一种情境都可以用五个组成部分来加以分析,它们包括“物品”——由天然或人造物体构成的物质背景;“场合”——行动发生的舞台或地点;一批角色,这就是人;社会组织系统的场所;概念和信息的来龙去脉。①具体联系到近现代中国化马克思主义和自由主义之间的论争来说,这里的“物品”就是指因主客观实践所造成的具体而特殊的国情,如 1949 年之前双方论争发生在“两半社会”这一国情下,1978 年以后的论争又发生在社会主义初级阶段这一国情下;有一个场合,就是这种挑战发生于近现代、当代乃至未来的中国这个舞台或地点上;有一批角色,如从学术思想史维度看彼此都有一批知识分子和思想家;有社会组织系统的场所,诸如挑战时都形成一些团体、机构派别,乃至依附于一些政治组织,创办了一些学术刊物、杂志等;有概念和信息的来龙去脉。

---

① [美]阿尔温·托夫勒.未来的冲击[M].吴宣豪等译.北京:中国对外翻译出版公司,1985,30—31.

第二章
“五四”前后救国真理问题上的论争与批判

五四新文化运动统一战线在 1922 年的最终分化，固然根本在于民族危机日益深重下救亡迫切性所致，但如从 1917—1922 年这一时间段中统一战线内部各派对自由的差异性理解而所形成的固守、超越、徘徊等三种趋向来分析，就会发现这些实质上已预示着统一战线内部存在着分化的征兆。而这三种主要的自由观倾向既折射出了一开始成为统一战线“共识”的自由主义本身就存在着许多局限性；也反映了当时面对变迁化的中国具体问题情境，先进的中国人就选择何种自由观去救国救民的矛盾心理和艰辛的心路历程。

马克思主义中国化实践的历史，一定程度上也是马克思主义或中国化马克思主义不断应对中国不同时期、不同阶段所出现的其他社会思潮挑战的历史。以“五四”前后为例，面对西化派的挑战，中国早期马克思主义者从多方面给予了积极性的回应，如在历史观上，用唯物史观回应了西化派的历史进化论和文化决定论，初步回答了当时中国问题及其产生根源是什么的问题；在自由观上，用社会主义的自由观回应了西化派的资产阶级自由观，初步回答了当时中国问题如何解决以及向何处去的问题；在真理观上，用马克思主义真理观回应了西化派的实用主义真理观，初步回答了马克思主义是否具有真理性的问题；在文化观上，用唯物史观指导下实行中西文化融合创新的观点回应了西化派的文化整体观和西方文化中心论，初步回答了中西文化如何处理以及是否需要以马克思主义为指导的问题。这些回应，既向当时的民众旗帜鲜明地传递了解决中国的问题需要马克思主义以及马克思主义具有解决中国问题的能力和品质这样的信息，也客观上为之后的中国马克思主义者提供了一种间接的警醒，马克思主义中国化不是一帆风顺的，应对不同时期、不同阶段其他社会思潮的挑战就是需要解决的重要任务之一。

一、五四新文化运动统一战线中的三种自由观

五四新文化运动，一定意义上就是一场追求自由的运动。尽管这场运动没有直接提出“自由”的口号，但是无论是“民主”还是“科学”口号都内蕴着对“自由”的追求，因为“民主”是自由的重要价值及其原则，它规定着自由的主体以及主体实行自由的形式；而“科学”意味着要为自由在中国的实行提供一种理性的构建武器和价值基础。“‘五四’新文化运动作为中国现代化运动的一个重要阶段，是一场以人的现代化为其宗旨的思想启蒙运动。……自由这一体现人的主体价值而成为西方人本主义价值内核的范畴，自然成了‘五四’启蒙者视野的焦点，成了以民主和科学为主要旗帜的启蒙思潮的价值轴心。”①另外，即使因马克思主义在中国的广泛传播特别是1919年五四运动而导致性质的转变，也不意味着对追求自由的放弃，科学的“自由”是什么以及如何实现这种科学的“自由”本身就是马克思主义的重要思想内容和根本价值取向。如马克思、恩格斯在《共产党宣言》中就明确提出了每个人的自由发展是一切人的自由发展的条件这一关于未来社会的核心命题。②“代替那存在着阶级和阶级对立的资产阶级旧社会的，将是这样一个联合体，在那里，每个人的自由发展是一切人的自由发展的条件。”③而从1917年初《新青年》编辑部迁到北京，到1922年5月16位知识分子联名发表了《我们的政治主张》前后这一时间段，是五四新文化运动统一

① 张静如，高力克.自由与五四启蒙[J].近代史研究，1989-03-116.

② 叶汝贤.每个人的自由发展是一切人的自由发展的条件——《共产党宣言》关于未来社会的核心命题[J].中国社会科学，2006-03.

③ 马克思恩格斯选集(第1卷)[M].北京：人民出版社，1995，294.

战线由正式形成到最终分裂的时期①，这种分裂的根本原因在于民族危机深重所导致的“救亡压倒了启蒙”，以及为了救亡而迫切需要进行着阶级意识与政党意识的提升和社会力量的重组②；但是如从这一时间段中统一战线内部各派对自由的差异性理解，诸如自由的理论基础、自由的主要内容、自由的重要原则、自由的实现路径等方面进行分析，就会发现统一战线内部实质已经潜伏着极大的分化危机倾向。为此，从自由观视域来对 1917—1922 年五四新文化运动统一战线内部分化倾向进行微观的历史解读，有助于深化对五四新文化运动历史的研究；更重要的在于为当今社会意识形态建设中有效地避免对自由“讳莫如深”或过于受惯性的阶级斗争思维影响所产生的极端化行为，而坚持以马克思主义特别是其自由观为指导以实现对其他思潮的自由理念的批判和超越，至少能够提供一些启示性价值。

从对自由的理论基础、自由的主要内容、自由的重要原则、自由的实现路径等方面进行分析和把握，可以发现 1917—1922 年五四新文化运动统一战线内部存在着至少以下三种分化的倾向：固守倾向——坚持西方资产阶级自由观，抵制马克思主义自由观，以胡适为代表；超越倾向——倡导马克思主义自由观，扬弃西方资产阶级或小资产阶级自由观，以李大钊为代表；徘徊倾向——游离于西方资产阶级自由观和社会主义自由观之间，以高一涵为代表。

（一）固守倾向——坚持西方资产阶级自由观，抵制马克思主义自由观，以胡适为代表

五四新文化运动统一战线的结成原因是多方面的，但毫无疑问普遍认同西方自由主义就是重要的共识之一。而相应的，统一战线的不断分化也意味着这种共识的日益破裂。“尽管《新青年》为同人杂志，但

---

① 注：将 1922 年视为统一战线分裂的标志年份，主要参考借鉴了 1933 年 12 月 22 日胡适在日记中的有关思想。在这篇日记中，他认为中国现代思想以 1923 年为界可分第一、二期，第一期的特征在于“从梁任公到新青年，多是侧重个人的解放”，第二期的特征在于“无论为民族主义运动，或共产革命运动，皆属于这个反个人主义的倾向”。

② 章清.1920 年代：思想界的分裂与中国社会的重组[J].近代史研究，2004-06.

杂志中人的思想背景与价值取向并不完全相同。甚至可以说同人间的分歧其实早已潜埋，只是在启蒙的诉求下，这种分歧被遮掩着，随着政治话语慢慢浮出水面，分歧即暴露出来。"①对于这点，胡适在以后的文章中也多次提到或表达过。如 1933 年 12 月 22 日他在日记中写道中国现代思想以 1923 年为界可分第一、二期，第一期的特征在于"从梁任公到新青年，多是侧重个人的解放"，第二期的特征在于"无论为民族主义运动，或共产革命运动，皆属于这个反个人主义的倾向"②；同样，1935 年 12 月 23 日在致汤尔和的书信中，再次谈到《新青年》同人群分化的重要因素在于陈独秀等人背离了之前的自由主义倾向。"独秀离开北大之后，渐渐脱离自由主义者的立场，就更左倾。"③这些言论的潜台词也在于向外表明五四新文化运动统一战线分化与己无关，自己不是背叛者，而是新文化运动自由主义的一贯倡导者和这一事业的忠实实践者。从 1917—1922 年这一期间胡适相关的思想和实践来看，他确实做到了他所说的这点，一方面大力地宣传西方资产阶级自由观；另一方面，对于《新青年》同人群中出现的所谓背离这一思想的倾向和行为，特别是针对李大钊等人宣传的马克思主义自由观，进行了抵制。在这一时间段，胡适先后发表了《易卜生主义》《美国的妇人》《多研究些问题，少谈些"主义"》《新思潮的意义》《不朽——我的宗教》《新生活》《非个人主义的新生活》《杜威先生与中国》《实验主义》《我们的政治主张》等文，以易卜生主义和杜威实验主义为指导，对西方资产阶级自由观进行了个人式的理解和阐释。尽管这些论述远未标志着他自身自由观的成熟而只是处于一种开创状态，但是丝毫不影响在当时所产生的意义，客观上至少为民族危亡下苦闷的中国人带来了一种新的价值观，促进了传统中国的新生。

其一，在自由的理论基础上，大力倡导"健全的个人主义"。他指出

---

① 张胜利.中国五四时期自由主义[M].北京：人民出版社，2011，169.

② 胡适日记全编・6(1931—1937)[M].合肥：安徽教育出版社，2001，257.

③ 中国社会科学院近代史研究所中华民国史组编.胡适来往书信选(中册)[M].北京：中华书局，1979，282.

这种个人主义一方面是充分发展自己个性,具有完全独立人格的个人主义;另一方面也强调这种个人主义既不是假的个人主义(即“为我主义”)也不是独善的个人主义,而是超越性的真的个人主义、最有价值的利人的个人主义,实践它的生活状态即“非个人主义的新生活”必须坚持“个人是社会上无数势力造成的”“改造社会须从改造这些造成社会,造成个人的种种势力做起”“改造社会即是改造个人”①这三个根本理念。

其二,在自由的主要内容上,突出了个人意志和思想自由的重要性。认为发展个人的个性必须具有“使个人有自由意志”②的首要条件;强调社会压制个人自由独立的精神,反过来“等到个人的个性都消灭了,等到自由独立的精神都完了,社会自身也没生气了,也不会进步了”③。

其三,在自由的重要原则上,注重于对责任原则和民主原则的强调。如对于责任原则的论述,在《易卜生主义》中胡适指出它是发展个人的个性的重要条件,“自治的社会,共和的国家,只是要个人有自由选择之权,还要个人对于自己所行所为都负责任。若不如此,决不能造出自己独立的人格”④。在《不朽——我的宗教》中,认为只有“我这个现在的‘小我’”为“那永远不朽的‘大我’”的无穷的过去和未来负重大的责任⑤,这种自由的理念和行为才是“不朽”的。很明显,对责任原则的强调,显示出了胡适所提倡的自由更多的是英美传统的“消极自由”,是一种受自身的法则即自律或符合道德命令的责任行为。而对于民主原则的突出,在 1922 年《我们的政治主张》文中较为明显,尽管还没有具体化的展开,但是基本的框架已呈现出来,带有了“监督”(即“要有正当的机关可以监督防止一切营私舞弊的不法官吏”⑥)、“宪政”(即“我们

---

① 耿云志编.中国近代思想家文库——胡适卷[M].北京:中国人民大学出版社,2015,189.
② 耿云志编.中国近代思想家文库——胡适卷[M].北京:中国人民大学出版社,2015,151.
③ 耿云志编.中国近代思想家文库——胡适卷[M].北京:中国人民大学出版社,2015,148.
④ 耿云志编.中国近代思想家文库——胡适卷[M].北京:中国人民大学出版社,2015,153.
⑤ 耿云志编.中国近代思想家文库——胡适卷[M].北京:中国人民大学出版社,2015,620.
⑥ 耿云志编.中国近代思想家文库——胡适卷[M].北京:中国人民大学出版社,2015,671.

要求一个‘宪政的政府’，因为这是使政治上轨道的第一步”①)、“公开”(即“我们要求一个‘公开的政府’，……‘公开’是打破一切黑幕的唯一武器”②)、“选举”(即“现在的选举制度有急行改良的必要”③)等元素。

其四，在自由的实现路径上，受英美“内在的”现代立国路径(即“立国事业是在既有的社会秩序内进行的，是社会自己为自己立国”④)的影响，提出了具体问题式的渐进性解决之道，明确了“好政府”就是实现这种自由社会状态的最低目标。如 1919 年 11 月所发表的《新思潮的意义》一文中，他就用了“研究问题、输入学理、整理国故、再造文明”这十六字，对这种解决之道给予了高度概括；指出“再造文明的下手功夫，是这个那个问题的研究，再造文明的进行，是这个那个问题的解决”。⑤而在 1922 年 5 月《我们的政治主张》一文中，对于这种“作为现在改革中国政治的最低限度的要求”的“好政府”内涵，他从消极性和积极性两个方面进行了规定。消极性方面，就是“要有正当的机关可以监督防止一切营私舞弊的不法官吏”⑥；在积极性的方面体现为两点：“充分运用政治的机关为社会全体谋充分的福利”，“充分容纳个人的自由，爱护个性的发展”⑦。

尽管这一期间胡适由于自身的自由观还处于开创状态，还不能对统一战线内部所出现的宣传马克思主义特别是其自由观的理论基础、内容等进行所谓的系统性批判；但是这并不意味着他处于一种“旁观者”的位置，而上述自身对西方资产阶级自由观的固守就表达出了一种间接性抵制的立场，除此之外最直接的抵制就是从学理层面批判李大钊等人所提倡的“主义式外在根本解决之道”这一自由的实现路径。典型的就是他以杜威的实用主义思想为指导，在 1919 年连续发表了系列论“问题与主义”的文章，从“主义”的性质、高谈“主义”的原因及其危害

①②⑥⑦ 耿云志编.中国近代思想家文库——胡适卷[M].北京：中国人民大学出版社，2015，671.

③ 耿云志编.中国近代思想家文库——胡适卷[M].北京：中国人民大学出版社，2015，673.

④ 秋风.嵌入文明——中国自由主义之省思[M].南京：江苏文艺出版社，2014，13.

⑤ 耿云志编.中国近代思想家文库——胡适卷[M].北京：中国人民大学出版社，2015，184.

性等方面进行了论述。在“主义”的性质上，他认为“凡‘主义’都是应时势而起的”，“主义初起时，大都是一种救时的具体主张”①，为此强调输入学说应该注意“那发生这种学说的时势情形”“‘论主’的生平事实和他所受的学术影响”“每种学说所已经发生的效果”②。在高谈“主义”的原因上，他将其归咎为“畏难求易”“只是懒”。③而对于这种空谈“主义”的危害性，他认为一是招摇撞骗，“用这一个名词来骗人”④，二是忽视了对具体问题的解决，“‘主义’的大危险，就是能使人心满意足，自以为寻着包医百病的‘根本解决’”⑤。另外，他还特别强调以马克思主义的阶级斗争理论为指导去达到实现人的自由解放，只会造成人与人之间的对抗和冲突。“这种仇视心的结果，使社会上本来应该互助而且可以互助的两种大势力，成为两座对垒的敌营，使许多建设的救济方法成为不可能，使历史上演出许多本不须有的惨剧。”⑥

（二）超越倾向——倡导马克思主义自由观，扬弃西方资产阶级或小资产阶级自由观，以李大钊为代表

相对于这一期间胡适对西方资产阶级自由观所持的固守倾向，李大钊却能够自觉地与时俱进，即密切联系这种自由观在当时国内外不成功的实践效果以及苏俄十月革命的世界性意义来进行反思性调整，虽然还没有彻底完成由西方人道主义的自由观向马克思主义自由观的转变，但是从他对自由的理论基础、自由的主要内容、自由的重要原则、自由的实现路径等方面的论述来看，以马克思主义为指导对西方资产阶级或小资产阶级自由观进行“扬弃”已渐成他的思想世界的主导性和自觉性的趋向。主要表现为：

其一，在自由的理论基础上，用“平民主义”替代了“个人主义”。为

---

①④ 耿云志编.中国近代思想家文库——胡适卷[M].北京：中国人民大学出版社，2015，173.

② 耿云志编.中国近代思想家文库——胡适卷[M].北京：中国人民大学出版社，2015，175—177.

③⑤ 耿云志编.中国近代思想家文库——胡适卷[M].北京：中国人民大学出版社，2015，174.

⑥ 耿云志编.中国近代思想家文库——胡适卷[M].北京：中国人民大学出版社，2015，177.

何“平民主义”较“个人主义”更能科学地成为自由的理论基础，这一期间李大钊主要从经济和政治层面进行了阐释和论证。经济上，在《我的马克思主义观》中，李大钊以马克思主义经济学为指导分析了个人主义、人道主义、社会主义三者在经济上的根本区别，指出个人主义的经济学过于强调利己行为；而人道主义经济学正是反对这点，坚持人心改造论，注重于道德的革命；社会主义经济学却坚持组织改造论，提倡社会革命，这已经内在地包含了人道主义经济学的相关要求。虽然此文没有明确提出“平民主义”，但是按照李大钊以后的理解，“平民主义”与“社会主义”两者在精神上是“相接近而一致的”①。相应地，所提出的社会主义经济学的优势也一定程度上可以指平民主义在经济实践上的长处。在政治上，李大钊认为平民主义政治实现了“自由”内涵的真实性和其外延的广泛彻底性，是对过去自由主义精华的浓缩和提升。前者的真实性体现在它剔除了过去自由主义下平民政治借用“人民”的名义而无“人民”之实、只是“中产阶级平民政治”这一弊端②，通过对最广大人民群众利益的关怀以及民主、公平理念的普及而将“平民政治”真正变成了“纯化的平民政治，真实的平民政治，纯正的平民政治”③；后者表现在它“无论在政治上、经济上、社会上，都要尊重人的个性”④，这也意味着平民主义所追求的自由是一个全面的自由，而不仅仅只是思想、意志的自由。

其二，在自由的主要内容上，用以经济自由为基础的全面自由替代了单纯的思想、意志自由。伴随着对马克思主义认识及其深化，这一期间他开始自觉地以马克思主义相关原理特别是唯物史观为指导思考自

---

① 中国李大钊研究会编注.李大钊全集·最新注释本(第四卷)[M].北京：人民出版社，2006，197.

② 中国李大钊研究会编注.李大钊全集·最新注释本(第四卷)[M].北京：人民出版社，2006，85.

③ 中国李大钊研究会编注.李大钊全集·最新注释本(第四卷)[M].北京：人民出版社，2006，86.

④ 中国李大钊研究会编注.李大钊全集·最新注释本(第四卷)[M].北京：人民出版社，2006，3.

由的内容问题。如将经济自由视为实现完全真正自由的前提和核心，在《我的马克思主义观》《由经济上解释中国近代思想变动的原因》中得到了完全的体现。在《由经济上解释中国近代思想变动的原因》文中，他明确指出旧中国的纲常名教、伦理道德都是“建立在大家族制上的东西”，中国思想的变动就是“家族制度崩坏的症候”。①突出了思想自由的实现有赖于经济自由的完成，如在《物质和精神》文中，他强调“物质上不受牵制，精神上才能独立”②。在《我的马克思主义观》中，他倡导“物心两面的改造，灵肉一致的改造”；主张以人道主义改造人类精神的同时必须“以社会主义改造经济组织”，因为“不改造经济组织，单求改造人类精神，必导致没有效果”③。

其三，在自由的重要原则上，由之前注重民主原则转变为突出了民主内在的平等原则。这一期间除了强调自由的民主原则之外，李大钊还特别注重民主内在的平等原则，并从多方面进行了阐释和论证。如认为平等是现代自由政治的精神实质。在《暴力与政治》中，强调现代民治主义的精神“不外使政治体中之各个分子，均得觅有机会以自纳其殊能特操于公共生活之中，在国家法令之下，自由以守其轨范，并进以尽其职分，而赴共同之志的。官吏与公民无特殊，同为国家之公仆，人人皆为治者，同时为皆属隶，其间无严若鸿沟之阶级”④。指出现代民主主义指导下探寻自由的实践就是追求平等的实践。在《庶民的胜利》文中，他认为民主主义劳工主义的胜利就是实现阶级的平等和同一，就是“今后世界的人人都成了庶民，也就都成了工人”⑤。对于这种追求

① 中国李大钊研究会编注.李大钊全集·最新注释本(第三卷)[M].北京：人民出版社，2006，149.

② 中国李大钊研究会编注.李大钊全集·最新注释本(第三卷)[M].北京：人民出版社，2006，142.

③ 中国李大钊研究会编注.李大钊全集·最新注释本(第三卷)[M].北京：人民出版社，2006，35.

④ 中国李大钊研究会编注.李大钊全集·最新注释本(第二卷)[M].北京：人民出版社，2006，173—174.

⑤ 中国李大钊研究会编注.李大钊全集·最新注释本(第二卷)[M].北京：人民出版社，2006，255.

平等的实践，李大钊还从新生活的内涵和新社会组织结构特征进行了说明。在《双十字上的〈新生活〉》中，认为新生活是以爱为基础的生活，而这就是“自由、平等的生活”①。在《由纵的组织向横的组织》中，他认为从前的社会组织是纵的组织而现在所要求的是横的组织，不同于前者的上下阶级树立统属关系，这种横的组织要求的是以爱为结合的上下级平等联合的关系。

其四，在自由的实现路径上，主张“主义式外在根本解决之道”。受马克思主义的影响，这一期间李大钊对此自由实现路径并不仅仅单纯地作口号式的宣传，而是从学理层面就此路径实行的原因、步骤、目标以及注意的问题等方面进行了较为深入的思考。如在实行的原因上，从国际和国内、经济和政治相结合的维度进行了考虑。具体来说，前者在于指出俄十月革命开启了世界无产阶级革命实践的新纪元，相应地中国寻求自由的实践也客观地被纳入这一历史发展“大势”中。后者在于强调国内经济层面家族制的逐渐崩溃和新的生产方式的出现、发展，是选择这一路径的根本原因。“饥饿是变革的原动力”②，“现代的经济组织，促进劳工阶级的自觉，应合社会的新要求，就发生了‘劳工神圣’的新伦理，这也是新经济组织上必然发生的构造”③。而政治层面的暴政、专制统治则是选择这一路径的直接性因素。“革命固不能产出良政治，而恶政之结果则必召革命，故反对革命者当先反对暴力，当先排斥恃强为暴之政治。”④同样，李大钊还从追求自由所受到的阻力和难度上突出了采取激进方式的必要性。“顾自由与胜利，非能不劳而获自致于吾人之前者，人苟真欲得而享之，则不能

① 中国李大钊研究会编注.李大钊全集·最新注释本(第三卷)[M].北京：人民出版社，2006，63.

② 中国李大钊研究会编注.李大钊全集·最新注释本(第三卷)[M].北京：人民出版社，2006，213.

③ 中国李大钊研究会编注.李大钊全集·最新注释本(第三卷)[M].北京：人民出版社，2006，149.

④ 中国李大钊研究会编注.李大钊全集·最新注释本(第二卷)[M].北京：人民出版社，2006，178.

不出相当之努力。”[①]在实行的步骤上，如在《社会问题与政治》的演讲中，认为这一通过“革命”实现自由的路径应该采取两步走：第一步“先得到了政权”，第二步则是“徐图解决自身问题”，“解决一切社会上不平等的问题”[②]。在达到的目标上，《“少年中国”的“少年运动”》中提到了“少年中国”，并强调少年中国的理想“不是死板的模型，是自由的创造；不是铸定的偶像，是活动的生活”；是由物质和精神两面改造而成，具有灵肉一致性。[③]而对于这一自由路径在实施中，李大钊也特别强调要注意多数取决、个人思想自由、互助合作、秩序等问题。如注意多数取决方面，在《强力与自由政治》中，他指出在商讨中多数要有容纳少数之精神，取决之后少数要有服从多数之道义，服从多数并非“服从多数势力之自身”而是“服从表示公认之方法”。[④]另外，对于统一战线内质疑这一实现自由的路径而主张所谓改良式的路径方法，李大钊也进行了较为理性的批判。如在《再论问题与主义》文中，针对胡适所提出的具体问题式的渐进性解决之道，李大钊一方面承认空谈主义确实具有一定的危害性，特别是滋生“懒”的心理和轻视问题的解决；但另一方面也指出在诸多问题中总有一个根本性的问题，特别是马克思主义唯物史观所提到的经济问题需要给予根本性的解决，唯有根本性问题解决了则其他问题的解决就比较容易。

(三) 徘徊倾向——游离于西方资产阶级自由观和社会主义自由观之间，以高一涵为代表

1917—1922 年这一期间，在自由观上相对于胡适的固守倾向和李大钊的超越倾向，还有一批知识分子一方面深受西方自由观的影响，希

---

① 中国李大钊研究会编注.李大钊全集·最新注释本(第二卷)[M].北京：人民出版社，2006，148.

② 中国李大钊研究会编注.李大钊全集·最新注释本(第四卷)[M].北京：人民出版社，2006，112.

③ 中国李大钊研究会编注.李大钊全集·最新注释本(第三卷)[M].北京：人民出版社，2006，11.

④ 中国李大钊研究会编注.李大钊全集·最新注释本(第二卷)[M].北京：人民出版社，2006，204.

冀以其作为思想武器来继续对封建专制主义进行批判，另一方面又因一战后西方自由观本身在实践中的消极性后果而不得不对其进行反思，致使他们的思想呈现出一种矛盾体状态，即政治思想层面更多地具有西方资产阶级自由观的特质，而学术思想层面呈现出非西方资产阶级自由观(较多地表现为社会主义自由观)的特点。在这个方面最为典型的就是高一涵，其游离于西方资产阶级自由观和社会主义自由观之间的徘徊倾向，也暗示着五四新文化运动统一战线内部潜伏着某种分化症状。“追寻理想的现代民主政治，是‘五四’时期中国思想界进步的主要特征。……这一追求现代民主政治的思潮在‘五四’时期又受到俄国十月革命的影响，一部分先进知识分子以十月革命为目标，逐步向马克思主义方向转变；另一部分先进知识分子虽仍然坚持西方传统的民主主义理论，但也受到十月革命的感染。高一涵属于后一部分先进知识分子，且极具代表性。”①具体体现为：

其一，在自由的理论基础上，游离于个人主义与共同体主义之间。不同于这一期间李大钊用“平民主义”替代了“个人主义”这一倾向，高一涵依然坚持了他在1915年《共和国家与青年之自觉》中所倡导的以小己主义为始基和目标的自利利他主义。如1918年的《非“君师主义”》中强调国家不能干涉个人的道德，宪法上必有信仰自由、言论自由、思想自由等规定，否则将会导致专制政治、贤人政治、政教混合政治。另一方面，不同于胡适在个人主义上的固守倾向，高一涵又或多或少地意识到了共同体主义的重要性。如在1918年《近世三大政治思想之变迁》中，认为倡人权、放任、小己之说已经为世人所唾弃而信赖国家者为正教，国家权利与人民权利并不是两相妨害，“国家权力强固一分，即人民权利强固一分”②。造成高一涵在自由的理论基础上呈现出游离、徘徊倾向的原因是多方面的，其中一个重要的因素与他对当时中国现实政治反思以及学术层面所理解的社会主义思潮密不可分。他认为

---

① 吴汉全.《每周评论》时期高一涵政治思想研究[J].安徽史学，2005-03-64.

② 郭双林，高波编.中国近代思想家文库——高一涵卷[M].北京：中国人民大学出版社，2015，105.

个人主义下契约式代议政治并未能实现个人真正的自由，而在他看来包括无治主义、新村派、经济派等在内的所谓社会主义流派的“群治”思想和理念一定程度能够弥补、解决这种弊端和缺陷。

其二，在自由的主要内容上，游离于思想、伦理自由和经济、政治自由之间。通过考察这一时间段高一涵的相关思想，就会发现他在自由主要内容的构建上明显具有徘徊于西方资产阶级自由观和马克思主义自由观的倾向，或将思想、伦理自由视为实现自由的首要目标和主要内容；或将经济、政治自由视为实现自由的首要目标和主要内容；或者将两者并重。如把思想、伦理自由视为实现自由的首要目标和主要内容的：1920 年《罗素的社会哲学》文中，认为罗素的社会政治制度最根本特点在于“使个个人都能自由去发展他创造的冲动”，并把这种自由看成是获得政治、经济条件的“最适用的物事”①。将经济、政治自由视为实现自由的首要目标和主要内容：如 1919 年《无治主义学理上的根据》，高度评价无治主义“自治”这一积极性的优点，认为其在政治上表现为反对强力、自由组织，经济上体现为各食其力、自给；同样，在此文中他指出“布尔札维主义”只是方法利害一点而已，其通过组织劳动联合会实现经济、政治自由是应该给予肯定的。②将两者并重：如在《一九一七年豫想之革命》中，他认为从 1917 年起中国革命的重任在于开展“惟政治精神与教育主义革命”，即“政治上应揭破贤人政治之真相，于教育上应打消孔教为修身大本之宪条”。③表面看起来这一期间高一涵所主张的自由内容具有全面性，但明显既没有李大钊在全面性中强调以经济自由为基础这一重点性；也没有胡适过分突出个人意志和思想自由这一鲜明性的特点，更多的是徘徊性。这在一定程度上体现了他在自身自由观内容构建上的矛盾纠结心理，既不想“固守”，

---

① 郭双林，高波编.中国近代思想家文库——高一涵卷[M].北京：中国人民大学出版社，2015，221.

② 郭双林，高波编.中国近代思想家文库——高一涵卷[M].北京：中国人民大学出版社，2015，172.

③ 郭双林，高波编.中国近代思想家文库——高一涵卷[M].北京：中国人民大学出版社，2015，87.

也不愿“超越”。

其三，在自由的重要原则上，游离于资本主义自由观的政治民主原则和社会主义自由观的经济平等原则之间。这点从其在自由的重要原则的论述上也可以获得充分的佐证。一方面，依然囿于“自然法”“自然权利”或“社会契约论”等政治和法律的理论体系之内去探讨民主原则实施的必要性。如1917年《论欲实行立宪政治者应有之觉悟》中，指出立宪政治具有三个基本的要义，即“使政府权力有所限制”“使政府尊重人民之自由权利”“广予人民以参政权”①；1919年《民众运动的目的》，强调要避免民众运动的发生则必须改正选举法以选出平民的议员、组织公民的政治社以专于监督检查。另一方面，受社会主义思潮的影响突出了经济平等原则的重要性。如1919年《俄国宪法的根本原理》中，指出俄国共和政府废除私有财产、设立国家银行这一举措并不是什么值得大惊小怪之事；1921年《省宪法中的民权问题》中，要求宪法中必须规定无产阶级所需要的“经济的基本权”，而不单纯规定只维护有产阶级的“政治的基本权”②，否则这种宪法就不是全体人民的“权利书”，同时认为这些“经济的基本权”应表现在“全劳动收益权”“生存权”“劳动权”三个方面③。

其四，在自由的实现路径上，游离于现实的资本主义改良方案和理想的社会主义自由目标之间。这一期间，一方面资产阶级自由观在国内外实践中出现了挫折；而另一方面，社会主义自由观却在苏俄等国实践中取得了显著的进步。这一鲜明对照的现象对高一涵调适、发展自身自由观带来了一定的刺激效应，其中最突出的就是他在自由的理想目标的构建上增加了不少“社会主义”的色彩和元素。如1919年《无治主义学理上的根据》文中，在为“布尔札维主义”进行辩护的同时，指出

---

① 郭双林，高波编.中国近代思想家文库——高一涵卷[M].北京：中国人民大学出版社，2015，102.

② 郭双林，高波编.中国近代思想家文库——高一涵卷[M].北京：中国人民大学出版社，2015，251—252.

③ 郭双林，高波编.中国近代思想家文库——高一涵卷[M].北京：中国人民大学出版社，2015，255.

在各国实地试验的无治主义新村所取得的成绩已经证明其并不是空想的乌托邦。在《关于资本主义和社会主义的争论的我见》中，更是呼吁无论中国现在是否中了资本主义的弊病，都必须“应该用社会主义的方法来医治或先事预防的”[①]。但是如果根据以上论述认为这一期间他实现了对资产阶级自由观的超越则“大错特错”，在自由的实现路径上他始终没有丢弃其一贯坚持的资产阶级改良的“底色”。如1922年在答《晨报》《益世报》记者时，更是指出在《我们的政治主张》文中主张好政府，并不是抛弃多年所坚持的“改良政治必先从改良社会下手”的主张，而在于“只想要求政治事业与社会事业携手同行”。[②]

总之，在对1917—1922年五四新文化运动统一战线内部所出现的三种主要的自由观倾向进行梳理和分析后，至少有以下几个方面值得我们去注意与思考，一是三种主要的自由观倾向折射出了一开始成为统一战线“共识”的自由主义本身就存在着许多局限性，如既不如西方先辈们相关思想的那么“纯正”，显得比较驳杂[③]；也内含有工具理性与价值理性的冲突、观念人物与行动人物的对立、理论层次的保守主义与潜意识的激进主义的对立[④]。而伴随着中国具体问题情境的变迁，这种局限性的“裂口”则日益拉大化乃至最终导致统一战线破碎。二是三种主要的自由观倾向反映了当时面对变迁化的中国具体问题情境先进的中国人就选择何种自由观去救国救民的矛盾心理和艰辛的心路历程。在这一抉择过程中，资产阶级的自由观是否具有普适性；相较资产阶级自由观，社会主义的自由观如何更具有科学的真理性和现实实践性；如何立足具体的中国问题情境，以社会主义自由观为指导实现对其

---

① 郭双林，高波编.中国近代思想家文库——高一涵卷[M].北京：中国人民大学出版社，2015，249.

② 郭双林，高波编.中国近代思想家文库——高一涵卷[M].北京：中国人民大学出版社，2015，268.

③ 何晓明.近代中国自由主义：不结果实的精神之花[A].郑大华、邹小站主编.中国近代史上的自由主义[C].北京：社会科学文献出版社，2008，19.

④ 胡伟希，高瑞泉，张利民.十字街头与塔——中国近代自由主义思潮研究[M].上海：上海人民出版社，1991，45—69.

他类型自由观的“扬弃”等，依然是我们当前中国特色社会主义建设实践中所迫切需要重视和研究的问题。

二、“五四”前后中国早期马克思主义者对西化派挑战的回应

“五四”运动前后，伴随着民族危机的日益深重以及对西化思潮的反思，从西化派逐渐分离出一批人（如李大钊、陈独秀等）开始在中国传播马克思主义。他们在传播马克思主义的过程中，不仅遭到了以东方文化派为代表的文化保守主义的攻击，也遇到了之前曾与自己是新文化运动统一战线的“盟友”——西化派的挑战。从马克思主义中国化的问题情境来看，当时西化派的挑战集中体现在两个方面：一是间接而根本性的挑战，即就中国问题及其产生根源是什么、中国问题如何解决以及向何处去等方面，提出了与中国早期马克思主义者迥然不同的思想主张、设计方案。二是直接性的挑战，公开质疑马克思主义科学真理性和实践真理性，以及否定马克思主义在社会意识形态格局构建中的指导性地位。面对这些挑战，中国早期马克思主义者并没有因西化派曾是自己的“盟友”（特别是在当时与自己有一个共同的敌人——文化保守主义）而对这些挑战采取迁就避让或置之不理的态度，相反从多方面给予了积极性的回应。为此，通过考察和分析“五四”前后中国早期马克思主义者回应西化派挑战这段历史，毫无疑问将有助于科学地把握、揭示马克思主义中国化实践的实质和相关规律，以及能够为现实中进一步深入地推进这一实践的展开提供一些启示性思考。

（一）在历史观上，中国早期马克思主义者用唯物史观回应了西化派的历史进化论和文化决定论，初步回答了当时中国问题及其产生根源是什么的问题

历史观特别是现代历史观，除了相较于历史意识而言具有高度的抽象概括性特征之外，还具有浓厚的现实政治性特征。“历史观是人们思考历史和社会问题的一种形式，这种形式因有较高的抽象性和概括

性，因而带有哲学那种高度抽象的色彩。然而人们之所以要对历史进行这种宏观认识，并不是为了满足自己探求纯学术的欲望，而是为了表达他们对人类社会发展趋势的看法。”①联系到近现代中国历史来看，先进的中国人为了论证自己救国方案的科学合法性总会以一定的历史观为依据，新文化运动期间的西化派也不例外。在当时中国问题及其产生根源是什么的问题，他们以历史进化论和文化决定论为理论武器给予了具体分析，从而论证“西化”方案替代复古派、文化保守主义相关主张的所谓合理的逻辑性和现实的正当性。客观地讲，西化派的历史进化论和文化决定论这一历史观在新文化运动前期发挥了积极性作用，推进近代先进中国人探索救国救民道路历程的深入；但是“五四”前后他们并没有以这一历史观作为思想过渡的中介而进入到唯物史观层次，相反依然固守这一历史观并以其来抵制和批判唯物史观在中国的传播，则明显阻滞了中国早期马克思主义者以唯物史观为指南将近代中国引入健康性轨道的进程。考察“五四”前后西化派一些代表人物的相关思想言论，他们的历史观所遵循的逻辑依然在于认为竞争推动人类社会的进化，中国的文化比西方文化要落后，要免于被淘汰务必摆脱传统的限制而学习西方的文化②；同样，中国的问题归根结底也出在思想文化方面，解决中国的问题根本上也有赖于思想文化问题的解决③。如在 1918 年初稿、1923 年修改稿的《易卜生主义》文中，胡适认为当前中国最根本的问题就是因受旧法律、道德和宗教的压迫、摧残而致使个人毫无个性和独立的人格，指出要促进社会的健康唯有大量的“白血轮分子”发扬“白血轮精神”。“社会国家的健康也全靠社会中有许多永不知足，永不满意，时刻与罪恶分子龌龊分子宣战的白血轮，方才有改良进步的希望。”④傅斯年强调中国社会之所以出现如此之多的“蚩蚩之

① 黄敏兰.学术救国：知识分子历史观与中国政治[M].郑州：河南人民出版社，1995，17.

② 张世保.从西化到全球化——20 世纪前 50 年代西化思潮研究[M].北京：东方出版社，2005，101.

③ 张世保.从西化到全球化——20 世纪前 50 年代西化思潮研究[M].北京：东方出版社，2005，122.

④ 耿云志编.中国近代思想家文库——胡适卷[M].北京：中国人民大学出版社，2015，154.

氓”在于“若干恶劣习俗”“若干无灵性的人生规律”桎梏行为、宰割心性而致①；这些恶劣习俗、无灵性的人生规律最集中体现于人生观上无责任心却流行“左道”的人生观念，即“都不是拿人生解释人生问题，都是拿‘非人生’破坏人生，都是拿个人的幻想，或一时压迫出来的变态，误当作人生究境”②。1923 年在燕京大学的讲演中，丁文江也明确中国政治的混乱“不是因为国民程度幼稚，不是政客官僚腐败，不是因为武人军阀专横；是因为少数人没有责任心，而且没有负责任的能力”③。蒋梦麟则突出了人格教育的重要性，1918 年 6 月发表于《教育杂志》10 卷第 6 期的《进化社会的人格教育》一文认为进化社会有三个条件即“社会所储蓄之文明，能日日加增也”“社会之度量，能包容新思想也”“大多数之人民，能享文化之权利”，为此需要开展进化社会的人格教育以促进个人负此三种责任的能力。④可见，“五四”前后西化派这一线性文化进化论的历史观，既消解了近代中国遭受屈辱就在于外国资本主义列强侵略这一根本原因，以及遮蔽了导致近代中国自身文化滞后的经济层面这一根本因素；也对当时中国早期马克思主义者所宣传的马克思主义及其推进的中国化实践来说，这种历史观更是阻碍了以唯物史观为先导的马克思主义在中国的启蒙进程，也间接地否定了通过在唯物史观指导下以阶级斗争和无产阶级革命为路径来改造中国之实践的现实正当性。

针对西化派在历史观上所持的历史进化论和文化决定论，中国早期马克思主义者以唯物史观为武器进行了较为理性的回应，既批判了他们相关主张的非科学性，也就当时中国问题及其产生根源是什么方面提出了较为正确的判断。主要体现为：一是从狭义而不是广义层面对“文化”进行了界定，凸显了文化决定论的唯心主义本质。如除了在 1920 年的《新文化运动是什么》强调文化是“包含着科学、宗教、道德、

① 欧阳哲生编.傅斯年全集(第一卷)[M].长沙：湖南教育出版社，2003，80.
② 欧阳哲生编.傅斯年全集(第一卷)[M].长沙：湖南教育出版社，2003，88.
③ 洪晓斌编.丁文江学术文化随笔[M].北京：中国青年出版社，2000，116.
④ 明立志，吴小龙等编.蒋梦麟学术文化随笔[M].北京：中国青年出版社，2001，116—117.

美术、文学、音乐这几样”①之外，在《文化运动与社会运动》文中陈独秀再次指出文化运动的内容是“文学，美术，音乐，哲学，科学，这一类的事”②。这种从精神或观念层面对“文化”所进行的狭义式的理解，而没有如西化派（也包括这一期间的东方文化派）更多地从广义“文明”这一层面的解读，有助于揭开他们将物质、政治等混杂在文化里面以企图遮蔽文化决定论的唯心主义本质的阴谋。③二是比较了历史进化论和唯物史观的特点，特别是揭示了历史进化论的弊端。如《物质变动与道德变动》文中，李大钊肯定了达尔文理论在道德本质阐释方面的积极性作用，但是指出其在解释道德的历史变迁方面则明显处于空白，而这方面唯有依靠唯物史观才能了解。“达尔文的理论可以把道德的本质阐发明白了。可是道德何以因时因地而生种种变动？以何缘故社会的本能之活动发生种种差别？说明这个道理，我们要用马克思一派的唯物史观了。”④同样在《中国现在的思想界》文中，邓中夏认为“科学方法派”（即西化派）相对于东方文化派而言固然是“真新的，科学的”；但是与“唯物史观派”比较其在宇宙观上是单纯的自然科学的以及在人生观上又是机械论的。⑤除了上述两个方面对西化派历史观给予批判性的“破”之外，这一期间中国早期马克思主义者特别还注重于“立”，即自觉地将唯物史观运用于对当时中国问题及其产生根源是什么的分析上，获得了一些较为科学的认识。如 1921 年在给蔡和森的信中，毛泽东指出“唯物史观是吾党哲学的根据，这是事实”，“你这一封信见地极当，我没有一个字不赞成”⑥；在唯物史观的指导下，1922 年在《更宜注意的问题》中，他认为劳工的生存权和劳动权是目前中国迫切需要关注的问

---

① 胡明编.陈独秀选集[M].天津：天津人民出版社，1990，108.

② 朱维铮编.中国现代思想史资料简编（第一卷）[M].杭州：浙江人民出版社，1982，81.

③ 朱庆跃.五四前后中国早期马克思主义者对东方文化派挑战的回应[J].党的文献，2015-01-95.

④ 朱维铮编.中国现代思想史资料简编（第一卷）[M].杭州：浙江人民出版社，1982，199.

⑤ 李华兴编.中国现代思想史资料简编（第二卷）[M].杭州：浙江人民出版社，1982，173—174.

⑥ 毛泽东文集（第一卷）[M].北京：人民出版社，1993，4.

题。在1921年的《中国的社会主义与世界的资本主义》文中，李大钊指出世界资本主义体系下中国劳动阶级受压迫、剥削是中国最大的实际境况。而在瞿秋白的《饿乡纪程》(1920年)、陈独秀的《中国国民革命与社会各阶级》(1923年)等文中，则直接将中国当时的国情定性为帝国主义侵略下的半殖民地，所面临的最根本问题或任务就是将受列强及军阀压迫的劳动人民从束缚中解放出来。“陷于半殖民地而且濒于完全殖民地之悲运的中国人，不首先解除列强及军阀之重重奴隶，别的话都无从说起！”①同样，在《帝国主义之侵略中国》文中，李维汉不仅从政治、文化方面，而且也更加突出地从经济层面揭露了帝国主义对华侵略所造成的恶果。尽管就当时中国问题及其产生根源是什么等方面，这一期间中国早期马克思主义者的认识还没有达到30—40年代那种成熟化的状态；但是较西化派相关主张而言，以唯物史观为指导着重经济层面的分析至少抓住了问题的根本点并为问题的破解也提供了正确的切入点。

(二) 在自由观上，用社会主义的自由观回应了西化派的资产阶级自由观，初步回答了当时中国问题如何解决以及向何处去的问题

“自由”一定程度上内蕴有从某种束缚中解放出来之意；追求自由本身就是人的特性，对于自由的获取也是“人类全部活动的最高目的”②。联系到近现代中国国情下不同阶级、阶层、群体乃至个体的自由观和他们所持的历史观一样，在具有高度的抽象概括性特征之外也还具有浓厚的现实政治性特征，亦表达了他们期望从所受到的中国现实问题的束缚中解放出来，去争取和追求在他们看来较为科学理性的国家、社会以及个人的生存发展空间。无论科学与否，都在一定程度上体现了对当时中国问题如何解决以及向何处去的问题的思考和探索。“争取社会关系、社会联系、社会交往中的自觉和自由，是不同时代先进代表追求的理想。人类社会交往、社会活动中的自觉、主动、自由问题，

① 李华兴编.中国现代思想史资料简编(第二卷)[M].杭州：浙江人民出版社，1982，51.

② 商英伟，白锡能.自由论[M].福州：福建人民出版社，1993，1.

是不同时代的思想家、理论家探讨和论证的深层课题。”①“五四”前后，面对当时中国问题如何解决以及向何处去的问题，在中国早期马克思主义者以马克思主义的自由理论为指导提出通过“主义式外在根本解决之道”达到以经济自由为基础的全面自由这一目标之际，西化派依然以西方资产阶级自由观为对抗的理论武器，设计出与之截然对立的方案，即主张由具体问题式的渐进性解决之道来首先实现个人思想意志和伦理道德的自由。如胡适、高一涵等人以线性文化进化论从思想文化层面对当时中国问题及其产生根源分析后，指出实现个人思想意志和伦理道德方面的自由则是解决中国问题的前提和关键。在《易卜生主义》文中，胡适就强调社会要有生机活力就必须发展人的个性即“使个人有自由意志”②，否则“等到个人的个性都消灭了，等到自由独立的精神都完了，社会自身也没生气了，也不会进步了”③；明确改造社会即是改造个人，就是要大力倡导一种最有价值的利人主义的“为我主义”④。1918 年《非“君师主义”》文中，高一涵认为现实中依然存在“天地君亲师”的观念，究其根由在于“缺乏历史进化的观念”以及“行制度革命而不行思想革命的坏处”⑤，指出“道德必须由我们自己修养，以我们自己的良知为标准，国家是不能钻入精神界去干涉我们的”⑥；1920 年《罗素的社会哲学》文中，他评价罗素的社会政治制度最根本特点在于“使个个人都能自由去发展他创造的冲动”，并把这种自由看成是获得政治、经济条件的“最适用的物事”。⑦而对于如何实现这种个人思想意志和伦理道德的自由，胡适、高一涵等人受英美“内在的”现代立

---

① 商英伟，白锡能.自由论[M].福州：福建人民出版社，1993，7—8.

② 耿云志编.中国近代思想家文库——胡适卷[M].北京：中国人民大学出版社，2015，153.

③ 耿云志编.中国近代思想家文库——胡适卷[M].北京：中国人民大学出版社，2015，148.

④ 耿云志编.中国近代思想家文库——胡适卷[M].北京：中国人民大学出版社，2015，152.

⑤ 郭双林，高波编.中国近代思想家文库——高一涵卷[M].北京：中国人民大学出版社，2015，117.

⑥ 郭双林，高波编.中国近代思想家文库——高一涵卷[M].北京：中国人民大学出版社，2015，119.

⑦ 郭双林，高波编.中国近代思想家文库——高一涵卷[M].北京：中国人民大学出版社，2015，221.

国路径(即"立国事业是在既有的社会秩序内进行的,是社会自己为自己立国"①)的影响,提出了具体问题式的渐进性解决之道,并且构建了"好政府"这一自由社会的形态轮廓。如1919年《新思潮的意义》文中,胡适就呼吁"再造文明的下手功夫,是这个那个问题的研究,再造文明的进行,是这个那个问题的解决"②。而在1922年《我们的政治主张》文中,他从消极性和积极性两个方面对"好政府"进行了描述:消极性方面,就是"要有正当的机关可以监督防止一切营私舞弊的不法官吏"③;在积极性的方面体现为两点:"充分运用政治的机关为社会全体谋充分的福利","充分容纳个人的自由,爱护个性的发展"④。

针对西化派在自由观上所鼓吹的资产阶级自由理论,中国早期马克思主义者用社会主义自由观给予了应战,毕竟这关系到当时中国问题如何解决以及向何处去的问题。他们重点就社会主义自由的内涵是什么、为什么要选择走实现社会主义自由这一道路以及如何达到社会主义自由的目标等方面进行了较为深刻的论述与探讨。具体表现为:其一,就社会主义自由的内涵是什么方面,在唯物史观的指导下初步认识到其是以纯正的平民主义为理论基础、以经济自由为核心的具体而全面的自由,是民主和平等的有机统一。这点以当时的李大钊的相关阐释最具有代表性。如对于社会主义自由的理论基础——纯正的平民主义,李大钊强调它实现了"自由"内涵的真实性和其外延的广泛彻底性,是对过去自由主义精华的浓缩和提升。"把政治上、经济上、社会上一切特权阶级,完全打破,使人民全体,都是为社会国家作有益的工作的人,不须用政治机关以统治人身,政治机关只是为全体人民,属于全体人民,而由全体人民执行的事务管理的工具。"⑤突出以经济自由为核心的具体而全面的自由,李大钊明确指出"经济构造是社会的基础构

① 秋风.嵌入文明——中国自由主义之省思[M].南京:江苏文艺出版社,2014,13.

② 耿云志编.中国近代思想家文库——胡适卷[M].北京:中国人民大学出版社,2015,184.

③④ 耿云志编.中国近代思想家文库——胡适卷[M].北京:中国人民大学出版社,2015,671.

⑤ 中国李大钊研究会编注.李大钊全集·最新注释本(第四卷)[M].北京:人民出版社,2006,132.

造，全社会的表面构造，都依着他迁移变化”①，“物质上不受牵制，精神上才能独立”②。坚持民主和平等的有机统一，李大钊认为社会主义自由的精神就是“令凡在一个共同生活组织中的人，无论他是什么种族、什么属性、什么阶级、什么地域，都能在政治上、社会上、经济上、教育上得到一个均等的机会，去发展他们的个性，享有他们的权利”③。可见，相对于以个人主义为理论基础、以单纯思想意志为内容并且只注重民主的形式原则的资产阶级自由而言，社会主义自由是对其的扬弃与超越。其二，就为什么要选择走实现社会主义自由这一道路方面，除了从理论层面探讨社会主义自由相较资本主义自由的优点（如在《我的马克思主义观》中，李大钊认为社会主义经济学通过根本改造资本运行的经济制度来克服资本的逐利性以及消除资本特权，这种组织改造论反对了资本主义个人主义经济学，也吸纳了人道主义经济学的长处）以及对实现社会主义自由的美好前景进行展望（如 1923 年在上海大学社会问题研究会上的演讲中，李大钊对社会主义进行了释疑，强调社会主义是富的而不是贫穷的，是整理生产而不是破坏生产，是发扬工作的喜悦而不是痛苦地工作，是真的、极平等的自由而不是虚假、一部分人的自由④）之外，更多地从当时中国的社会现实特别是经济状况进行了剖析。从总体来看，这一期间中国早期马克思主义者的一个普遍共识在于认为当时中国虽然没有进入到资本主义社会但是业已深受世界资本主义市场体系的影响，再加上原有封建剥削制度的存在，致使中国民众处于资本特权和封建特权的双重压制下，在这样的情境下只能走实现社会主义自由之路。如在《复东荪先生底信》中，陈独秀一针见血地指

---

① 中国李大钊研究会编注.李大钊全集・最新注释本（第三卷）[M].北京：人民出版社，2006，21.

② 中国李大钊研究会编注.李大钊全集・最新注释本（第三卷）[M].北京：人民出版社，2006，142.

③ 中国李大钊研究会编注.李大钊全集・最新注释本（第二卷）[M].北京：人民出版社，2006，294.

④ 李华兴编.中国现代思想史资料简编（第二卷）[M].杭州：浙江人民出版社，1982，194—196.

出当时中国劳动者过着非人的生活，而这“正是资本主义生产制下必然的状况”①。在《中国的社会主义与世界的资本主义》文中，李大钊明确“中国的经济情形，实不能超出于世界经济势力之外”，“中国虽未经自行如欧、美、日本等国的资本主义的发展实业，而一般平民间的接受资本主义经济组织的压迫，较各国直接受资本主义压迫的劳动阶级尤甚苦痛”②。同样在《马克思学说与中国无产阶级》文中，蔡和森也揭示了当时的情形为“中国受国际资本帝国主义的经济压迫到了那步田地？自身的生产方法还是三代以上的，自己不能供自己的需要，五大强的商品，开始由大炮送进来，继之由本身的需要扯进来，这种经济侵略孰能卸之？我敢说一句，现在中国四万万人，有三万万五千万不能生活了”③。其三，就如何达到社会主义自由的目标方面，大力倡导“主义式的外在根本解决”之道，即在马克思主义指导下开展社会革命。如陈独秀认为现代社会的第一需要就是“用革命的手段建设劳动阶级（即生产阶级）的国家，创造那禁止对内对外一切掠夺的政治法律”④；李大钊强调不以马克思派的阶级竞争说作工具，对其“了不注意”，那么经济的革命则“恐怕永远不能实现，就能实现，也不知迟了多少时期”⑤。另外，对这一期间西化派一些改良性方案，中国早期马克思主义者也进行了批判。如对于鼓吹发展实业这一温情方案，在《讨论社会主义并质梁任公》文中李达认为其只能说是“处理社会问题的结果”，而“并不是铲除社会问题的根本原因”；要消除自由竞争和私有财产这两个社会万恶的根源，唯有采取“治病而复于健康的药”——社会主义运动，相反如果制造了资本主义再行社会政策则会使民众陷入水火之中并延长其痛苦。⑥而对于主张走议会道路的，陈独秀批判其只能是“与虎谋皮”，因为议会制度本身就是“资产阶级专为供给及监督他们的政府底财政而

① 朱维铮编.中国现代思想史资料简编(第一卷)[M].杭州:浙江人民出版社,1982，75.
② 朱维铮编.中国现代思想史资料简编(第一卷)[M].杭州:浙江人民出版社,1982，219.
③ 李华兴编.中国现代思想史资料简编(第二卷)[M].杭州:浙江人民出版社,1982，131.
④ 朱维铮编.中国现代思想史资料简编(第一卷)[M].杭州:浙江人民出版社,1982，65.
⑤ 朱维铮编.中国现代思想史资料简编(第一卷)[M].杭州:浙江人民出版社,1982，194.
⑥ 朱维铮编.中国现代思想史资料简编(第一卷)[M].杭州:浙江人民出版社,1982，716.

设立的”①。

(三)在真理观上,用马克思主义真理观回应了西化派的实用主义真理观,初步回答了马克思主义是否具有真理性的问题

在真理观的问题上,“五四”前后的西化派深受詹姆士、杜威等西方实用主义真理观的影响,突出强调了真理的主观性、相对性以及注重工具价值这一真理性标准等。以这一期间的胡适为代表,在真理的主观性方面,在《实验主义》文中他认为“纯粹物观的真理”是不存在,只有“历史的真理论”,这种真理论就是强调真理“原来是人造的,是为了人造的,是人造出来供人用的”②;在真理的相对性方面,指出“实验主义绝不承认我们所谓‘真理’就是永远不变的天理;他只承认一切‘真理’都是应用的假设;假设的真不真,全靠他能不能发生他所应该发生的效果。这就是‘科学试验室的态度’”③,要求对待主义、真理务必“停止思想的绝对真理”以及做到“三不可”即“不可认作天经地义的信条”“不可奉为金科玉律的宗教”“不可用作蒙蔽聪明”④;在检验、判断真理的真伪方面,提出了效用标准,“我们所谓真理,原不过是人的一种工具,……因为从前这种观念曾经发生功效,故从前的人叫他做‘真理’;因为他的用处至今还在,所以我们还叫他做‘真理’。万一明天发生他种事实,从前的观念不适用了,他就不是‘真理’了,我们就该去找别的真理来代他了”⑤。不可否认,胡适实用主义真理观因含有崇尚实验和理性的怀疑主义精神以及关注科技知识、工具理性的因素,从而促进了当时的人们从封建主义传统文化等旧思想、观念的束缚中解放出来,也推进了人们对近现代科学技术的学习与追求。⑥但是,当“五四”前后中国早期马克思主义者在传播马克思主义以希冀将救国救民之路引入健康、正确轨道时,西化派却以这一实用主义的真理观作为攻击武器,直

---

① 李华兴编.中国现代思想史资料简编(第二卷)[M].杭州:浙江人民出版社,1982,13.

②⑤ 耿云志编.中国近代思想家文库——胡适卷[M].北京:中国人民大学出版社,2015,303.

③ 耿云志编.中国近代思想家文库——胡适卷[M].北京:中国人民大学出版社,2015,293.

④ 欧阳哲生编.胡适文集(2)[M].北京:北京大学出版社,1998,273.

⑥ 李丕洋.评胡适的真理观[C].中国现代文化学术研讨会论文集,2005,280—281.

接掀起了质疑和否定马克思主义的真理性及其在中国实践的现实正当性的狂潮，其中“问题与主义之争”最为典型。依然以胡适为例，在问题与主义之争中，一方面，以真理的主观性、相对性特征为依据，批判早期马克思主义者在中国传播马克思主义的现实正当性。他强调真理是“某时某地的有心人，对于那时那地的社会需要的救济方法”，是“应时势而起的”，而中国的具体时势与马克思主义产生的时势具有明显的差异性，那么在这样的条件下传播马克思主义就“好比医生单记得现代汤头歌诀，不去研究病人的症候，如何能有用呢？”①同时，他也指出真理包括社会主义等在内都不具有抽象绝对性，如果过分强调这点则会具有招摇撞骗之感和体现“畏难求易”的心理。“主张成了主义，便由具体的计划，变成一个抽象的名词。‘主义’的弱点和危险，就在这里。因为世间没有一个抽象名词能把某人某派的具体主张都包括在里面。比如‘社会主义’一个名词，马克思的社会主义，和王揖唐的社会主义不同；你的社会主义，和我的社会主义不同：决不是这一个抽象名词所能包括。”②“我们不去研究人力车夫的生计，却高谈社会主义！……我们还要得意扬扬夸口道，‘我们所谈的是根本解决’。老实说罢，这是自欺欺人的梦话！这是中国思想界破产的铁证！”③另一方面，以检验、判断真理的效用标准为根据，质疑马克思主义本身的科学真理性。如在《四论问题与主义》文中，胡适虽然肯定了唯物史观的功用价值，但是对马克思主义的阶级竞争说则给予了指责乃至否定，认为它过多地“使历史上演出许多不须有的悲惨剧”④。“阶级战争说指出有产阶级与无产阶级不能并立的理由，在社会主义运动史与工党发展史上固然重要；但是这种学说，太偏向申明‘阶级的自觉心’一方面，无形之中养成一种阶级的仇视心，不但使劳动者认定资本家为不能并立的仇敌，并且使许多资本

① 耿云志编.中国近代思想家文库——胡适卷[M].北京：中国人民大学出版社，2015，172.
② 耿云志编.中国近代思想家文库——胡适卷[M].北京：中国人民大学出版社，2015，173.
③ 耿云志编.中国近代思想家文库——胡适卷[M].北京：中国人民大学出版社，2015，173—174.
④ 耿云志编.中国近代思想家文库——胡适卷[M].北京：中国人民大学出版社，2015，177.

家也觉劳动者真是一种敌人。……这种种效果固然是阶级竞争说本来的涵义，但是这些涵义实际表现的效果，都应该有公平的研究和评判，然后能把原来的主义的价值与功用一一的表示出来。”①

针对西化派在真理观上所发动的直接式挑战，中国早期马克思主义者并未回避，而是积极地进行了回应。这种回应总体上表现为揭示了实用主义真理观的局限性，阐释了马克思主义真理观的科学内容以及详实地论证了马克思主义特别是唯物史观的真理性。具体来说：其一，揭示了实用主义真理观的局限性。如在《实验主义与革命哲学》文中，瞿秋白批判了实用主义真理观只承认真理的主观性、相对性一面，而否认了真理的客观性、绝对性一面。“实验主义首先便否认理论的真实性，而只看重实用方面，——‘多研究问题，少谈主义！’可是这一个原则，却亦没有抽象的价值。他的应用亦是因时因地而异其性质的。”②同时，他也批判了其在判断真理的标准上只注重实际效用标准，而忽视理论内在真实性标准。“实验主义的意思，以为真理自身并无何等价值。每种学说必须与人的实际需要发生关系，方能成为真理。……实际上真理是否能作如此解释呢？不然的。仅仅是‘有益’还不能尽‘真实’的意义。一种思想，必须是真实的，必须是合于客观的事实的，方能是有益的。”③通过对实用主义真理观内容的分析，瞿秋白将其本质归结为唯心主义多元论。其二，阐释了马克思主义真理观的科学内容。李大钊在《再论问题与主义》中强调真理必须具有理论的科学指导价值和实际的变革价值的统一性。“大凡一个主义，都有理想与实用两面。”④同样，依然在《实验主义与革命哲学》文中瞿秋白认为马克思主义的真理观不同于实用主义真理观，它“注重的是科学的真理，而非利益的真理”⑤，以及强调真理的内容本身具有客观绝对性而不会因人的

① 耿云志编.中国近代思想家文库——胡适卷[M].北京：中国人民大学出版社，2015，177.
② 李华兴编.中国现代思想史资料简编(第二卷)[M].杭州：浙江人民出版社，1982，408.
③ 李华兴编.中国现代思想史资料简编(第二卷)[M].杭州：浙江人民出版社，1982，411.
④ 朱维铮编.中国现代思想史资料简编(第一卷)[M].杭州：浙江人民出版社，1982，190.
⑤ 李华兴编.中国现代思想史资料简编(第二卷)[M].杭州：浙江人民出版社，1982，413.

主观意志的改变而改变，“现实只有一个，真理亦只有一个。我们的观念及思想，当然是刻刻变的，然而这是因为客观的现实世界在那里刻刻的变。却并不是因为我们主观的目的在那里变”。[①]其三，论证了马克思主义特别是唯物史观的真理性，这一期间中国早期马克思主义者重点从知识真理和实践真理两个方面进行了阐释。如对于马克思主义知识真理性的论证方面，在《我的马克思主义观》中李大钊分别从马克思主义社会主义学说、经济学说、唯物史观等方面给予了详细分析。他认为马克思主义社会主义学说的科学性集中体现为“完全自成一个有机的有系统的组织，都有不能分离不容割裂的关系”[②]；马克思主义经济学的科学性集中体现为它不偏于感情也不涉于空想，而是用科学的论式特别是以劳动的本位、以劳动者的本位解释了社会主义的经济组织的可能性与必然性；唯物史观的科学性集中体现为它“在认经济的构造对于其他社会学上的现象，是最重要的；更认经济现象的进路，是有不可抗性的”[③]，这“把从前历史的唯物论者不能解释的地方，与以创见的说明”[④]。在《马克思学说与中国无产阶级》文中，蔡和森认为马克思主义革命学说的科学性在于其“完全立于客观的必然论之上”[⑤]，以及对其他理论实行了“扬弃”，“窃以为马克思主义的骨髓在综合革命说与进化说。……马克思主义之所以立于不败之地者，全在综合此两点耳”[⑥]。在《自由世界与必然世界》中，瞿秋白强调马克思主义唯物论的科学性在于它把辩证唯物主义贯彻到了社会历史领域，这明显不同于旧唯物论的不彻底性。对于马克思主义实践真理性的论证方面，李大钊突出了阶级斗争的作用，指出其是马克思主义学说的一条金线；特别在《唯物史观在现代史学的价值》文中，他还明确唯物史观的实践价值性之一就在于重点“于人类本身的性质内求达到较善的社会情状的推

---

① 李华兴编.中国现代思想史资料简编(第二卷)[M].杭州：浙江人民出版社，1982，413—414.

② 朱维铮编.中国现代思想史资料简编(第一卷)[M].杭州：浙江人民出版社，1982，166.

③④ 朱维铮编.中国现代思想史资料简编(第一卷)[M].杭州：浙江人民出版社，1982，168.

⑤ 李华兴编.中国现代思想史资料简编(第二卷)[M].杭州：浙江人民出版社，1982，133.

⑥ 李华兴编.中国现代思想史资料简编(第二卷)[M].杭州：浙江人民出版社，1982，130.

进力与指导力”，并且给人们提供了一种“奋发有为的人生观”①。另外，对包括西化派在内的其他主义对马克思主义有关成分的科学性的质疑论调，这一期间中国早期马克思主义者也进行了积极而正面的回击。如对于有人认为马克思主义将人类社会的发展动力完全归结为阶级斗争以及将唯物史观视为“经济定命论”，李大钊指出马克思主义强调阶级斗争的作用是有时间限定的即“人类历史的前史时代”，相反它并没有否定互助原则也是一种“改造人类精神的信条”，同时亦主张“物心两面的改造，灵肉一致的改造”②。总之，上述中国早期马克思主义者在真理观上对西化派的回应，捍卫马克思主义的相关“理论内核”，也有利于人们在这一期间迷乱的社会思想状况中充分理解、把握马克思主义的科学性，从而增强选择以马克思主义来武装头脑的自觉坚定性。

（四）在文化观上，用唯物史观指导下实行中西文化融合创新的观点回应了西化派的文化整体观和西方文化中心论，初步回答了中西文化如何处理以及是否需要以马克思主义为指导的问题

由于近代中国国情的特殊性特别是救国救民情境的紧迫性，致使在“文化”方面的观点和看法，必然要涉及两个问题的回答和解决：一是东西文明如何看，中国的现代化之路采取何种文明的方式以及在这一过程中如何处理东西文明之间的关系；二是如何对存在于民众头脑中的不同社会意识实行整合即用哪一种思想意识作为社会的主导乃至主流意识形态，以在解决复杂及其迫切的社会问题过程中能够达到思想、意志的统一。围绕着上述的两个方面，近现代中国的诸多政治派别阐释着自己的文化观，西化派也不例外。在第一方面，针对东方文化派以坚持文化的民族性而否认文化的时代性，以及突出以传统文化为基础来调和中西文明的文化保守主义；西化派尽管认同东方文化派有关“文化”内涵的界定（即“梁先生又说：文化并非别的，乃是人类生活的样法。这一句说话，我们也可以承认”③），但是却坚持文化的时代性而不承认

① 朱维铮编.中国现代思想史资料简编（第一卷）[M].杭州：浙江人民出版社，1982，217.
② 朱维铮编.中国现代思想史资料简编（第一卷）[M].杭州：浙江人民出版社，1982，188.
③ 耿云志编.中国近代思想家文库——胡适卷[M].北京：中国人民大学出版社，2015，526.

文化的民族性，同时强调文化具有整体性特征而反对文化的调和，认为西方文明就是时代发展的方向。如在《读梁漱溟先生的〈东西文化及其哲学〉》文中，胡适强调“文化是民族生活的样法，而民族生活的样法是根本大同小异的”①；指出“我们承认各民族在某一时代的文化所表现的特征，不过是环境与时间的关系”②；提出“现在全世界大通了，当初鞭策欧洲人的环境和问题现在又来鞭策我们了。将来中国和印度的科学化和民治化，是无可疑的”③。在《过渡时代之思想与教育》文中，蒋梦麟亦认为“中国自与西洋文明接触以来，旧道德势力渐减。工商业日兴，交通日便，而家庭之势力日薄，个人主义遂渐渐露其面目。……旧基础动摇，挽救之遂无他，筑一新基础以代之而已”④。由于反封建传统文化这一共同目标的存在，致使西化派的文化整体观和西方文化中心论在上述的第一个方面并未与“五四”前后中国早期马克思主义者的相关主张（即用唯物史观指导下实行中西文化融合以再创新文明的观点）发生直接正面的冲突，然而实质上双方观点的差异性亦足以证明彼此的根本对峙性。正如著名学者刘放桐所指出的“五四”时期马克思主义和实用主义一传入中国就已存在对立和斗争，但它们都肯定新文化运动的共同目标，这就决定双方的分歧“不在是否应当、而在怎样使中国走上民主和科学的道路”；并且“归根到底的意义上”体现出来了的两种不同的政治方向。⑤在第二个方面，西化派则对“五四”前后中国早期马克思主义者那种主张以马克思主义特别是唯物史观为指导整合社会意识的思想理念进行了直接的批判和挑战，最典型就是“科玄论争”（一定程度上其也是东西文化论争，因为它涉及如何看待西方科学文化的作用以及如何评判东西文化高下优劣等方面⑥）。这场论争中，围绕科

① 耿云志编.中国近代思想家文库——胡适卷[M].北京：中国人民大学出版社，2015，527.

② 耿云志编.中国近代思想家文库——胡适卷[M].北京：中国人民大学出版社，2015，528.

③ 耿云志编.中国近代思想家文库——胡适卷[M].北京：中国人民大学出版社，2015，529.

④ 明立志，吴小龙等编.蒋梦麟学术文化随笔[M].北京：中国青年出版社，2001，85—86.

⑤ 刘放桐.西学传入与“五四”前后中西文化和哲学的碰撞——西方哲学研究百年反思之一[J].东南学术，2001-02-55.

⑥ 李白鹤，王丹桂.科玄论争与早期的马克思主义哲学中国化[J].江汉论坛，2013-07-11.

学的人生观是否存在以及如何建立人生观等问题，西化思潮中的科学派除了反对玄学派的相关思想主张之外，也对中国早期马克思主义者所提出的以唯物史观为指导来建立科学的人生观这一思想进行了直接质疑。之所以将科学人生观的建立与社会意识的整合联系起来，就在于人生观虽表现为人的个性中的一种意识倾向，但是它不仅调节人的行为、活动方向和进行方式，而且决定着一个人对周围事物的态度；更重要的在于社会是由个体所构成的一个整体，社会意识的统一与否取决于个体思想意识的科学与否。如胡适在《答陈独秀先生》文中就直接否定了唯物史观在人生观树立方面的指导性作用，指出其本质是一种历史观而不是人生观，即使将两者发生关系，也只能是说历史观是人生观的一部分，而不能完全解决人生观中所涉及的其他方面。“独秀说的是一种‘历史观’，而我们讨论的是‘人生观’。人生观是一个人对于宇宙万物和人类的见解；历史观是‘解释历史’的一种见解，是一个人对于历史的见解。历史观只是人生观的一部分。”①另外，在文中，他还认为支配人生观的因素是多方面，不仅仅有经济方面的因素，还包括思想知识等非物质因素；而唯物史观更多的是关注了前者却忽视了后者。“唯物的人生观是用物质的观念来解释宇宙万物及心理现象。唯物的历史观是用‘客观的物质原因’来说明历史。（狭义的唯物史观则用经济的原因来说明历史。）……我们虽然极端欢迎‘经济史观’来做一种重要的史学工具，同时我们也不能不承认思想知识等事也都是‘客观的原因’，也可以‘变动社会，解释历史，支配人生观’。”②

在上述文化观的第一层面，尽管因反封建传统文化这一共同目标的存在，致使中国马克思主义者的相关思想更多的是因批判东方文化派等文化保守主义而发；但是这些明显不同于西化派的观点理论，实质上也间接体现出了对西化派挑战的一种回应。具体为：有别于西化派单纯地从精神层面的优劣高低强调文化的时代性问题，中国早期马克

①② 钟离蒙，杨凤麟．中国现代哲学史资料汇编（第一集第六册）——科学与玄学论争（上）[D].辽宁大学，1981，106.

思主义者则从物质这一根本层面探讨了文化的时代性根源及其演变趋向问题。如李大钊就明确“新道德既是随着生活的状态和社会的要求发生的,就是随着物质的变动而有变动的,那么物质若是开新,道德亦必跟着开新,物质若是复旧,道德亦必跟着复旧”①。在《东方文化与世界革命》中,瞿秋白分析得更加明了,即“东西文化的差异,其实不过是时间上的。人类社会的发展,因为天然条件所限,生产力发达的速度不同,所以应当经过的各种经济阶段的过程虽然一致,而互相比较起来,各国各民族的文化于同一时代乃呈先后错落的现象。若详细分析起来,其中因果关系非常复杂,而一切所谓‘特性’、‘特点’都是有经济上的原因,东方和西方之间。亦没有不可思议的屏障”②。这一期间甚至有的已初步关注到文化的时代性和民族性之间的关系。如在《评中西文化观》中,杨明斋认为产生文化时代性差异的根本原因在于“养生的物质”,而不是“人类的意欲”③;同时也指出文化虽变动而其民族习惯性的东西却“常常的经过许久时期还存在其中”④。有别于西化派的西方文化中心论,中国早期马克思主义者则以唯物辩证法为指导对东西方文化特别是西方文化进行了“一分为二”的分析,既肯定其优点也揭露了其弊端。如在《调和论与旧道德》文中,陈独秀就指出西方文化虽然在物质科学上取得了较大进步,但是它和私有制下其他民族、地域的文化一样亦具有“虚伪、忌妒、侵夺,争杀,独占心、利己心、私有心”等弊端。“中国和西洋的旧道德观念都不彻底,而且有助于人类本能上不道德的黑暗方面的部分,所以东西洋自古到今的历史,每页都写满了社会上政治上悲惨不安的状态。”⑤在《东西文明根本之异点》文中,李大钊强调较东方文化静的、保守的特征而言西方文化呈现出了动的、进步的特征,可是“疲命于物质之下”⑥又是其最致命的缺点。另外,有别于西

① 朱维铮编.中国现代思想史资料简编(第一卷)[M].杭州:浙江人民出版社,1982, 211.
② 李华兴编.中国现代思想史资料简编(第二卷)[M].杭州:浙江人民出版社,1982, 380.
③ 杨明斋.评中西文化观[M].合肥:黄山书社,2008, 9.
④ 杨明斋.评中西文化观[M].合肥:黄山书社,2008, 189.
⑤ 朱维铮编.中国现代思想史资料简编(第一卷)[M].杭州:浙江人民出版社,1982, 53.
⑥ 朱维铮编.中国现代思想史资料简编(第一卷)[M].杭州:浙江人民出版社,1982, 131.

化派文化整体观下的近似于完全“西化”的方案，中国早期马克思主义者提出了以马克思主义为指导实行中西文化相调和以构建一种新文化的设想。如李大钊就主张通过融合中西文化创造第三种新文明以救世界之危机。“东洋文明与西洋文明，实为世界进步之二大机轴，正如车之两轮、鸟之双翼，缺一不可。而此二大精神之自身，又必须时时调和、时时融会，以创造新生命，而演进于无疆，……为救世界之危机，非有第三新文明之崛起，不足以渡此危崖。”①陈独秀亦强调东西文化调和的唯一光明前途就在于“抛弃私有制之下一个人一阶级一国家利己主义的旧道德，开发那公有，互助，富于同情心，利他心的新道德”②。而对于如何调和创新，这一期间中国早期马克思主义者也进行了探讨。如李大钊一方面突出了新青年的责任，即“我很盼望我们新青年打起精神，于政治、社会、文学、思想种种方面开辟一条新径路”③；同时还提出了诸如“须知调和之机”“须知新旧之质性本非绝异也”“须知各势力中之各个分子，当尽备调和之德也”“当知即以调和自任者，亦不必超然于局外，尽可加担于一方，亦未必加担一方，其调和之感化，乃有权威也”④四条具体性的调和法则。而对于上述文化观的第二层面，针对西化思潮中的科学派所掀起的直接式挑战，中国早期马克思主义者进行了积极而正面的回应，其中以陈独秀、瞿秋白的贡献最大。陈独秀这一期间虽尚未完全划清马克思主义与实证论的界限⑤，但是却直接点出了科学派相关言论的实质及其危害性，如认为丁文江的存疑唯心论给玄学派留了地盘使其有空可钻；指出胡适那种借口支配人生观的因素是多方面而否认马克思主义特别是唯物史观的指导性作用，则明显是心物并立的历史多元论“翻板”，结果“张君劢必然大摇大摆的来向适之

① 朱维铮编.中国现代思想史资料简编(第一卷)[M].杭州：浙江人民出版社，1982，131.

② 朱维铮编.中国现代思想史资料简编(第一卷)[M].杭州：浙江人民出版社，1982，54—55.

③ 朱维铮编.中国现代思想史资料简编(第一卷)[M].杭州：浙江人民出版社，1982，127.

④ 朱维铮编.中国现代思想史资料简编(第一卷)[M].杭州：浙江人民出版社，1982，141—145.

⑤ 冯契.中国近代哲学的革命进程[M].上海：上海人民出版社，1989，349.

拱手道谢”①；明确强调“历史是社会现象之记录”，唯物史观“名为历史观，其实不限于历史，并应用于人生观及社会观”②。如果说陈独秀对科学派更多的是“破”；那么瞿秋白则更多的是“破”之后的“立”，即具体地论证了为何马克思主义能整合多元社会意识并帮助人们树立科学的人生观等问题。以他的《自由世界与必然世界》为例，在文中他认为马克思主义能够帮助人们探悉支配意志行为的“因果律”，以致人们的意志行为更加“切于实际，而能得多量的自由”，进而“能开始实行自己合理的理想”③；指出先觉个性的社会理想即人生观归根结底是“因经济顺其客观公律而流变”④，只不过杰出人物对这一“公律”有先见之明而已；强调人类社会人们的人生观将经历了一个由利己而利他的过程，特别是在社会主义条件下个人与社会、利己与利他将达到统一，无产阶级在实现人类解放的同时也实现了自身的解放。

可见，“五四”前后中国早期马克思主义者回应西化派的挑战在方式上明显具有“针对性”，在内容上又表现出“体系性”。“针对性”，就是历史观上用唯物史观回应了西化派的历史进化论和文化决定论；自由观上用社会主义的自由观回应了西化派的资产阶级自由观；真理观上用马克思主义真理观回应了西化派的实用主义真理观；文化观上用唯物史观指导下实行中西文化融合创新的观点回应了西化派的文化整体观和西方文化中心论。“体系性”，就是在于已初步论及了如何认识马克思主义、了解中国实际以及如何实现两者相结合等马克思主义中国化的基本核心层级，向当时的民众旗帜鲜明地传递了解决中国的问题（包括中西文化的处理、社会意识形态格局的构建等方面）需要马克思主义以及马克思主义具有解决中国问题的能力和品质这样的信息。

---

① 钟离蒙，杨凤麟.中国现代哲学史资料汇编（第一集第六册）——科学与玄学论争（上）[D].辽宁大学，1981，14.

② 钟离蒙，杨凤麟.中国现代哲学史资料汇编（第一集第六册）——科学与玄学论争（上）[D].辽宁大学，1981，12.

③ 李华兴编.中国现代思想史资料简编（第二卷）[M].杭州：浙江人民出版社，1982，402—403.

④ 李华兴编.中国现代思想史资料简编（第二卷）[M].杭州：浙江人民出版社，1982，407.

第三章
20 世纪 20 年代意志自由问题上的论争与批判

科玄论争中，在共同批判玄学派之外唯物派和科学派彼此间也存在着诸多分歧，并围绕着分歧进行了激烈的争论。以“意志自由”为例，双方就“意志自由”以何种形式存在（是先验自然和必然的混合体还是客观必然的形式）、“意志自由”中的“必然”以何种方式呈现（是因果逻辑决定论还是辩证唯物决定论的方式）、“意志自由”能被何种科学所认知把握（是近代自然科学的科学方法还是马克思主义的科学真理）、“意志自由”能被何种人生观给予体现和反映（科学认知主义的人生观还是唯物史观指导下的集体主义人生观）等产生了系列的歧见。这些歧见背后折射了双方对解决当时中国所面临的问题需要以何种自由的理论为指导以及将中国引入何种状态的自由之中的焦思。

当人们在谈论 20 世纪 20 年代的科玄论争，更多地将其与科学能否认识和解决人生观问题联系起来。不可否认，科玄论争确实有这一层面的蕴义；但是这仅仅是一个表相，背后折射的却是各派对解决当时中国所面临的问题需要以何种自由的理论为指导以及将中国引入何种状态的自由之中等的焦思。以当时科学派与唯物派双方为例，尽管都对玄学派的立论基石和构建观点的拱顶石——意志自由论进行批判，但他们本身也就“意志自由”产生了系列的歧见。如“意志自由”以何种形式存在、“意志自由”中的“必然”以何种方式呈现、“意志自由”能被何种科学所认知把握、“意志自由”能被何种人生观给予体现和反映等。

因此，探析双方关于“意志自由”的这些歧见，既有助于深化近现代中国化马克思主义与自由主义之间的论争史研究；也有益于从中领悟和理解近现代中国最终选择社会主义自由路径的科学合理性和现实正当性。

一、“意志自由”以何种形式存在

关于“意志自由”的讨论，自古至今都是中西方思想界热议的内容之一。因为它“与人类生活的处境和状况有着密切的联系”①，体现着人类的自我认识和自我理解的状况。以 20 世纪 20 年代的中国为例就当时中国的问题是什么、如何解决以及把中国引入何处，玄学派就是以“意志自由”作为基石和拱顶石来构建自己的文化保守主义的。如张君劢强调文化问题特别是人生观方面的问题是当时中国最大并且最迫切需要解决的问题，并指出西方的物质文明（表现为科学）对其无法给予解决的根本性在于人生观是自由的。“人生观之特点所在，曰主观的，曰直觉的，曰综合的，曰自由意志的，曰单一性的。”②同样，梁启超亦将意志自由视为一种“神秘性情感”，认为“一部分人类活历史，却十有九从这种神秘中创造出来”③。而对于“意志自由”以何种形式存在的问题，先验自然的形式是玄学派所给出的答案。张君劢提出要揭示这种作为人类活动根源即“良心自动”的自由意志问题“非在形上学中，不能了解”④；甘蛰仙主张“道德的自由之所从出——本体论中的自由论。其引申之义，在肯定良心的自由，道德的自由”⑤。正是鉴于“意志自

① 徐向东.理解自由意志[M].北京：北京大学出版社，2008，1.

② 钟离蒙，杨凤麟.中国现代哲学史资料汇编（第一集第六册）——科学与玄学论争（上）[D].辽宁大学，1981，25.

③ 钟离蒙，杨凤麟.中国现代哲学史资料汇编（第一集第六册）——科学与玄学论争（上）[D].辽宁大学，1981，64.

④ 钟离蒙，杨凤麟.中国现代哲学史资料汇编（第一集第六册）——科学与玄学论争（上）[D].辽宁大学，1981，57.

⑤ 郭梦良编.人生观之论争（下）[M].上海：泰东图书局，1923.

由”在玄学派所构建的理论中居核心地位，无论是科学派还是之后参与论争的唯物派都对其进行了批判。其中首要的批判就是质疑玄学派这种先验自然形式的意志自由论，因为惟有此才能彻底动摇、瓦解玄学派立论的根基。如丁文江就指出批判玄学家所讲的本体论，最好和最便捷的方法就是“只须拿他所谓主观的，综合的，自由意志的人生观来解决他”①。瞿秋白亦强调科学与人生观争论的焦点“在于承认社会现象有因果律与否，承认意志自由与否，别的都是细枝末节”②。但是在批判中，科学派与唯物派又有明显的区别。尽管科学派强调意志自由主导性存在方式是以客观必然的形式呈现的，但是由于其不彻底性，致使本质上还是认为意志自由是以先验自然和必然的混合体形式存在着。如以丁文江的“人生观”定义（即“一人的人生观是他的知识情感，同他对于知识情感的态度”③）为例，他一方面强调“知识是情感的向导”，情感需要知识来规束；另一方面又认为“情感是知识的原动”，情感的原动在于“天性”即人的自然本性，“情感譬如是长江大河的水，天性是江河的源头”④。同样以另一科学派代表人物唐钺的相关思想为分析对象，也可获得相关佐证。在《读了〈评所谓科学与玄学之争〉以后》文中，唐钺就借用鲍尔森的思想认为意志自由有意志的玄学的自由（即意志无因）、心理的自由（抉择的自由）这二义，指出科学派反对前一种意志自由并不是否定心理的自由的存在。⑤在《心理现象与因果律》一文中，他得出的结论：我们的意志大多数分明都是有因的，但是不能说一切意志一定都是有因的。⑥而唯物派强调自然形式的意志自由是不存在，只有在认知客观必然后才能获取意志的自由，从这个维度来说“意志自由”

---

① 钟离蒙，杨凤麟.中国现代哲学史资料汇编（第一集第六册）——科学与玄学论争（上）[D].辽宁大学，1981，70.

② 瞿秋白选集[M].北京：人民出版社，1985，113.

③④ 张君劢，丁文江等.科学与人生观[M].济南：山东人民出版社，1997，206.

⑤ 钟离蒙，杨凤麟.中国现代哲学史资料汇编（第一集第六册）——科学与玄学论争（上）[D].辽宁大学，1981，119.

⑥ 钟离蒙，杨凤麟.中国现代哲学史资料汇编（第一集第六册）——科学与玄学论争（上）[D].辽宁大学，1981，111.

是以客观必然的形式存在着。如瞿秋白在《自由世界与必然世界》文中的一段论述最具有代表性："'自由'不在于想象里能离自然律而独立，却在于能探悉这些公律；因为只有探悉公律之后，方才能利用这些公律，加以有规画的行动，而达某种目的。因此所谓'意志自由'，当解作：'确知事实而能处置自如之自由'；若是否认因果律，就算自由，那真是盲目的真理了！人的意志愈根据于事实，则愈有自由；人的意志若超越因果律，愈不根据于事实，则愈不自由。"①

就"意志自由"以何种形式存在方面，针对科学派的相关思想唯物派从多角度进行了较为理性的批判。首先，阐释了意志自由为何以客观必然的形式存在着。这点以当时瞿秋白的论证最为系统，他从自然现象及社会现象之规律性、自由与必然、历史的必然与有意识的行动、理想与社会的有定论、社会与个性等关系层面给予了分析、把握。如在自然现象及社会现象之规律性上，认为个人的目的和意志表面受愿望与见解的规定，而直接规定愿望和见解的最后原因却是现实力量(特别是群众的动机)。②在自由与必然关系上，明确"一切动机(意志)都不是自由的而是联系的，一切历史现象都是必然的"，自由"实在是能克制自然及自己"以及是"历史发展之必然的物产"。③在社会与个性关系上，强调所谓"情感和先天的义务意识"并不是"超科学的""先天的"，最后的因是"生产力"④；个性的先觉仅仅因特定时代的斗争的需要而生，是"社会的或阶级的历史工具而已"⑤。其次，揭露了科学派相关思想的唯心主义实质。如瞿秋白认为科学派的思想体现了实验主义的多元论，即"'这样亦有些，那样亦有些'：一点儿科学，一点儿宗教，一点儿道

①③ 钟离蒙，杨凤麟.中国现代哲学史资料汇编(第一集第六册)——科学与玄学论争(上)[D].辽宁大学，1981，2.

② 钟离蒙，杨凤麟.中国现代哲学史资料汇编(第一集第六册)——科学与玄学论争(上)[D].辽宁大学，1981，1—2.

④ 钟离蒙，杨凤麟.中国现代哲学史资料汇编(第一集第六册)——科学与玄学论争(上)[D].辽宁大学，1981，5.

⑤ 钟离蒙，杨凤麟.中国现代哲学史资料汇编(第一集第六册)——科学与玄学论争(上)[D].辽宁大学，1981，6.

德，一点儿世故人情，一点儿技术知识，色色都全，可是色色都不彻底”；指出从它的宇宙观来看本质上就是唯心论，因为轻视了理论的作用特别是把“有益”而不是“真实”视为判断真理与否的标准。[①]陈独秀则直接将科学派相关思想判定为“心物二元论”，即“坚持物的原因外，尚有心的原因，……即知识，思想，言论，教育，也可以变动社会，也可以解释历史，也可以支配人生观”[②]。再次，论述了科学派相关思想是导致其不能彻底批判玄学派的重要原因。这个方面以当时陈独秀的相关思想言论最为代表，如他揭露丁文江的存疑唯心论就是沿袭了赫胥黎、斯宾塞等人谬误，指出“既承认宇宙间有不可知的部分而存疑，科学家站开，并且让玄学家来解释”[③]。对胡适的心物二元论，给予的批判是“张君劢必然大摇大摆的来向适之拱手道感谢!!!”[④] 同样，邓中夏亦强调科玄论争中科学派全军覆没的原因就在于“终是不彻底，终是没有胆子否认心身二元论，终多少脱不掉抽象的哲学家的头巾气”[⑤]。另外，这一期间的唯物派还注重把两种批判（即对科学派的批判和对玄学派的批判）的性质进行了区分，强调对科学派的批判更多的是统一战线内部的批判而非敌我批判，对科学派的批判是为了团结科学派以共同回击玄学派。如在《思想界的联合战线问题》文中，邓中夏就呼吁唯物史观与实验主义、行为心理学等“应该结成联合战线，向反动的思想势力分头迎击，一致进攻。再明显些说，我们应结成联合战线，向哲学中之梁启超张君劢梁漱溟；……一些反动的思想势力分头迎击，一致进攻。”[⑥]

---

① 钟离蒙，杨凤麟.中国现代哲学史资料汇编（第一集第六册）——科学与玄学论争（上）[D].辽宁大学，1981，8.

②④ 钟离蒙，杨凤麟.中国现代哲学史资料汇编（第一集第六册）——科学与玄学论争（上）[D].辽宁大学，1981，14.

③ 钟离蒙，杨凤麟.中国现代哲学史资料汇编（第一集第六册）——科学与玄学论争（上）[D].辽宁大学，1981，17.

⑤ 蔡尚思主编.中国现代思想史资料简编，第二卷[M].杭州：浙江人民出版社，1982，177.

⑥ 蔡尚思主编.中国现代思想史资料简编，第二卷[M].杭州：浙江人民出版社，1982，179—180.

二、“意志自由”中的“必然”以何种方式呈现

科玄论争中各派对于“意志自由”以何种形式存在这个问题的不同回答，也影响甚至决定了他们对自由选择的前提、依据的不同思考。如玄学派主张意志自由是以先验的自然形式存在，故对于自由的选择上持“非决定论”，即认为个体有作出各种选择的自由，“个人的选择在某些情况下不依赖于先前事件”①。而科学派和唯物派因更多地强调“意志自由”是以“必然”的形式存在着，致使相较玄学派的“非决定论”而言他们认为对于“必然”的理解和把握是实行自由选择的重要前提，即坚持的是“决定论”。同样，即使科学派和唯物派都持“决定论”，但由于所凭借的理论武器的各异（即一个是实用主义，另一个是马克思主义）以及受不同科学类型（即自然科学或社会科学）成果的影响，双方在何种类型的“决定论”的选择上也存在着明显的差异性。考察这一期间他们的相关思想言论，就会发现科学派看重的是因果逻辑决定论；而唯物派注重的是辩证唯物决定论。科学派所持的因果逻辑决定论，主要的思想内容就是认为因果律普遍存在于自然界、人类社会乃至人类思维中，人们的选择、决定和行动也深受这种因果律的影响和制约，要获取自由则必须对这一“必然”给予充分科学的理解和完全正确的遵循。如胡适就指出“在那个自然主义的宇宙里，天行是有常度的，物变是有自然法则的，因果的大法支配着他——人——的一切生活，……因果律的作用一方面使他可以求因求果，由果推因，解释过去，预测未来；一方面又使他可以运用他的智慧，创造新因以求新果”②。唐钺也认为“在完全相同之内部的及外界的情境之下，一定有相同的结果：一样的观念，一样的情绪，一样的意志，必随一样的刺激而起。自由与需正当了解的因果

---

① ［美］泰特斯，［美］史密斯等.老问题：西方哲学的经典议题［M］.李婷婷译.北京：新华出版社，2014，102.

② 钟离蒙，杨凤麟.中国现代哲学史资料汇编（第一集第六册）——科学与玄学论争（上）［D］.辽宁大学，1981，105.

性完全没有冲突的，……总而言之，没有因果性，就没有目的性”①。王星拱更是明确地强调：“科学是凭藉因果和齐一两个原理而构造起来的，人生问题无论为生命之观念、或生活之态度，都不能逃出这两个原理的金刚圈，所以科学可以解决人生问题”②。相对于科学派所持的因果逻辑决定论，唯物派所持的辩证唯物决定论则是对其的继承与发展，是坚持唯物论和辩证法的统一，它的最核心内容在于寻找到了决定事物运动和变化的根本性物质因素——物质资料生产方式；另外，又在于“不是机械的理解历史规律，而是辩证的理解历史规律”③。如在《自由世界与必然世界》文中，瞿秋白一方面充分肯定了掌握和运用因果律对“自由”实现的积极性价值，“社会现象是人造的，然而人的意志行为都受因果律的支配；人若能探悉这些因果律，则其意志行为更切于实际而能得多量的自由，然后能开始实行自己合理的理想”④；另一方面，继承和发展了因果律，进而提出并具体阐释了“社会有定论”：“一、社会现象的规律性应当先求之于社会的最后原因；不能以个人动机或群众动机作为社会现象的唯一因素，当再求此因素之因素。”“二、社会现象确有因果律可寻，唯知此因果律之‘必然’，方能得应用此因果律之‘自由’。”“三、人的意识是社会发展之果，既成社会力量之后亦能成为社会现象之因。”“四、社会有定论以科学方法断定社会现象里有因果律；然后能据此公律推测‘将来之现实’。”“五、社会发展之最后动力在‘社会的实质’——经济。”⑤在这五点中，很明显二、四是对科学派因果逻辑决定论的继承；一、三、五则又是对因果逻辑决定论的发展，彰显了与其的区

---

① 钟离蒙，杨凤麟.中国现代哲学史资料汇编（第一集第六册）——科学与玄学论争（上）[D].辽宁大学，1981，111.

② 张君劢，丁文江等.科学与人生观[M].济南：山东人民出版社，1997，285—286.

③ 汪宗田，蔡贤军.马克思主义历史决定论是唯物的辩证的决定论[J].理论月刊，2006-09-18.

④ 钟离蒙，杨凤麟.中国现代哲学史资料汇编（第一集第六册）——科学与玄学论争（上）[D].辽宁大学，1981，4.

⑤ 钟离蒙，杨凤麟.中国现代哲学史资料汇编（第一集第六册）——科学与玄学论争（上）[D].辽宁大学，1981，6—7.

别，即坚持了唯物论和辩证法的统一。

科玄论争的后期，针对科学派对辩证唯物决定论的质疑乃至否定，唯物派给予了积极性回应和批判。这些回应和批判既直接地捍卫了辩证唯物决定论的科学真理性，也间接地揭示和映衬了科学派因果逻辑决定论的局限性。其一，针对科学派的单一的唯物论的指责，强调辩证唯物决定论是坚持唯物一元下的多因论。如瞿秋白就明确"社会的有定说社会现象的最后原因在于经济，并不曾否认社会里的心理现象及个性天才，他仅仅解释心理及天才的原因而已"①。陈独秀对辩证唯物决定论的"客观的物质原因"进行了解释，指出其至少具有两个层面的涵义，一是"在人类社会，自然以经济(即生产方式为骨干)"，二是"指物质的本因而言，由物而发生之心的现象，当然不包括在内"②。同时他也强调"唯物史观的哲学者也并不是不重视思想文化宗教道德教育等心的现象之存在，惟只承认他们都是经济的基础上面之建筑物，而非基础之本身"③。另外，在此基础上唯物派还揭示了科学派看似是坚持多因论而实为二元论的实质。瞿秋白认为实验主义具有"不一贯"的特点以及其本质上就是反唯物论。"他以为思想的动机是历史事实的最后原因，而不去研究那思想动机后所隐覆的动机。这种学说的不一贯，不在于他承认思想动机之存在，而在于他不追究思想动机之后的最后原因。"④陈独秀批判科学派因果逻辑决定论在"因"的分析上是心身二元论，把知识思想言论教育视为"经济的弟兄"，是"秃头的历史观"。⑤其二，反对科学派的因果逻辑决定论过分强调必然性而忽视偶然性，认

---

① 钟离蒙，杨凤麟.中国现代哲学史资料汇编(第一集第六册)——科学与玄学论争(上)[D].辽宁大学，1981，4.

② 钟离蒙，杨凤麟.中国现代哲学史资料汇编(第一集第六册)——科学与玄学论争(上)[D].辽宁大学，1981，12.

③ 钟离蒙，杨凤麟.中国现代哲学史资料汇编(第一集第六册)——科学与玄学论争(上)[D].辽宁大学，1981，12—13.

④ 钟离蒙，杨凤麟.中国现代哲学史资料汇编(第一集第六册)——科学与玄学论争(上)[D].辽宁大学，1981，1—2.

⑤ 钟离蒙，杨凤麟.中国现代哲学史资料汇编(第一集第六册)——科学与玄学论争(上)[D].辽宁大学，1981，13—14.

为任何事物及其变化过程都具有必然和偶然的双重属性，必然性与偶然性之间既相互联系又可相互转换。如瞿秋白指出人类社会与自然界“同样是偶然的事居多。然而凡有‘偶然’之处，此‘偶然’本身永久被内部隐藏的公律所支配”①，“所谓历史的偶然，仅仅是因为人类还不能完全探悉其中的因果”②。其三，指出因果关系不是凝固不变的，其本身具有多样复杂性和变化性的特征。如瞿秋白强调“现实只有一个，真理亦只有一个。我的观念及思想，当然是刻刻变的，然而这是因为客观的现实世界在那里刻刻的变，却并不是因为我们主观的目的在那里变”③。他以社会变革为例，指出人的行动是变革的“因”，同时一定条件下人的行动和种种意向却又是社会变革的“果”④。其四，科学揭示了客观必然性与主观能动性之间的辩证关系。如瞿秋白就将“必然”分为“因果的必然”“附条件的必然”（即主观的行动）“障碍力的必然”（即主观的受动）三种，并强调“因果的必然”才是“客观的解释”。⑤在承认遵循客观必然性是发挥主观能动性的前提下，他也充分肯定了主观能动性的作用。“各个性的努力足以促进历史的进化，正因为他们在斗争过程里不断发见历史的‘必然因果’，所以能使人类运用‘自然律’及‘社会律’同登‘自由之域’。”⑥针对胡适等人批评唯物派的决定论只强调经济的作用而忽视人的主观能动性等谬论，陈独秀直接明确回击：“在社会的物质条件可能范围内，唯物史观论者本不否认人的努力及天才之活动”，“人的努力及天才之活动，本为社会进步所必需，然其效力只

---

①　钟离蒙，杨凤麟.中国现代哲学史资料汇编（第一集第六册）——科学与玄学论争（上）[D].辽宁大学，1981，1.

②　钟离蒙，杨凤麟.中国现代哲学史资料汇编（第一集第六册）——科学与玄学论争（上）[D].辽宁大学，1981，2.

③　钟离蒙，杨凤麟.中国现代哲学史资料汇编（第一集第六册）——科学与玄学论争（上）[D].辽宁大学，1981，10.

④⑤　钟离蒙，杨凤麟.中国现代哲学史资料汇编（第一集第六册）——科学与玄学论争（上）[D].辽宁大学，1981，3.

⑥　钟离蒙，杨凤麟.中国现代哲学史资料汇编（第一集第六册）——科学与玄学论争（上）[D].辽宁大学，1981，6.

在社会的物质条件可能以内”①。

三、“意志自由”能被何种科学所认知把握

科玄论争中围绕着“意志自由”能否被“科学”以及何种“科学”所认知把握这一议题，各派展开了激烈的论争。玄学派通过区分、比较物质科学和精神科学的内容特征（即将科学根据对象的不同划分为物质科学、精神科学两种，指出物质科学才是真科学而精神科学难以称为“科学”，因为物质科学以死的物质或自然界为研究对象，而这种对象里确实有公例可循；相反，精神科学中的精神、意志等现象无公例可言、可求）以及指斥科学方法万能论的错误（即认为自然科学方法的使用是有条件限制的，而不能随意运用到人文社科领域；同样，科学的方法并非仅仅只有经验归纳一种，还有诸如逻辑演绎以及直觉领悟等），得出了意志自由不能被“科学”而只能由“玄学”所认知、把握的结论。玄学派尽管本身并不反对科学，但是其在意志自由与科学之间关系层面的言论严重威胁到了当时刚刚在中国民众心中稍微扎根且并不十分牢固的科学思潮，更重要的在于玄学派的相关思想有把中国引入到以文化保守主义为指导的畸形救国路径的危险中。正是鉴于此，科学派和唯物派对其进行了猛烈的批判，相应地也提出和阐释了各自的思想主张。“丁文江等更为关注的是张君劢（以及更早的梁启超）的言论可能造成的影响，即对‘科学’在中国的推进造成阻碍，特别是对青年可能产生误导作用”②，“梁启超等人在欧战后对‘科学’的质疑，实即向五四人最基本的观念挑战，当然要引起新文化人的激烈反弹”③。在对玄学派的回击中，科学派认为“意志自由”能被近代自然科学的科学方法所认知把

---

① 钟离蒙，杨凤麟.中国现代哲学史资料汇编（第一集第六册）——科学与玄学论争（上）[D].辽宁大学，1981，13.

② 罗志田.从科学与人生观之争看后五四时期对五四基本理念的反思[J].历史研究，1999-03，8.

③ 罗志田.从科学与人生观之争看后五四时期对五四基本理念的反思[J].历史研究，1999-03，10

握。以丁文江为例,科学派的论证思路主要体现在:首先,认为物质科学和精神科学的区分是不真实的。“我们所晓得的物质,本不过是心理上的觉官感触,由知觉而成概念,由概念而生推论,科学所研究的不外乎这种概念同推论,有甚么精神科学,物质科学的分别?又如何可以说纯粹心理上的现象不受科学方法的支配?”①其次,指出意志自由(包括人生观)问题与科学是紧密相联的而非有界限分别,玄学家之所以将科学与意志自由(包括人生观)实行分离就在于他们以不真实的事实即所谓的“成见”为前提。“我们所谓科学方法,不外将世界上的事实分起类来,求他们的秩序。等到分类秩序弄明白了,我们再想出一句最简单明白的话来,概括起许多事实,这叫做科学的公例。事实复杂的当然不容易分类,不容易求他的秩序,不容易找一个概括的公例,然而科学方法并不因此而不适用。不过若是所谓事实,并不是真的事实,自然求不出甚么秩序公例。……玄学家先存了一个成见,说科学方法不适用于人生观,世界上的玄学家一天没有死完,自然一天人生观不能统一。但这岂是科学方法的过失吗?”②再次,强调经验实证主义并不是凝固不变的,它的动态性特征使其也适用于人文社会科学。如以牛顿说发现科学的四个公例原则为例,认为它们只是“说明我们所观察的事实的方法,若是不适用于所发见的事实,随时可以变更”③。另外,丁文江还批判了玄学派将欧战灾难归咎为“科学”的谬论,指出科学并不是“物质的,机械的”④,而是“屏除个人主观的成见——人生观最大的障碍——求人人所能共认的真理”,以及也是“教育同修养最好的工具”⑤。相对

① 钟离蒙,杨凤麟.中国现代哲学史资料汇编(第一集第六册)——科学与玄学论争(上)[D].辽宁大学,1981, 68.

② 钟离蒙,杨凤麟.中国现代哲学史资料汇编(第一集第六册)——科学与玄学论争(上)[D].辽宁大学,1981, 66—67.

③ 钟离蒙,杨凤麟.中国现代哲学史资料汇编(第一集第六册)——科学与玄学论争(上)[D].辽宁大学,1981, 77.

④ 钟离蒙,杨凤麟.中国现代哲学史资料汇编(第一集第六册)——科学与玄学论争(上)[D].辽宁大学,1981, 70.

⑤ 钟离蒙,杨凤麟.中国现代哲学史资料汇编(第一集第六册)——科学与玄学论争(上)[D].辽宁大学,1981, 71.

于科学派的观点，唯物派则注重强调马克思主义的科学真理能够认知把握“意志自由”。他们的论证思路集中表现在三个方面：一是比较马克思主义哲学与科学、玄学的根本区别点，来表明马克思主义哲学而非“玄学”是“科学的哲学”，以及其也不是一般的科学而是“科学的科学”。如李大钊认为马克思主义哲学考察的是“就一切事物达到某统一的见地，由其见地观察诸般事物的本性及原则者”；而“科学”考察的却是“限于必要时，假定某原则定理，专本于特殊研究以说明某种特定事物的性质及理法者”①。二是揭示了马克思主义哲学具有了“科学”“玄学”所没有的独特的科学性特征。如瞿秋白将其归结为坚持了“合于客观的事实的”，而不是所谓的“必须与人的实际需要发生关系”或强调有利于人的利益性。②陈独秀、邓中夏等将其概括为坚持了彻底的物质一元论，而不是二元论或精神一元论。三是强调人类社会和人类思维与自然界一样具有公例可循，而这些公例唯有马克思主义哲学能够给予科学的揭示。以瞿秋白最为代表，在《自由世界与必然世界》中他依据马克思主义提出了“社会有定论”，即社会现象是“人造的，然而人的意志行为都受因果律的支配；人若能探悉这些因果律，则其意志行为更切于实际，而能得多量的自由，然后能开始实行自己合理的理想”③；社会现象的“最后原因在于经济”，“精确些说，是生产力”④。

科学派所倡导的近代自然科学的科学方法和唯物派所传播的马克思主义的科学真理，一定程度上都受当时科学主义思潮的影响，并被认为是“科学的两大分支”⑤。另外，为了构建统一战线以共同回击玄学

---

① 李大钊文集(下)[M].北京：人民出版社，1984，757.

② 钟离蒙，杨凤麟.中国现代哲学史资料汇编(第一集第六册)——科学与玄学论争(上)[D].辽宁大学，1981，8—9.

③ 钟离蒙，杨凤麟.中国现代哲学史资料汇编(第一集第六册)——科学与玄学论争(上)[D].辽宁大学，1981，4.

④ 钟离蒙，杨凤麟.中国现代哲学史资料汇编(第一集第六册)——科学与玄学论争(上)[D].辽宁大学，1981，4—5.

⑤ 罗志田.从科学与人生观之争看后五四时期对五四基本理念的反思[J].历史研究，1999-03-15.

派挑战的策略需要，早期的中国马克思主义者（如邓中夏）还将科学方法派与唯物史观派统归为“科学的”一类。[①]但是这些也并不意味着唯物派对科学派有关科学方面的思想论断的完全认同，相反也给予了猛烈批判。这些批判是继正面的论述马克思主义哲学的科学真理之外，以间接性的方式表明马克思主义的科学真理相较近代自然科学的科学方法而言更能够认知、把握“意志自由”。主要表现在：其一，批判实验主义的实质是“近视的浅见的妥协主义”而非“革命的哲学”[②]。如在《实验主义与革命哲学》文中，瞿秋白就实验主义这一实质从其“否认理论的真实性，而只看重实用方面”、以“有益”而不是“真实”[③]作为判断真理的标准等方面进行了翔实的论证。同时，他指出马克思的互辩律的唯物主义祛除了实验主义的弱点而又吸纳了它的优点。“实验主义的积极精神早已包含在互辩律的唯物论里。互辩律的唯物论的根本观念，是承认我们对于外物的概念确与外物相符合。因此，我们要利用外物，只能尽他实际上所含有的属性，来满足我们的需要，达到我们的目的。”[④]其二，批判科学派在证明“科学万能”方面具有不彻底性。如在《答适之》文中，陈独秀就批评胡适一味地强调科学的人生观是什么而轻视科学能否解决人生观这一问题的解答，认为其“只重在我们自己主观的说明，而疏忽了社会一般客观的说明，只说明了科学的人生观自身之美满，未说明科学对于一切人生观之威权，不能证明科学万能，使玄学游魂尚有四出的余地”[⑤]。其三，批判科学派在论证科学能够认知“意志自由”方面体现出存疑的唯心论色彩。如陈独秀在为亚东图书馆所编印的《科学与人生观》作“序”中，揭露了丁文江在说明“科学何以能支配人生观”问题上就宇宙之间有不可知的部分采取了存疑态度，认为

---

① 蔡尚思主编.中国现代思想史资料简编，第二卷[M].杭州：浙江人民出版社，1982，175.

②④ 钟离蒙，杨凤麟.中国现代哲学史资料汇编（第一集第六册）——科学与玄学论争（上）[D].辽宁大学，1981，10.

③ 钟离蒙，杨凤麟.中国现代哲学史资料汇编（第一集第六册）——科学与玄学论争（上）[D].辽宁大学，1981，7—8.

⑤ 钟离蒙，杨凤麟.中国现代哲学史资料汇编（第一集第六册）——科学与玄学论争（上）[D].辽宁大学，1981，12.

“对于未发见的物质固然可以存疑，而对于超物质而独立存在并且可以支配物质的什么心，什么神灵与上帝，我们已无疑可存了”①，否则就会给玄学派留有存活的余地而不能对其致命一击。在《序》中，他还批评了丁文江没有从英德两大工业资本的竞争角度而一味地从玄学家教育家政治家的身上去探寻欧洲文化破产的责任的错误论证思路。“如果离了物质的即经济的原因，非科学的玄学家教育家政治家能够造成这样空前的大战争，那末，我们不得不承认张君劢所谓自由意志的人生观真有力量了。”②另外，有的唯物派者如邓中夏还从体现、维护何种阶级利益以及历史发展大势的角度，来比较两种科学思想在“科学性”方面的孰优孰劣问题。“科学方法派可说是代表新式工业的资产阶级思想，唯物史观派可说是代表新式工业的无产阶级思想；这些思想都不是偶然发生的，都有他们的背景。可是社会是进化的，老实说，社会经济的组织是进化的，封建制度必被资本制打翻，资本制必被共产制打翻；那么我们可以断定，封建思想必被资产阶级思想征服，资产阶级思想必被无产阶级思想征服。”③

四、“意志自由”能被何种人生观给予体现和反映

在科玄论争中，玄学派以先验的意志自由作为基石构建了玄学的人生观（也可称之为意志主义或者意向主义的人生观），同样这种人生观也体现、反映了玄学派相关的意志自由思想。这点可以通过玄学派对人生观的定义以及人生观内容的阐释等方面获得充分印证。如在人生观的定义方面，张君劢指出人生观是“主观的”“起于直觉”“自由意志的”④，并将人生观定义为“我对于我以外的物同人的观察、主张、要求、

---

①② 钟离蒙，杨凤麟.中国现代哲学史资料汇编（第一集第六册）——科学与玄学论争（上）[D].辽宁大学，1981，17.

③ 蔡尚思主编.中国现代思想史资料简编，第二卷[M].杭州：浙江人民出版社，1982，175.

④ 张君劢，丁文江等.科学与人生观[M].济南：山东人民出版社，1997，38.

希望”①;梁启超将“人生”“人生观”界说为“人类从心界物界两方面调和结合而成的生活,叫做‘人生’。我们悬一种理想来完成这种生活,叫做‘人生观’”②。人生观内容的阐释上,甘蛰仙在《人生观与知识论》文中强调“人生之目的——良知之完成”“人生之途径——到良知完成之路”“人生之修养——致良知之工夫,不可不做;我知我行之真自由,不可不保持”。瞿菊农认为“人生的目的便是完成他自己的人格以贡献于大的全体;换言之,便是实现小己的人格以求超人格的实现”③。为了彻底地批判玄学派的意志自由思想,也在于证明自己所倡导的理论能够将国民个人乃至国家引入到健康的轨道上来(因为人生观表面上是个人的事情,但实质上国家、社会是由各个个体组成,个人选择何种人生观也关乎国家社会的前途命运;另外,不同人生观也是不同世界观的体现),科学派、唯物派对玄学派的意志主义人生观都进行了批判并提出了各自的人生观。如果说前面所探讨的“意志自由”以何种形式存在、“意志自由”中的“必然”以何种方式呈现、“意志自由”能被何种科学所认知把握等三个方面,科学派、唯物派是从直接正面的维度对玄学派意志自由思想的批判;那么就“意志自由”能被何种人生观给予体现和反映的论述则是对玄学派意志自由思想的一种间接而延伸性的批判。迥然于玄学派的意志主义人生观,科学派提出了科学认知主义的人生观,而唯物派主张唯物史观指导下的集体主义人生观。科学认知主义的人生观,就是个人以科学认知主义为基础形成了“对于世界万物同人类的态度”(唐钺语)④或“我对于我以外的物同人的观察,主张,要求,希望”(丁文江语)⑤。对于这种人生观的内容,在《科学与人生观序》中胡适将其轮廓分解为诸如十种“根据于天文学和物理学的知识,叫人知

---

① 张君劢,丁文江等.科学与人生观[M].济南:山东人民出版社,1997,185.

② 张君劢,丁文江等.科学与人生观[M].济南:山东人民出版社,1997,138.

③ 张君劢,丁文江等.科学与人生观[M].济南:山东人民出版社,1997,245.

④ 钟离蒙,杨凤麟.中国现代哲学史资料汇编(第一集第六册)——科学与玄学论争(上)[D].辽宁大学,1981,104.

⑤ 钟离蒙,杨凤麟.中国现代哲学史资料汇编(第一集第六册)——科学与玄学论争(上)[D].辽宁大学,1981,76.

道空间的无穷之大”[①]这类根据某种学科知识以叫人知道什么样的道理。同样，在《一个新信仰的宇宙观及人生观》中吴稚晖将人生观的内容概括为“清风明月的吃饭人生观”“神工鬼斧的生小孩人生观”“覆天载地的招呼朋友人生观”[②]，并且把人生观的范围分成“人生观不是人死观”“人生观不只我生观”“人生观共同他生观”“人生观才有宇宙观”[③]等四层。而唯物史观指导下的集体主义人生观，就是个人以唯物史观为指导来科学回答和解决“人生在世，究竟为的什么？究竟应该怎样？”(陈独秀语)[④]对于这种人生观的内容，当时的唯物派也进行了阐释。如在《自由世界与必然世界》中，瞿秋白认为就是科学地处理“利他”与“利己”的辩证统一关系，坚持在“利他”中实现“利己”。另外，他还认为时代的人生观是由个性的人生观孕育而成，但是这两种人生观变迁的根本原因都是“经济动象”[⑤]。在《人生真义》文中，陈独秀明确指出这种人生观的内容就是“个人生存的时候，当努力造成幸福，享受幸福；并且留在社会上，后来的个人也能够享受。递相授受，以致无贫穷”[⑥]。从上述科学派和唯物派的人生观内容来看，会发现两者在所构建的思想基础(即一个是科学认知主义，一个是唯物史观)、内容类型(即一个更多是宇宙观、知识观，一个是人生价值观)、价值核心要素(即一个是个人自由主义，一个是集体主义)等方面具有明显的差异性。

---

① 钟离蒙，杨凤麟.中国现代哲学史资料汇编(第一集第六册)——科学与玄学论争(上)[D].辽宁大学，1981，105.

② 钟离蒙，杨凤麟.中国现代哲学史资料汇编(第一集第六册)——科学与玄学论争(上)[D].辽宁大学，1981，144.

③ 钟离蒙，杨凤麟.中国现代哲学史资料汇编(第一集第六册)——科学与玄学论争(上)[D].辽宁大学，1981，174.

④ 钟离蒙，杨凤麟.中国现代哲学史资料汇编(第一集第六册)——科学与玄学论争(上)[D].辽宁大学，1981，10.

⑤ 钟离蒙，杨凤麟.中国现代哲学史资料汇编(第一集第六册)——科学与玄学论争(上)[D].辽宁大学，1981，5.

⑥ 钟离蒙，杨凤麟.中国现代哲学史资料汇编(第一集第六册)——科学与玄学论争(上)[D].辽宁大学，1981，11.

科玄论争中因玄学派这一“敌”的存在，使得科学派和唯物派之间形成了“友”的关系。但是这并不意味着他们的思想主张完全一致以及没有任何分歧冲突。以“意志自由”能被何种人生观给予体现和反映方面为例，科学派就对唯物派的唯物史观指导下的集体主义人生观进行了质疑，如胡适还专门撰写了《答陈独秀先生》一文。在文中，他主要从两个方面对唯物派的人生观进行了攻击。一是批判唯物派在历史观与人生观的运用方面相互混淆、“张冠李戴”，强调历史观、人生观在研究对象、内容上具有明显差异性，指出历史观只是人生观的一部分而不是全部。“独秀说的是一种‘历史观’，而我们讨论的是‘人生观’。人生观是一个人对于宇宙万物和人类的见解；历史观是‘解释历史’的一种见解，是一个人对于历史的见解。历史观只是人生观的一部分。”①二是认为影响人生观的因素是多方面的，而唯物派在此问题上既绝对武断又不彻底和摇摆不定。“武断”在于认为社会经济决定了人生观问题的解决，而没有认识到“唯物（经济）史观至多只能解释大部分的问题”②；“不彻底”在于“一面说‘心即是物之一种表现’，一面又把‘物质的’一个字解成‘经济的”’③。除了正面阐释唯物史观指导下的集体主义人生观之外，对于科学派的相关质疑，唯物派也给予了积极性回应和强有力的批判。集中表现在以下几个方面：首先，明确了唯物史观在认识和解决人生观问题上的指导性地位。如为了回击胡适就人生观方面对唯物派的质疑，陈独秀特意写了《答适之》一文。文中，他旗帜鲜明地指出“‘唯物的历史观’是我们的根本思想，名为历史观，其实不限于历史，并应用于人生观和社会观”。这也就意味着在陈独秀等唯物派眼中唯物史观在根本上是一种哲学、世界观，人生观、价值观受其决定又对其进行充分的体现和反映。其次，批判了科学派那种认为唯物派在人生观影响因素分析上陷入自相矛盾的谬论。如陈独秀强调唯物派以唯物史观为指导坚持一元与多样的辩证统一性来剖析人生观的影响因素。即

---

①②③ 钟离蒙，杨凤麟.中国现代哲学史资料汇编（第一集第六册）——科学与玄学论争（上）[D].辽宁大学，1981，106.

主张社会的物质经济层面在人生观的树立、塑造方面居支配性地位和发挥着决定性作用；在承认上述这点的前提下也肯定思想文化等精神性因素。“知识言论教育，自然都是社会进步的重要工具，然不能说他们可以变动社会解释历史支配人生观和经济立在同等地位。”①最后，批判科学派的人生观忽视了个体生命的有限性与人类全体的无限性、个体价值与社会价值的统一性。在《人生真义》中，陈独秀就揭露了科学派的人生观类似于科学家一样受物质界的自然法则影响存在着只认识到个体生命的有效性和重视个体价值等弊端。“科学家说人类也是自然界一种物质，没有什么灵魂。生存的时候，一切苦乐善恶，都为物质界自然法则所支配；死后物质分散，另变一种作用，没有联续的记忆和知觉。”②而唯物史观指导下的集体主义人生观则强调个人的生命价值在于与社会的进步密切融合起来，在推动社会进步的过程中实现自身价值的无限性。“我们个人虽是必死的，全民族是不容易死的。全人类更是不容易死的了。全民族全人类所创的文明事业，留在世界上，写在历史上，传到后代，这不是我们死后联续的记忆和知觉吗？”③可见，通过对科学派相关思想的批判，捍卫了唯物史观指导下的集体主义人生观的科学真理性，也凸显了科学派人生观的局限性，从而促进了越来越多的民众对唯物史观人生观的日益信仰与不断践行。

---

① 钟离蒙，杨凤麟. 中国现代哲学史资料汇编（第一集第六册）——科学与玄学论争（上）[D]. 辽宁大学，1981，13.

② 钟离蒙，杨凤麟. 中国现代哲学史资料汇编（第一集第六册）——科学与玄学论争（上）[D]. 辽宁大学，1981，10.

③ 钟离蒙，杨凤麟. 中国现代哲学史资料汇编（第一集第六册）——科学与玄学论争（上）[D]. 辽宁大学，1981，11.

第四章
20 世纪 20—30 年代人权问题上的论争与批判

马克思主义中国化实践的历史，可以说是不同时期、不同阶段(中国化)马克思主义应对其他社会思潮挑战的历史。以 20 世纪 20—30 年代为例，如从问题视域来看当时的中国化马克思主义就回应了新月人权派为代表的自由主义在中国的根本问题是什么、中国问题产生的原因是什么、中国问题如何解决、何种理论具有解决中国问题的能力和品质等方面所掀起的间接或直接式的挑战。在回应中，中国马克思主义者强调了深受中外反动势力压迫剥削的民众的生存问题而非抽象的人权问题才是迫切需要根本解决的问题；明确了问题产生的主因是中外反动势力的压迫剥削而非中外文明接触观照下固有文明不如西方文明健康所致；主张并实践无产阶级的社会革命道路而非人权宪政运动这一社会改良方案；指出了(中国化)马克思主义是科学、实践真理而非所谓对社会建造的全无把握。这些回应，一定程度上既消解了马克思主义中国化的阻滞力，也捍卫了(中国化)马克思主义的科学性乃至其实践的现实正当性。

马克思主义中国化的实践不是一劳永逸的，也不是一帆风顺的。其中如何破解不同时期、不同阶段其他社会思潮的挑战是其所面临的重要任务之一。以 20 世纪 20—30 年代为例，中国化马克思主义就面临着如何回应以“新月人权派”①为代表的自由主义挑战的问题。②尽管新月人权派所开展的人权运动主要批判对象是国民党的专制独裁统治，但是在揭批国民党压制人权自由之外，新月人权派也对当时中国共产党所宣传的马克思主义及其指导下的实践方案进行了挑战。③从问题视域（即主要立足于当时中国的根本问题是什么、当时中国问题产生的原因是什么、当时中国问题如何解决、何种理论具有解决中国问题的能力和品质等方面）来探讨当时的中国马克思主义者如何回应新月人权派挑战的这段历史，既能够了解近现代救国救民的紧迫性致使不同的社会思潮都或多或少带有问题导向意识这一特征；也更深刻清晰地把握这两种本同以西学为据的社会思潮与中国的实际产生反应后的歧见情况，进而由此更充分地认识中国化马克思主义的科学性及其实践正当性的所在。

一、人权问题是否是当时中国的主要问题

近现代中国所面临的遭遇致使出现于这一时空情境下面的各种社

---

① 对新月人权派的定义，参考了姜文、姜淑红所编的《民国思想文丛——现代评论派、新月人权派》中的相关思想。在对新月人权派的评介中，他们强调新月人权派与新月社尽管都表现出自由主义的特点，但是两者是有区别的，后者是一个涉及政治、思想、学术、文艺各领域的派别，而前者指的是当时以《新月》杂志为阵地开展人权运动的一批自由主义者。

② 20 世纪 20—30 年代在当时中国影响较大的政治思潮主要是国民党的所谓伪“三民主义”、共产党提倡的马克思主义以及新月人权派主张的自由主义（即人权思想）。这点可以从《新月》刊发时罗隆基致胡适的信中内容获得佐证，在信中罗隆基引用了一篇发表于 1935 年 5 月 3 日上海《民报》的文章评价：中国目前三种思想鼎足而立，一、共产党；二、新月；三、三民主义。

③ 在拙著《近现代中国化马克思主义与文化保守主义的思想论争研究》（上海三联书店 2016 年版）中，本人认为近现代中国化马克思主义与文化保守主义之间论争的内容可以分解为间接式挑战（即对不同具体的历史情境中的问题是什么、问题为何产生以及问题如何解决等方面，两种思想文化提出了不同的判断和认识，这些差异性本身就是一种根本性挑战）和直接式挑战（即文化保守主义对马克思主义理论或中国化马克思理论在解决问题情境中所面临的问题时，是否具有科学性、是否具有适用性、依据理论所提出的方案是否具有有效性等方面直接开展质疑与挑战）两种类型。同样这种思想观点也适用于探讨近现代中国化马克思主义与自由主义之间的论争中。

会思潮，都明显带有对现实问题的关怀指向。因为现实问题的发现如何，一方面关乎这些社会思潮本身的理论构建和演绎程度；另一方面也决定着这些社会思潮的现实存在感和影响力。20 世纪 20—30 年代的新月人权派的相关思想主张也不例外，当时中国的根本问题是什么就是他们必须首先要回答和解决的。如在 1930 年 12 月发表的《我们走哪条路》文中，胡适认为“我们对于这些问题根本上抱着什么态度”决定着“我们走的方向”，同时它也从消极目标层面体现着“中国今日的实际需要”①。同年，另一新月人权派的代表人物王造时在《中国问题的物质背景》中，将其类比于医生给病人治病“必先问清病症”②，否则会造成“乱开药方”“庸医杀人”的现象。在认识到“问题是什么”的重要性之后，新月人权派一些代表人物围绕“问题是什么”着力从不同的维度进行了揭示。如胡适就把当时中国问题的表现归纳为贫穷、疾病、愚昧、贪污、扰乱这一“五大恶魔”“五大仇敌”③。王造时则把中外文明接触下固有文明弊端的原形毕露视为当时中国所遭遇到的根本性问题，并在《中国问题的物质背景》《中国社会原来如此——又名中国问题的社会背景》文中从地理、民族、农业、工业、商业、交通、家庭制度、地方主义、国民心理、社会标准、阶级背景、教育制度、语言文字等方面进行了较为细致的论述。虽然由于观察视域的不同而造成“问题是什么”这一答案的五花八门，但是新月人权派在此方面却获得了一个高度共识，即强调当时中国迫切需要关注的政治问题就是人权问题、法治问题、政党问题。在《人权与约法》文中，胡适批判现行的中国政治行为存在着一个极其丑陋的现象——“根本上从没有法律规定的权限，人民的权利自由也从没有法律规定的保障”④。梁实秋在其撰写的《思想自

① 姜文，姜淑红编.民国思想文丛——现代评论派、新月人权派[M].长春：长春出版社，2013，259.

② 姜文，姜淑红编.民国思想文丛——现代评论派、新月人权派[M].长春：长春出版社，2013，353.

③ 姜文，姜淑红编.民国思想文丛——现代评论派、新月人权派[M].长春：长春出版社，2013，260.

④ 姜文，姜淑红编.民国思想文丛——现代评论派、新月人权派[M].长春：长春出版社，2013，238.

由》中，一针见血地指出“中国现在令人不满的现状之一，便是人民没有思想自由”①。作为当时人权运动的得力主将——罗隆基，在经历被捕事件后更是深刻认识到当时中国的根本问题集中体现为只讲党治而不讲法治、只讲党权而不讲民权特别是人权。“今日的局面，一言蔽之：‘党权高于国，党员高于法’。”②如果说上述不同于当时中国马克思主义者对现实问题的判断，是对中国化马克思主义的一种间接而根本性挑战；那么除此之外，新月人权派还对中国马克思主义者的相关认识（即强调当时中国的根本问题在于民众深受“三座大山”的压迫剥削）则进行了直接性的攻击。如在《名教》文中，胡适讽刺革命者高呼“打倒帝国主义”“打倒军阀”就好似“墙上贴一张‘对我生财’或‘抬头见喜’”，两者并无多大区别，只是“心理上的过瘾”和让民众“无意义的盲从”③；在《我们走哪条路》文中，他还直接批判共产党人所揭示的中国问题“只是抓住几个抽象名词在那里变戏法”④。而王造时在《中国问题的物质背景》文中亦指责包括共产党在内的革命者“往往不先研究中国问题的根本所在，而妄自提出种种主张，强人盲从”⑤。在《中国社会原来如此——又名中国问题的社会背景》中，虽然他也承认中国社会是一个有阶级的社会（即认为存在支配阶级、生产阶级和游民阶级三大类），但是否认了阶级之间特别是劳资的对峙，指出中国社会的治乱主要就是看“这三个阶级的相互关系”，“在中国历史乱的时候，必定是支配阶级腐败，游民阶级剧增的时候”⑥。

---

① 姜文，姜淑红编.民国思想文丛——现代评论派、新月人权派[M].长春：长春出版社，2013，342.

② 姜文，姜淑红编.民国思想文丛——现代评论派、新月人权派[M].长春：长春出版社，2013，316.

③ 姜文，姜淑红编.民国思想文丛——现代评论派、新月人权派[M].长春：长春出版社，2013，234.

④ 姜文，姜淑红编.民国思想文丛——现代评论派、新月人权派[M].长春：长春出版社，2013，263.

⑤ 姜文，姜淑红编.民国思想文丛——现代评论派、新月人权派[M].长春：长春出版社，2013，354.

⑥ 姜文，姜淑红编.民国思想文丛——现代评论派、新月人权派[M].长春：长春出版社，2013，383.

针对新月人权派在当时中国根本问题尤其是政治问题上的错误判断及其所掀起的挑战，中国的马克思主义者进行了积极的回应和反击。一方面，以马克思主义唯物史观为指导密切结合当时中国的实际，较为科学地回答了中国社会所需要解决的根本政治问题是什么，明确了其就是深受中外反动势力压迫剥削的民众的生存问题。如 1931 年 11 月 10 日《布尔什维克》刊发了瞿秋白《中国人权派的真面目》一文，在文中瞿秋白就强调"现在中国的政治是有异乎寻常的黑暗，豪绅地主资产阶级的统治是露骨，民众一点儿自由也没有，一点儿'人权'也没有，有的只是挨打、挨杀的'权利'，和饿死、冻死、淹死、烧死……的'自由'"①。同样，在《中国目前思想界底解剖》中，朱镜我对当时中国的客观情势亦进行了考察，指出其中的一个情势表现为"在全国的经济大破产的过程中，农民群众底极赤贫化，手工业底零落崩溃的状态"②。另一方面，当时的中国马克思主义者还着重分析了新月人权派相关判断之所以脱离实际的错误性原因，以及揭示了它所体现出来的阶级立场和实质危害性。如在产生错误性的原因分析上，"某生者"在其撰写的《评胡适之的〈我们走哪条路〉》文中，认为胡适有关中国问题的判断只抓住了问题的次要方面而忽视了问题的主要方面，过于孤立地而非联系地去定位问题。"可惜胡先生只看见长在中国人身上的五种疾病，而忘却了中国人头顶上生的一个毒疮。这个最致命的毒疮是蒋介石及其所代表的国民党与南京政府"③，"第六大敌便是蒋介石及其所代表的国民党与国民政府。这第六大敌是目前最迫切的敌人，这一个毒疮不赶快挖了去，身体的五痨七伤也休想能有治疗的一天了"④。笔名为"依然"则从人权自由的阶级性特征方面批判了新月人权派的错误所在，即指出他们过分注重所谓抽象、全面的人权自由，而忽视了人权自由在阶级社会中本身就带有浓厚的具体的阶级色彩。如果说当时中国政治问题是追求和

① 邵建选编.新月时论[M].福州：福建教育出版社，2015，336.
② 姜义华编.中国现代思想史资料简编[第三卷][M].杭州：浙江人民出版社，1983，218.
③ 邵建选编.新月时论[M].福州：福建教育出版社，2015，309.
④ 邵建选编.新月时论[M].福州：福建教育出版社，2015，310.

争取人权自由问题，那么首先要维护和实现的也是劳苦大众的人权自由问题。“中国真的一点自由也没有了吗？不！看吧，地主有调田加租的自由，资本家有增加生产及停闭工厂的自由，……国民政府有卖国的自由，这不是他们的自由是什么？你说他们没有法，这就是他们的法，你说现在没有人权，是的，可是他们有的是权。什么自由和法权，并不是没有，只是我们穷苦的人们没有罢了。”①在阶级立场和实质危害性的揭示上，如彭康在《新文化运动和人权运动》文中，以马克思主义的人的本质思想为指导，从社会关系、经济关系和阶级关系之间的联系方面指出了新月人权派所强调的抽象的人权自由问题是不存在的，他们之所以获得这样的判断更多地是由其持的资产阶级自由主义的立场所决定的。“人是生活在社会中的，他决不是孤立的东西，他是社会关系的总体。社会又因经济的生产关系分成阶级的社会，所以人是属于社会，更具体地说，便是他属于那个阶级。这样，我们不知道有什么抽象的人，因此，也就不知道有什么抽象的人权”②，“我们说《新月》的先生们在文化运动上是资产阶级自由主义的立场，在政治问题上也是同样的立场。我们只要认识了这点，则他们这次运动的作用和意义是很明显地显露出来了”③。而瞿秋白在《中国人权派的真面目》中，通过重点揭示新月人权派在中国问题判断上所持改良立场的实质危害性来批判其错误性乃至反动性，认为人权派的真面目是“反对共产党，反对国民党压迫剥削的不得法”④，因为中国的人权派“表面上反对摧残人权，要求保障自由，实际上却不是反对什么国民党，并不是反对什么压迫和剥削”⑤。

二、当时中国问题产生的原因到底是什么

之所以突出“问题为什么产生”的重要性，就在于它不仅为“问题是

---

① 邵建选编.新月时论[M].福州：福建教育出版社，2015，306.

② 姜义华编.中国现代思想史资料简编[第三卷][M].杭州：浙江人民出版社，1983，113.

③ 姜义华编.中国现代思想史资料简编[第三卷][M].杭州：浙江人民出版社，1983，114.

④⑤ 邵建选编.新月时论[M].福州：福建教育出版社，2015，337.

什么”进行了理论逻辑上的论证和辩护，而且更在于它是实现“问题如何根本解决”的前提条件。近现代中国的各种社会思潮，在探讨不同时期、不同阶段中国“问题是什么”的同时都会涉及“问题为什么会产生”的分析。20 世纪 20—30 年代的中国化马克思主义和新月人权派为代表的自由主义，也都不例外。不同于当时中国马克思主义者以唯物史观为指导密切联系中国具体实际，将问题产生的根源定位为中外反动势力特别是“三座大山”的压迫剥削；新月人权派的自由主义却依然秉承资产阶级的进化论和文化史观，将当时中国问题产生的主因更多地归咎于中国固有的文明在中西文明接触观照后弊端或劣根性的凸显。这个方面以当时的王造时的相关思想言论最为代表，他认为要把握、分析当时中国的问题务必以中西接触为出发点，以此为指导则会发现我们固有的文明在生存竞争、优胜劣汰的现代生活里面明显不如西方文明具有健康性，相应地社会的不幸也就难以避免。“西方文明遂如排山倒海的冲来，我们固有的全个文明如逢洪水一般，只有崩坏下去。全个社会于是失却了基础。固有的思想，制度，文物，皆被倾出固有的地位以外，而发生绝大的纷乱”①，“事实告诉我们，中国文明实在敌不过西洋文明。所以两者相碰，我们不能不归于失败”②。在《中国问题的物质背景》《中国社会原来如此——又名中国问题的社会背景》两篇文中，他通过多方面的具体考察和比较分析，指出中国固有文明的不健康性主要在于具有浓厚的家庭观念、地方观念、利己观念、保守主义以及愚民的教育等，而没有国家意识、社会观念、进步思想。尽管当时的胡适没有像王造时那样把中国问题的产生根源置于中国固有文明的弊端维度来进行集中而直接的分析、探讨，但是其在这一期间的相关文章里面已经或多或少体现出类似的思想。如在《新文化运动与国民党》文中，他强调当时中国社会存在专制独裁而缺乏人权自由这一根本性问题，

① 姜文，姜淑红编.民国思想文丛——现代评论派、新月人权派[M].长春：长春出版社，2013，355.

② 姜文，姜淑红编.民国思想文丛——现代评论派、新月人权派[M].长春：长春出版社，2013，355—356.

很大程度上在于国民党在文化上是反动的，即持民族情感的保守态度以致夸大旧文化和反抗新文化。“根本上国民党的运动是一种极端的民族主义的运动，自始便含有保守的性质，便含有拥护传统文化的成分。因为国民党本身含有这种保守性质，故起来了一些保守的理论。这种理论便是后来当国时种种反动行为和反动思想的根据了。”①同样，在《名教》一文里他讥讽了国民党高呼“为全民谋幸福”这类形式主义的口号而行专制独裁之实，并指出这样的现象与老祖宗几千年相传的“名教”之道(即深信“名”就是魂、深信“名”有不可思议的神力，提倡一种“理智化”了的“名”的迷信②)密不可分。如前所述，这种在当时中国问题产生原因方面所作出的不同于中国马克思主义者的判断认识，实质上也是对中国化马克思主义的根本性挑战，尽管其以间接化的形式呈现出来。另外，这也不意味着新月人权派就放弃了在此方面对中国化马克思主义实施直接性的攻击。如在《我们走哪条路》文中，胡适明确反对将当时中国问题产生的原因与中外反对势力的压迫剥削联系起来，并对此进行了具体性分析。他认为之所以说“五大恶魔”或“五大仇敌”中不包括资本主义是因为“我们还没有资格谈资本主义”，不包括封建势力是因为“封建制度早已在二千年前崩坏了”，不包括帝国主义是因为“帝国主义不能侵害那五鬼不入之国”。③王造时尽管在《中国问题的物质背景》中没有否认西洋文明以及帝国主义侵略的影响，“这种西洋文明的愤怒潮，伴随着帝国主义的侵略，如狂风骇浪般的打来，把我们全个社会的基础动摇。全个社会于是失却了向日的平衡”④；但总体上仍将其视为一种次要的原因，强调主因还是在于中国固有文明的

① 姜文，姜淑红编.民国思想文丛——现代评论派、新月人权派[M].长春：长春出版社，2013，60.

② 姜文，姜淑红编.民国思想文丛——现代评论派、新月人权派[M].长春：长春出版社，2013，234—235.

③ 姜文，姜淑红编.民国思想文丛——现代评论派、新月人权派[M].长春：长春出版社，2013，260.

④ 姜文，姜淑红编.民国思想文丛——现代评论派、新月人权派[M].长春：长春出版社，2013，356.

落后性。“退一步，再假定中国文明与西方文明能够互相颉颃，那么两者接触之下，彼此都有砌磋的地方，同时彼此都有不拔的基础。这方面的文明又何能根本推翻他方的文明？”①

就新月人权派在当时中国问题产生原因方面所作的错误判断，这一期间中国马克思主义者并没有置之不理而是进行了猛烈的批判。如笔名为“依然”的作者在《争自由与胡适的胡说》文中，对于胡适否认包括帝国主义在内的中外反动势力压迫剥削这一事实，给予的坏评是“胡适之是个不明大势的人”，以前是“昧于世界大势”而现在是“昧于本国情形”②。在《中国目前思想界底解剖》文中，朱镜我认为胡适等人的相关思想实质上是西方自由主义在中国的“翻版”，缺乏革命性而只是“常识地罗列表面的现象”。③瞿秋白则直接斥责胡适等人的相关言论为丑恶的“出卖灵魂”的行径。“几年前，胡适博士曾经玩过一套‘五鬼闹中华’的把戏，那是说：这世界上并无所谓帝国主义之类在侵略中国，倒是中国自己该着‘贫穷’，‘愚昧’……等五个鬼，闹得大家不安宁。”④同样，为了使这些批判更加具有理性的说服力而非带有武断、偏激式的色彩，当时的中国马克思主义者采取了“破”“立”并举的策略。“破”，主要在于分析新月人权派相关判断的错误性所在；“立”，重点在于具体论证中外反动势力实施压迫剥削的现实。前者方面，以当时的中国马克思主义者彭康的贡献较为突出。他在《新文化运动与人权运动》文中，首先对胡适等人立论的理论武器即资产阶级的文化史观进行了批判，认为他们忽视了文化运动和政治运动乃至与社会的阶级利益、物质基础之间的关系，指出他们从新文化运动者的立场去证明国民党是反动而却“忘记了文化与政治的关系，更忘记了这几年来中国的政治斗争的转变促起了新文化运动的转变”⑤；强调“一个当国专政的政党的思想是

① 姜文，姜淑红编.民国思想文丛——现代评论派、新月人权派[M].长春：长春出版社，2013，355.

② 邵建选编.新月时论[M].福州：福建教育出版社，2015，305.

③ 姜义华编.中国现代思想史资料简编[第三卷][M].杭州：浙江人民出版社，1983，221.

④ 邵建选编.新月时论[M].福州：福建教育出版社，2015，332.

⑤ 姜义华编.中国现代思想史资料简编[第三卷][M].杭州：浙江人民出版社，1983，104.

有社会的根据和阶级的背景的”①。其次，从社会发展和文化发展之间的关系来探讨当时文化运动的发展方向，明确伴随社会的发展文化亦跟着前行，此时与“五四”时的社会情状有较大不同，新文化运动的发展方向已经指向了无产阶级的文化而非胡适等人所鼓吹的资产阶级的文化。“客观的社会状态与五四运动时不同。文化运动当然也与那时的不同。政治运动继续着五四以来的没有完成的任务，而且增加了新的任务，因此，文化运动也除包含着此前的任务——与中国旧文化传统的斗争这个任务以外，还有更重大的实践的新的任务。”②“现在的新文化运动已不是胡适等的新文化运动。胡适要接受世界的资产阶级的新文明，我们要接受现在震撼全世界的与一切资产阶级文明敌对的无产阶级的文化。”③再次，以马克思主义国家学说为指导强调了国家是统治阶级维护和实现其统治的工具，指出胡适等人看到了国民党及其政府统治下缺乏人权自由的表象，而没有深刻地认识到其实质上就是由国民党及其政府所代表和维护的阶级利益决定的。“我们之所以没有自由，是因为现在的统治阶级不许我们有自由。它之所以不许我们有自由，是因为要掩住它的将趋没落的势力，它的丑态不许我们暴露，它的黑幕不许我们揭穿，只要是与它的阶级思想和实际利益相对立的东西，没有一样是能够避免迫害的。”④后者方面，以当时另一中国马克思主义者朱镜我的论述最为代表。依然在《中国目前思想界底解剖》此文中，他密切结合国际国内的情势分析了中外反动势力对中国实施侵略和压迫剥削民众的缘由以及所造成的危害性。如国际层面，他认为由于世界资本主义处于帝国主义阶段再加上苏俄十月革命的影响，致使帝国主义“对于殖民地的落后的国家之关系不但不能丝毫变更，而且必须积极的进攻，更残酷的施行剥削，更阴险的操纵落后民族的封建残

---

① 姜义华编.中国现代思想史资料简编[第三卷][M].杭州：浙江人民出版社，1983，104.

② 姜义华编.中国现代思想史资料简编[第三卷][M].杭州：浙江人民出版社，1983，108—109.

③ 姜义华编.中国现代思想史资料简编[第三卷][M].杭州：浙江人民出版社，1983，109.

④ 姜义华编.中国现代思想史资料简编[第三卷][M].杭州：浙江人民出版社，1983，110.

余，以遂其压制并统治殖民地或落后国家之野心”①。国内层面，他强调由于为了维护自己的统治，背叛革命的民族资产阶级“勾结了封建残余，投降了帝国主义”，这也使得国内反动阶级的政权“对外当然不能获得民族地位、民族利益之改良，对内更不能使封建势力有那些让步，而对于工农以及劳苦群众生活有一些些的改良了”②。尽管上述的论述中有些受当时“左”倾思想的影响，但至少向民众旗帜鲜明以及较为科学地传递了中国问题产生的真正原因是什么以及首要打倒的革命对象是谁等方面的信息。

三、人权宪政运动能否解决中国社会的主要问题

任何一种以问题为导向的思想理论，都不会仅仅着眼于对问题及其产生原因是什么的分析，它必然还会论及问题如何解决的层面。因为这关涉到思想理论本身的完整性和内在统一而严密的逻辑性，毕竟问题的如何解决是对问题及其产生原因是什么的思维延伸和支持证实；另外，它也体现着这种思想理论的现实价值性，特别是对那些能够由理论问题而上升到对现实问题的解决这一类的思想理论而言。正是鉴于上述的重要性，20 世纪 20—30 年代的新月人权派也展开了对当时中国问题如何解决的思考与探讨。如果以其与当时中国化马克思主义关系为视域，就会发现其中存在着一种奇怪的现象，即主要通过对中国化马克思主义相关方面的直接式的挑战、批判，来衬托、印证他们所提倡的人权宪政运动这一社会改良方案的科学合理性和现实正当性(注：此种现象也存在于当时新月人权派的自由主义与国民党的伪“三民主义”的关系之中)。而这明显不同于他们对当时中国的根本问题及其产生原因是什么方面思考时，更多的是间接情况下附带式地挑战着中国化马克思主义。具体来看，就当时中国问题如何解决方面新月人

①② 姜义华编.中国现代思想史资料简编[第三卷][M].杭州：浙江人民出版社，1983，217.

权派对中国化马克思主义所构成的直接式的挑战、批判，集中体现在以下三个方面：第一，通过分析“演进”与“革命”的关系，从而鼓吹自觉的改革和反对盲动的所谓“革命”。如胡适在《我们走哪条路》文中，认为革命和演进是相对的、比较的而不是绝对的，革命必须有历史演进的背景和历史的基础；同时革命的根本方法在于“用人功促进一种变化”，而“人功”既有和平的又有暴力的，一味的强调暴力的只会导致“革命”陷入无限的恶性循环之中，从而也会使其“完全失掉用人功促进改革的原意了”。[①]为此，他强调要解决当时中国的问题只能是“充分采用世界的科学知识与方法，一步一步的作自觉的改革，在自觉的指导之下一点一滴的收不断的改革之全功”，相应地“不是那用暴力专制而制造革命的革命，也不是那用暴力推翻暴力的革命，也不是那种悬空捏造革命对象因而用来鼓吹革命的革命”。[②]胡适的相关思想，在新月人权派另一人物罗隆基那里也获得了充分体现。在《论共产主义》中，他认为社会是遵循物质定命论的不断演进变化的有机体，暴力革命的能力和功用是受条件限制的，那种不顾现实的物质社会条件的暴力革命“除了报复的作用外，是没有高深的意义的”[③]。第二，通过揭示所谓“革命”的严重危害性，从而鼓动“改良”而反对“革命”。在这个方面尤以罗隆基为典型，他专门撰写了《论中国的共产——为共产问题忠告国民党》一文。文中他从所谓“革命”未剿灭之前、“革命”一旦成功后以及“革命”所建立的政权等方面谈论了“革命”的恶劣影响。即当前“革命”未剿灭之际就已经造成了全国经济上破产、政治上的亡国；“革命”胜利后也会导致“洋人共管，流氓共产”的恶果；革命所建立的政权依然和国民党一样实行“党治”，再加上缺乏大量的治国理政的人才，最终会处于崩溃的状态。他强调要解决中国的问题包括彻底消灭“革命”的问题，只有采取

---

① 姜文，姜淑红编.民国思想文丛——现代评论派、新月人权派[M].长春：长春出版社，2013，262—263.

② 姜文，姜淑红编.民国思想文丛——现代评论派、新月人权派[M].长春：长春出版社，2013，265.

③ 姜文，姜淑红编.民国思想文丛——现代评论派、新月人权派[M].长春：长春出版社，2013，143.

政制的改革，以“民治”代替“党治”；唯此才能达到平泄民怨、健康发展的目的。另外，胡适、梁实秋也对“革命”的严重危害性进行了所谓的揭示。如胡适指出“革命”会使我们在现实问题的解决上处于“南辕北辙”的状态，结果只能是“浪费精力，煽动盲动残忍的劣根性，扰乱社会国家的安宁，种下相残害相屠杀的根苗”①。他痛批“革命”于国家、人民有何利益？“天下多少罪恶假汝之名以行。”②同样，梁实秋也认为“革命或变乱的本身往往成为不公道的，往往成为狂暴的盲目的报复主义”③。第三，通过考察“革命”的诱发因素，从而强调制止“革命”唯有“改良”。如在《我们要公道》中，梁实秋认为社会所存在的病态的不公道是导致“革命”的重要因素，以当时中国的现实为例最明显地表现在“一件是政治上的不公道，一件是经济上的不公道”④。他指出面对这些不公道的现象，知识分子应该勇敢地担负起“超然的批评的主持公道的责任”⑤。另外，王造时在《我为什么主张实行宪政》中也表达了类似的看法，他指出当时中国的寡头政体是产生革命的重要原因之一，而“革命”又容易产生社会的纷乱，特别是在外敌入侵的情况下又会造成“亡国灭种”的危险。因此，通过和平的方法即实行宪政尤为迫切，它既可以“避免革命与内乱”也可成为“立国的根本大计”。⑥“我是主张先用和平方法去改良的。如果和平方法可以走通，我是反对革命的。……我所谓的和平方法，便是实行宪政。”⑦不可否认，在观念层面的执着追求下新

① 姜文，姜淑红编.民国思想文丛——现代评论派、新月人权派[M].长春：长春出版社，2013，265.

② 姜文，姜淑红编.民国思想文丛——现代评论派、新月人权派[M].长春：长春出版社，2013，263.

③ 姜文，姜淑红编.民国思想文丛——现代评论派、新月人权派[M].长春：长春出版社，2013，349.

④ 姜文，姜淑红编.民国思想文丛——现代评论派、新月人权派[M].长春：长春出版社，2013，350.

⑤ 姜文，姜淑红编.民国思想文丛——现代评论派、新月人权派[M].长春：长春出版社，2013，351.

⑥ 姜文，姜淑红编.民国思想文丛——现代评论派、新月人权派[M].长春：长春出版社，2013，406.

⑦ 姜文，姜淑红编.民国思想文丛——现代评论派、新月人权派[M].长春：长春出版社，2013，405.

月人权派对这一改良方案也进行了细致的制度设计，如提出了“以保障人权为鹄的”“以保障宪法为起点”“以实行法治为手段”[①]等构思；但是最终这一“尽量把执政力量往宪政路上逼”的改良方案，因根本上脱离实际而导致了“在不能取悦执政力量的同时，也同样得罪了以执政为其务求的左翼”。[②]

针对新月人权派在当时中国问题如何解决方面所构成的挑战，当时的中国马克思主义者给予了主动式的回应。毕竟这既关系到马克思主义中国化实践的现实正当性，又攸关着中国的前途命运。在回应中，中国马克思主义者坚持具体与抽象相结合、理论与现实相统一的方法，从具体内容层面驳斥了新月人权派相关立论的荒谬性、从理论抽象高度上揭示了新月人权派改良方案的阶级实质，从现实关系维度阐释了只能采取“革命”而非“改良”原因所在。如第一个方面，以当时瞿秋白的功劳最大。他在《中国人权派的真面目》文中，专门对罗隆基有关革命危险性的言论进行了批判。如就罗隆基认为即使革命成功也会导致“洋人共管，流氓共产”恶果这类言语，瞿秋白给予了反驳，指出革命实现了对中国几万万劳动民众的真正动员，再加上国际无产阶级革命势力的团结统一，“洋人共管”只会成为吓人的“胡话”而不可能成为现实；强调革命通过消灭中国的封建残余、土地私有以及资本主义，建立体现和维护人民利益的公有制，这就是反动势力害怕而劳苦大众喜欢的“流氓共产”。针对罗隆基所说的革命胜利后所建立的政权也会如国民党一样实行“党治”，他明确地进行了否定并以苏俄“十月革命”胜利后的苏维埃政权为例进行了说明。“共产党绝对不主张以党治国！俄国的苏维埃政府是各级苏维埃选举出来，从市区和村镇一直到中央政府，都是工人农民——总之，一切不剥削别人劳动的人民，真正普遍的参加选举而选出来的，绝对没有党的机关指定政府的事！”[③]同样，对于罗隆基有关革命胜利后缺乏治国理政的人才和不可能实现“民治”这类谬论，

① 马建红.“人权派”宪政思想探析[J].山东大学学报(哲社版)，2006-01.

② 邵建.1929—1931 年人权论争的历史困局[J].学海，2006-04-122.

③ 邵建选编.新月时论[M].福州：福建教育出版社，2015，343.

瞿秋白也进行了回击，认为“苏维埃的制度之下，共产党将要是政治人才的学校，许多工人和劳动者能够得到共产党的政治领导和训练，在斗争的过程之中学习管理国家的能力”①。第二个方面，这一期间的许多中国马克思主义者都从不同的理论维度进行了揭示。如笔名为“依然”的中国马克思主义者，以自由和法权具有阶级性为依据，指出以胡适为代表的新月人权派那种哀求敌人的投机理论实质上“无裨于实际，只有帮助统治者缓和民众斗争的作用”②。彭康强调文化运动发展到一定阶段必然上升为政治运动以及统治阶级不可能将属于自己的思想自由等人权让渡给被统治阶级的；并以此为基础批判新月人权派的改良方案只是从资产阶级而非无产阶级的自由的立场出发，以摇尾乞怜而非斗争的方式，去争取所谓个人而非人民大众的人权，本质上“和他们所称为反动的现统治阶级是一伙的”③。在逐条驳斥罗隆基种种谬论的同时，瞿秋白也具体剖析了新月人权派的阶级实质，讽刺它们是“反革命”大竞赛之中的一面新鲜旗帜、是替地主资本家想出路、是赞助屠杀的“聪明”方法、是英美式宪政国会制度的翻版等。“你们的理想，充其量不过是资本主义的‘民治’——国会制度，带上一层民选的假面具的资产阶级独裁，更聪明更敏捷的剥削劳动者的政治制度。你们现在的实际作用，只是帮助国民党的屠杀政策，忠告国民党在屠杀之后还必须实行‘民治’、‘自由’的欺骗。”④第三个方面，以当时的中国马克思主义者朱镜我的分析较为深入。在《中国目前思想界底解剖》文中，他密切结合国际国内的现实论证了改良方案非正当性，指出国际上资本主义的发展处于帝国主义阶段，国内上民族资产阶级背叛革命后建立了帝国主义、封建残余和民族资产阶级相互勾结的反动政权，相应地在这样的半殖民地的中国“客观上完全没有实现改良主义之条件”⑤；而新月

---

① 邵建选编.新月时论[M].福州：福建教育出版社，2015，347.
② 邵建选编.新月时论[M].福州：福建教育出版社，2015，306.
③ 姜义华编.中国现代思想史资料简编[第三卷][M].杭州：浙江人民出版社，1983，116.
④ 邵建选编.新月时论[M].福州：福建教育出版社，2015，350.
⑤ 姜义华编.中国现代思想史资料简编[第三卷][M].杭州：浙江人民出版社，1983，220.

人权派改良方案的错误性在于“看不出帝国主义实使中国沦于崩溃的事实，也看不出封建残余阻碍中国的自由发展之事实”①。最后，他强调在党国暗无天日、白色恐怖统治之下，除了“革命”之外别无选择。“现在，在中国革命高潮快要到来，……与这一思想系统(笔者注：包括新月人权派的自由主义)，作坚决的斗争，实为革命的马克思主义者，当面最急切的任务。”②可见，上述当时中国马克思主义者对新月人权派改良实践方案的回击，体现了两者的分歧“不仅仅是关于人权的界说、保障人权的途径或策略等问题，而是在整体上对国民党现存统治秩序合法性的认可与否的问题”③。

四、(中国化)马克思主义是否具有解决中国问题的能力和品质

一种思想意识要真正成为当时社会的主导乃至主流意识，不外乎两个条件：一是当时的社会迫切需要这种意识；二是这种意识本身因具有的科学性而被民众所接受认可。正如在《〈黑格尔法哲学批判〉导言》中，马克思就明确强调：“理论一经掌握群众，也会变成物质力量。理论只要说服人，就能掌握群众；而理论只要彻底，就能说服人”④。上述所论述的三个大的方面，即20世纪20—30年代中国的根本问题是什么、当时中国问题产生的原因是什么、当时中国问题如何解决，一定程度上意味着当时的社会呼唤理论、需要理论；那么何种理论具有解决当时中国问题的能力和品质则直接考验着当时社会上所存在的各种思想意识。而要表明自己具备这样的能力和品质，首要的前提条件就在于要证明自己具有科学性。科学性的证明，或可以采取实践检验，或实现自

① 姜义华编.中国现代思想史资料简编[第三卷][M].杭州：浙江人民出版社，1983，221.

② 姜义华编.中国现代思想史资料简编[第三卷][M].杭州：浙江人民出版社，1983，225.

③ 胡伟希等.十字街头与塔——中国近代自由主义思潮研究[M].上海：上海人民出版社，1991，293.

④ 马克思恩格斯选集(第1卷)[M].北京：人民出版社，1995，9.

身理论构建逻辑的严密自洽；除此之外，最速成的方法就是指责竞争对手的非科学性，当时的新月人权派就最"熟谙其道"，运用起来也可谓"得心应手"，尤以罗隆基为代表(注：此人专门撰写了《论共产主义——共产主义理论上的批判》一文)。综合包括罗隆基在内的当时新月人权派人物的思想言论来看，他们从马克思主义是一个毫无新意、前后不一的思想理论，马克思主义是一个与民主人权"背道而驰"的思想理论，马克思主义是一个内在弊端多多的思想理论，马克思主义是一个只能警示人们务必走改良之路的思想理论等方面，对(中国化)马克思主义开展了"无所不用其极"的直接式挑战、攻击。如指责马克思主义是一个毫无新意、前后不一的思想理论：在《论共产主义——共产主义理论上的批判》文中，罗隆基列举柏拉图、卫克理夫等一系列人物，指出他们是马克思的前辈，以此证明"共产主义不是二十世纪的新思想，亦不是十九世纪马克思的新发明"①。这实质上也就是否定了马克思主义是人类优秀成果的集大成者。另外，在文中他还强调共产主义理论在工业革命前后是本质不同的，工业革命之前是"着眼在改革政治，不在改造社会"，之后由马克思所提倡的共产主义更多在于"经济的反响"以及社会的改造。②这点也似乎向人们暗示马克思所建立的共产主义理论是变质的，新月人权派所宣传的思想才是真正吻合了初始共产主义理论的精神。认为马克思主义是一个内在弊端多多的思想理论：如罗隆基在《论共产主义——共产主义理论上的批判》文中，就从历史哲学、经济理论、革命策略和理想社会等方面对马克思主义的真理性进行了不可不谓"全方位"的质疑。他指出在历史哲学上，马克思的物质决定论过于武断、绝对，社会有机说不能成立，辩证法具有不彻底性等；经济理论上，劳动价值论忽视了供求关系，社会必要劳动时间无法测量，只考虑到工人劳力有交换价值而漠视了经理人劳力的交换价值，现实中出现了与马克思预言相反的事实即"贫者变富、富者愈富"等；革命策略上，阶级冲突就非要采取暴力革命的方式吗，物质条件没有改变的情况下

①② 邵建选编.新月时论[M].福州：福建教育出版社，2015，131.

一味地突出暴力革命这能够创造新社会吗；理想社会上，按照马克思的辩证法将来的社会是无阶级的社会吗？“各尽所能、各取所需”没有明确的含义也无具体确定的标准等。批判马克思主义是一个与民主人权“背道而驰”的思想理论：如罗隆基在《论人权》中就认为马克思的国家学说过分把国家视为统治工具以及主张打破国家、毁灭威权，而忽视了判断国家优劣的重要标准在于是否承认人权。相应地，其也就缺乏了通过限制国家的威权来保障人权的思想理念。同样，在《我对党务上的“尽情批判”》文中，他强调国民党的“一党独裁”深受苏俄共产党的影响，而苏俄共产党又是以马克思主义的阶级战争为政治哲学的；指出“一党独裁”就是“起来打倒民主政治的新运动”①，“民主民权与一党独裁是不能同时并进的”②。另外，梁实秋在《孙中山先生论自由》文中也持有类似的看法。他认为孙中山晚年反对争取个人自由的行为，是深受苏俄共产党的影响，即把党纪的严厉性过分延伸到党外。“一个革命党对于党内要施行严格的纪律，使成为集团的力量，这是很对的，但这个革命党握到政权时是否可以对待党员的手段来对付人民，这又是一个疑问。”③强调马克思主义是一个只能警示人们务必走改良之路的思想理论：如仍然在《论共产主义——共产主义理论上的批判》文中，罗隆基在自认为对马克思的共产主义理论给予了很公正很平稳的批评后，对马克思及其马克思主义所作的评价是“对将来社会的建造，是全无把握”④；在结束语中他引用了拉斯基的话，指出如果硬要肯定共产主义理论的贡献或意义那就在于“是国家执政权者的一个警告，只有不断努力的改革是应付过激分子挑战的方法；普通人是得过且过不肯革命作动乱的”⑤。

---

① 姜文，姜淑红编.民国思想文丛——现代评论派、新月人权派[M].长春：长春出版社，2013，295.

② 姜文，姜淑红编.民国思想文丛——现代评论派、新月人权派[M].长春：长春出版社，2013，296.

③ 姜文，姜淑红编.民国思想文丛——现代评论派、新月人权派[M].长春：长春出版社，2013，330.

④⑤ 邵建选编.新月时论[M].福州：福建教育出版社，2015，147.

对于新月人权派对中国化马克思主义真理性的挑战，尽管当时的中国马克思主义者并没有如对手那样专门撰文进行反驳，但是这不意味着没有回击。上述就当时中国的根本问题是什么、当时中国问题产生的原因是什么、当时中国问题如何解决三个方面以中国化马克思主义为指导所作出的较为理性的回答和判断，实质上就是彰显了（中国化）马克思主义的实践真理性。除此之外，因新月人权派的自由主义思想中涉及了人权的概念和意义、人权与思想言论自由、人权与国家、人权与法律法治等问题，故当时中国马克思主义者在对他们的思想进行批判之时，也向民众阐释了科学的马克思主义文化观、人权观、法律观以及国家观等（注：当时的彭康可以说作了较大的贡献），以让民众在比较、鉴别中充分感受和体会到了（中国化）马克思主义的知识真理性。如对于马克思主义文化观的阐释方面，在《新文化运动与人权运动》文中，彭康认为文化具有客观、具体性而不是抽象、空洞的，它是“要有一定的物质的基础的，即要在一定的社会关系上才能发生”①；文化的发展路径是“伴随着客观的社会状态之发展路径的”②，新文化要代替旧文化最根本的条件在于必须彻底打破旧文化赖以生存的客观的基础；文化运动不仅仅是单纯的文化斗争，它必然会“发展为政治斗争，而且是政治斗争的一部分”③。对于马克思主义人权观的阐释方面：同样在《新文化运动与人权运动》文中，彭康强调人的本质是一切社会关系的总和，这就决定了在阶级社会里面人权不具有抽象性而只带有浓厚的阶级性；马克思主义所追求的是广大人民群众的“人权”而不是什么所谓抽象名词的“人权”；要实现广大人民群众的人权唯有通过“革命”推翻剥削阶级的统治，而非企求统治阶级以颁布什么约法等那些改良性的举措来达到。对于马克思主义法律法治观的阐释方面：彭康明确法律产生于一定的社会的所有关系，而非产生于人权；相应地，法律不是

① 姜义华编.中国现代思想史资料简编[第三卷][M].杭州：浙江人民出版社，1983，102—103.

②③ 姜义华编.中国现代思想史资料简编[第三卷][M].杭州：浙江人民出版社，1983，103.

保障什么抽象的“人权”，而是“保障某支配阶级”即“维持它的所有关系和压迫被支配阶级”。[①]对于马克思主义国家观的阐释方面：彭康指出国家是阶级社会阶级矛盾不可调和的产物，是统治阶级对被统治阶级实行统治的工具，同样在阶级社会里国家体现和维护的是统治阶级的人权而非所谓抽象的“人权”。对于新月人权派批评马克思主义一提“国家”就首先讲资产阶级的国家，彭康回答为那是因为资产阶级国家里面阶级分化非常明显，形态也格外齐整巩固。[②]另外，为了促进民众更加深刻了解马克思主义的知识真理性，朱镜我在《中国目前思想界底解剖》中还特别将其与当时的虚假马克思主义即托陈取消派的思想理论进行了区别，并指出正是在与不同的错误思想理论作斗争中革命的马克思主义才日益显示出科学性，也不断地获得锻炼机会而逐渐成长。

总之，20 世纪 20—30 年代在上述四个方面中国马克思主义者对新月人权派挑战的回应，曲折地体现了马克思主义中国化实践的艰辛，更表明了中国马克思主义者坚持马克思主义并推进其实践的决心和信心。评价这段论争史，出现了有的人批评当时中国马克思主义者受当时“左”倾思想的影响而没有将新月人权派视为中间团结力量来看待等怪调。但是如果回归到当时的具体历史情境来看，在国民党反动势力对中国共产党所领导的革命实践进行“围剿”之时，新月人权派的相关言论不能不说起到了“助纣为虐”的恶劣效果，尽管其在思想启蒙和政治启蒙方面有一定进步性[③]；再说即使对新月人权派实施“团结”的策略，其也不能以失去坚持和实践马克思主义这样的原则性为条件的。如果要指出回应挑战中当时中国化马克思主义者的局限性，可能更多的还是体现在对马克思主义真理性阐释论证上过于薄弱、对马克思主义人权理论中国化实践上还不够深入等方面。这些在 30—40 年代的马克思主义中国化实践中，伴随中国共产党的成熟也确实得到了改进和重视。

---

①② 姜义华编.中国现代思想史资料简编[第三卷][M].杭州：浙江人民出版社，1983，114.

③ 王海璇.新月派眼中的“中国问题”及提出的解决方案[D]东北师范大学，2007，27.

第五章
20 世纪 30—40 年代文化问题上的论争与批判

20 世纪 30—40 年代新民主主义文化论的形成，既与中国马克思主义者密切联系实际坚持、发展马克思主义的结果，也是对当时西化派进行文化批判的产物。这种文化批判主要体现在文化特征、文化演进依据、中西文化差异性、对待西方文化的态度、中国文化现代化方向的构想等层面上。如在文化特征的认识上，批判了西化派过分强调文化时代性、世界性而轻视文化民族性的观点，相应地则注重文化时代性、世界性和民族性的三者统一；在文化演进依据的分析上，批判了西化派文化决定论的进化史观，相应地则主张承认文化反作用的唯物史观；在中西文化差异性的比较上，批判了西化派过分注重发展差异性的比较，相应地则坚持发展差异性和性质差异性相统一的衡量标准；在对待西方文化的态度上，批判了西化派文化整体观下的全盘西化论，相应地则强调可析分下的中国化"扬弃"；在中国文化现代化方向的构想上，批判西化派的西方文化现代化论，相应地则倡导以新民主主义文化为发展中介的社会主义文化现代化方向。

20 世纪 30—40 年代在民族危机日益加深的情境下，为了唤醒民族意识、增强民众的抗战信心，中国共产党人通过富有成效的文化探索而提出了成熟的新民主主义文化论。这一成果的取得固然与中国共产党人密切联系当时抗战的实际坚持马克思主义分不开的；但同样也是对当时其他社会思潮有关文化方面的错误主张实施积极性斗争的结果，这其中就包括了对西化派①的文化批判。如毛泽东在《新民主主义论》中就指出新文化和其他一切新东西一样“从艰苦斗争中锻炼出来的”②。从思想史的维度就这一期间中国马克思主义者如何对西化派开展文化批判进行一番考察，既在于清晰地梳理出两者在文化层面的差异性并在比较中彰显出新民主主义文化论的科学性；也更在于通过考察获取一些对当下如何坚持中国特色社会主义文化自信的现实性价值启示。

一、文化特征认识上的分歧与论争

民族性、时代性、世界性是文化的三个本质属性，三者虽有区别但是又密切联系、相互作用的。如文化的民族性和时代性是统一的，就是人们经常所谈论的文化的继承性和创造性的统一。正如马克思、恩格斯所指出的“过时的东西总是力图在新生的形式中得到恢复和巩固”③，“我们自己创造着我们的历史，……其中经济的前提和条件归根到底是决定性的。但是政治等等的前提和条件，甚至那些萦回于人们头脑中的传统，也起着一定的作用，虽然不是决定性的作用”④。文化的民族性和世界性是统一的，就在于前者包容着后者，后者存在于前者之中。同样，文化的时代性和世界性也是统一的，就在于文化的世界性是对同一时代的不同民族文化时代性的高度的理论概括和抽象演绎。

---

① 西化与保守主义是20世纪中国两大文化思潮。在参考借鉴郭建宁《二十世纪中国西化与保守主义的文化思潮》(发表于1997年第5期的《青海社会科学》)、郑大华《30年代的“本位文化”与“全盘西化”的论争》(发表于2004年第3期《湖南师范大学社会科学学报》)等文的思想基础上，将20世纪30—40年代中国那种“肯定西方文化的优越性，揭露中国固有文化的阴暗面，激烈地反传统，主张西方化”的思想群体称为“西化派”。1935年1月因王新命、何炳松等十教授联名发表《中国本位的文化建设宣言》，全国范围内展开了一场文化论争，西化派也加入进来。当时西化派在总体主张一致的前提下就如何具体学习西方文化内部形成了诸如了以陈序经为代表的“全盘西化”说、胡适的“充分西化”说、张佛泉的“根本西化”说、熊梦飞的“西体中用”说等不同主张。

② 毛泽东选集(第二卷)[M].北京：人民出版社，1991，704.

③ 马克思恩格斯选集(第4卷)[M].北京：人民出版社，1995，602.

④ 马克思恩格斯选集(第4卷)[M].北京：人民出版社，1995，696.

如在《共产党宣言》中，马克思、恩格斯就强调伴随世界市场的日益扩大在文化层面“各民族的精神产品成了公共的财产。民族的片面性和局限性日益成为不可能，于是由许多种民族的和地方的文学形成了一种世界的文学”①。由于深受文化进化论和文化世界主义的影响，20 世纪 30—40 年代的西化派却过分地强调文化的时代性、世界性而轻视了文化的民族性，并从不同的维度给予了所谓的论证和辩护。如陈序经明确反对那种认为文化是民族的灵魂、生命以及民族精神存在于文化之中诸类观点，他认为文化是“人类的创造品”，民族精神的真谛恰恰在于“随着时境而创造新文化”②；王青云强调伴随世界文化同化趋向的日益明显则各国文化的民族性特征也会逐渐消失。相对于陈序经、王青云等人直接抹杀文化民族性的观点，胡适倒不否认文化具有民族性特征，但指出正是这种民族性特征造成了文化的保守性，从而阻滞了文化时代性、世界性的生长。“一种文化既成为一个民族的文化，自然有他的绝大保守性，对内能抵抗新奇风气的起来，对外能抵抗新奇方式的侵入。这是一切文化所公有的惰性。”③可见，在当时西化派的眼中文化民族性、时代性、世界性三者之间“本有的原始统一就仅仅存在于西方文化之中”，西方文化的民族性体现了“具有世界性示范意义的‘现代性’”，中国的文化要实现现代化唯有“学习西方文化的现代化模式”。④在这种思路的指导下，显而易见地就如何进行自身的文化改造也基本上就不可能实现。

20 世纪 30—40 年代在反对本位文化派等文化保守主义者方面，中国马克思主义者与西化派一定程度上说具有一致性。“自由主义文化人在强调科学和民主方面，与中国共产党的主张是重合的。”⑤但是，

---

① 马克思恩格斯选集(第 1 卷)[M].北京：人民出版社，1995，276.

② 罗荣渠.从“西化”到现代化[M].北京：北京大学出版社，1990，390—391.

③ 钟离蒙，杨凤麟.中国现代哲学史资料汇编(第 2 集第 6 册)——中国文化问题论争[M].辽宁大学，1982，89.

④ 李翔海.从民族性与时代性的现代张力看中国文化的未来走向[J].理论与现代化，1998-06-13.

⑤ 陈晋.从抗日文化到延安文化——对毛泽东思考和实践新民主主义文化的梳理和分析[J].文艺理论与批评，2002-01-08.

这不意味着就文化的民族性、时代性、世界性三者之间的关系如何处理方面是完全相同的。相反，伴随着对国情特别是对传统文化这一中国过去实际认识的深入，以及密切联系当时民族危机包括民族文化危机日益深重的背景，中国马克思主义者却不赞同乃至批判了西化派过分强调文化时代性、世界性而轻视文化民族性的观点。如嵇文甫认为中国现代化包括文化层面的现代化，固然需要“把世界上进步的学术文化尽量吸收”；可是“我们有自己的社会机构，有自己的民族传统”，这就意味着那种“可以随便安上美国的头，英国的脚，要方就方，要圆就圆的”的观点是不切实际的。①艾思奇直接指出当前的文化运动应从“五四”时期的“西化”进行转向，不应该依然如那一时期强调“单纯反封建文化的运动”，而应该联系民族危机将“一切文化应用到有利于民族生存的方面”。②在马克思主义特别是马克思主义哲学的指导下，这一期间的中国马克思主义者还多方面地具体论述和探讨了三者之间统一性的关系。如嵇文甫着重从剖析中国传统文化内在成分的角度指出其民族性中蕴含着世界性、时代性，即内存世界性的因子表现为“有许多东西根本就带有一般性或共同性，根本就不是某一个特殊时代所独有”③，有些“却包含一种真理”④；含有时代性的因素体现在有些东西“在当时却是有进步意义的”⑤。张闻天以唯物辩证法为指导重点分析了中华民族新文化是民族性和世界性的统一原因所在，一方面中国文化“历来不断的影响外国文化”，另一方面在于其要发展就务必“充分地吸收外国文化的优良成果，而成为世界文化中优秀的一部分”。⑥尽管在原因分析上和张闻天有差异性，但是毛泽东也突出了新民主主义文化是民族性和世界性的统一。具体来说，民族性就在于“它是反对帝国主义压迫，主张中华民族的尊严和独立的。它是我们这个民族的，带有我们民

① 蔡尚思主编.中国现代思想史资料简编(第4卷)[M].杭州：浙江人民出版社，1983，49.
② 艾思奇全书(第2卷)[M].北京：人民出版社，2006，302.
③ 蔡尚思主编.中国现代思想史资料简编(第4卷)[M].杭州：浙江人民出版社，1983，57.
④ 蔡尚思主编.中国现代思想史资料简编(第4卷)[M].杭州：浙江人民出版社，1983，59.
⑤ 蔡尚思主编.中国现代思想史资料简编(第4卷)[M].杭州：浙江人民出版社，1983，60.
⑥ 罗荣渠.从“西化”到现代化[M].北京：北京大学出版社，1990，615.

族的特性”①；世界性就在于“它同一切别的民族的社会主义文化和新民主主义文化相联合，建立互相吸收和互相发展的关系，共同形成世界的新文化”②。另外，这一期间的中国马克思主义者还强调坚持文化的民族性就是突出中国本位的文化建设，其既不同于文化保守主义者的那种将文化民族性与时代性、世界性割裂开来的中国本位文化观，也有别于西化论；相反，是把其“发展到一个更高的阶段”。③总之，坚持文化的三种本质属性的有机统一，这实质上也就为如何改造传统文化尤其是近代中国文化怎么样去走向现代化设计出了一条正确的路径，即以开放的精神通过充分吸纳其他文化和实行自身民族文化合理性成分的解放并举的策略，来促进文化的现代化。④

二、文化演进依据上的分歧与论争

在文化演进依据的分析上，20世纪30—40年代的西化派依然秉承他们之前的信条即鼓吹文化决定论的进化史观，毕竟这是他们立论的逻辑起点也是攻击对手的理论武器。这种历史观包含两层含义：一是强调文化在社会发展中相对于其他要素而言是起决定性作用的；二是认为文化的发展呈现出单线进化的轨迹特质。如对于前者，这一期间在《答张磬先生》等文中，陈序经提出了文化是经济的一种基础、文化决定经济而非经济决定文化等思想，指出中国两千年后的物质文化要超过两千年前的物质文化最根本的还在于精神文化的质变。同样，张佛泉在《西化问题之批判》文中也持与陈相同的观点，他说如果要在精神与物质两个方面进行孰轻孰重的比较选择时，则宁可不要后者但不可不要前者。对于后者，最典型的是陈序经所提出的“文化层累说”。他把文化由低向高的发展划分为宗教时期、政治时期、经济时期、伦理

---

①② 毛泽东选集(第二卷)[M].北京：人民出版社，1991，706.

③ 蔡尚思主编.中国现代思想史资料简编(第4卷)[M].杭州：浙江人民出版社，1983，53.

④ 赵立彬.民族立场与现代追求：20世纪20—40年代的全盘西化思潮[M].北京：生活·读书·新知三联书店，2005，278.

时期这四个“层累”，并认为两种不同质的文化接触后的结果表现就是程度较高文化淘汰或取代程度较低文化。[①]不可否认，这种文化决定论的进化史观相对于循环论或退化论而言明显具有进步意义，也有助于人们转变陈旧的思想观念而使用一种新思维方式认识事物具有启示价值；但是其存在的弊端也是明显的，如轻视了其他民族的文化（特别是当时相对于西方文化而言处于较低状态的那种民族文化）在人类文化发展进程中曾起的积极性作用，更重要的是忽视了物质这一决定性因素以及脱离了实践，本质上依然是唯心主义的。

就文化演进依据方面所作什么样的判断，在当时来说关系到中国向何处去以及在民族危机的情境下用何种类型的文化来凝心聚力等问题。为此，针对西化派的相关思想主张中国马克思主义者给予了批判。这种批判集中体现在以下几个方面：首先，联系经济、政治来明确“文化”的指涉范围。不同于西化派将文化视为人类的生活方式或生存意义那种广义式的理解，中国马克思主义者则从社会结构构成层次的角度进行了狭义式的诠释。如毛泽东在《新民主主义论》中更多地论及了观念形态的文化；柳湜认为日常人们所称的“文化”是“社会意识诸形态的过程”，是社会的第二上层建筑（他把一个社会的结构分成下层基础与上部建筑两部分，下层基础指的是社会经济结构，上部建筑又分为“一”和“二”，其中上层建筑“一”指的是政治法制的生活过程）。[②]对“文化”的狭义式界定，既是揭露西化派相关方面论证的不严谨性，也更在于批判其用所谓广义的、“全面”的面目来掩饰唯心主义的实质。其次，肯定了文化的作用但强调不能无限夸大。如依然在《新民主主义论》中毛泽东将文化的作用用“反映”“服务”等概念给予了表述；柳湜指出文化的作用主要体现为是促成而不是决定社会经济发展以及社会新秩序方向的力量；彭康强调文化运动是一种文化斗争，但它只是政治斗争的一部分并且必然要为政治斗争服务的。[③]再次，明确物质变动是文化发

① 陈序经.文化学概观(四)[M].上海：商务印书馆，1947，18.
② 柳湜.柳湜文集[M].北京：生活·读书·新知三联书店，1987，687—688.
③ 姜义华编.中国现代思想史资料简编(第三卷)[M].杭州：浙江人民出版社，1983，103.

生作用及其演变的主因。如彭康认为“文化是要有一定的物质的基础的，即要在一定的社会关系上才能发生，要这社会关系发展才能发展”①；艾思奇指出文化是“在一定的经济基础上建筑起来的社会底文化”，要了解中国的文化则必须“了解的社会构造及经济关系”②。另外，这一期间的中国马克思主义者认为人类文化发展的趋向总体呈现出曲折中前进的特质。如范文澜就认为文化是历史的一部分，每一个时期或阶段社会的文化构成中都包含着新鲜发展的和衰亡腐朽的两部分③，并且这两部分相互碰撞、相互斗争；但是总的趋势是“落后的文化不能抵抗进步的文化”④。上述中国马克思主义者倡导和论证这种一定程度上承认文化反作用的唯物史观，就是要向人们传递这样的信息：要彻底改变当时中国落后的文化状况，惟有进行经济政治层面的根本变革；而西化派那种一味从文化本身谈文化则是隔靴搔痒、无济于事的。

三、中西文化差异性上的分歧与论争

正是上述在文化特征的认识上过分强调文化时代性、世界性而轻视文化民族性，以及在文化演进依据的分析上固守文化决定论的进化史观，不可避免地决定了在中西文化差异性的比较上西化派也就特别注重从发展差异性上进行把握。具体体现为：首先，明确在发展程度上西方文化远远比中国文化先进。如在《关于全盘西化答吴景超先生》文中，陈序经就指出相对于中国文化的“惰性”特点西方文化则具有“动性”特质，这也使得在任何方面中国文化都无法比拟西方文化，中国文化所具有的东西西方文化统统都有，而西方文化有的东西中国文化却没有。为了证明西方文化的确比中国文化进步，在《中国之文化出路》

① 姜义华编.中国现代思想史资料简编(第三卷)[M].杭州：浙江人民出版社，1983，102—103.

② 姜义华编.中国现代思想史资料简编(第三卷)[M].杭州：浙江人民出版社，1983，702.

③ 蔡尚思主编.中国现代思想史资料简编(第4卷)[M].杭州：浙江人民出版社，1983，802.

④ 蔡尚思主编.中国现代思想史资料简编(第4卷)[M].杭州：浙江人民出版社，1983，810.

文中他还从思想、艺术、政治、科学、教育、哲学乃至衣食住行的生活习惯等方面进行了具体比较。类似于陈的思想，在同一时期的胡适文中也得到了充分体现。胡适在《信心与反省》中强调不仅在近现代即使用中国的周秦同古希腊罗马作比较，也会发现中国文化的贫乏。其次，认为中国文化不具有现代化的因子。陈序经将其归咎于中国文化的单调、僵化性特质，指出与其说中国文化的时空发展还不如称它为死板的延长和放大。这一时期另一西化派代表人物李麦麦强调这是由保守、妥协、折中的中国文化精神所导致的。“其全部文化发展也必然是保守的妥协的和折中的。……歌颂中国精神文化的人是从未想到中国的精神文化是过去全部文化发展之杀害者。”①最后，表达了对中国固有文化持总体否定的立场。如胡适提出了要“反省”即闭门思过，要认清中国固有文化的罪孽深重，要认清我们是不是对固有文化过于迷恋。②张佛泉认为由于文化的“惰性”使得在现实中有时不可避免地实行调和，但是对中国固有文化还必须给予“大体上抛弃”。“中国的文化系统根本与西方文明有不相融洽处。欲想实现西方科学的社会于中国，则中国旧有的伦理系统须大体上抛弃。”③陈序经在批判吴景超的折衷论调时，就强调无论从东西文化接触的趋势、东西文化的发展程度、东西文化内容的比较等方面来看，中国固有文化都“绝对没有存在的可能”④。

无论何种文化本身就是民族性和时代性的统一。这就意味着对于不同文化之间的比较既要注重时代差异性的比较，也要重视民族差异性的区分。对于这一期间的西化派以人类文明发展程度的差异性作为标准比较中西文化，当时的中国马克思主义者承认了其积极性的意义，如沈友谷认为胡适那种强调西洋近代文明在发展阶段上远远超过东方

① 李建芳.中国文化发展之特征[J].文化建设 1 卷 6 期.

② 钟离蒙，杨凤麟.中国现代哲学史资料汇编(第 2 集第 6 册)——中国文化问题论争[M].辽宁大学，1982，82.

③ “民族主义”需要重新解释[N].国闻周报 13 卷 1 期，1936-01-01.

④ 钟离蒙，杨凤麟.中国现代哲学史资料汇编(第 2 集第 6 册)——中国文化问题论争[M].辽宁大学，1982，139.

文明这点上是完全对的①；但又不认同西化派单纯地过分注重发展差异性比较的做法，在对其进行批判的同时则主张发展差异性和性质差异性相统一的衡量标准。如嵇文甫指出在中西文化的比较上西化派的“全盘西化论”和复古派的“国粹论”一样，本质都是“中古文化和现代文化的差异”，只不过西化论“带上些西洋的特殊色彩而已”②。就性质差异上的比较，当时的中国马克思主义者除了突出中西文化之间民族性特点的不同之外，更多地从所维护的经济制度及其代表的阶级利益层面给予了分析。如胡绳认为复古派乃至文化保守主义者所提出的东方古代的精神文明其实就是封建主义时代的文化，而西化派所鼓吹的西方文化其实更多地是指近代资本主义的文明，即“建筑在私有财产与雇佣劳动剥削的制度之上”的文化。③以两者相统一的衡量标准来比较中西文化特别是对待中国固有文化时，这一期间的中国马克思主义者还提出务必要采取辩证的态度。如在文明发展程度上，中国固有文化虽远低于西方文化，但是不意味着内在成分“一无是处”，其里面一些东西或“带有一般性或共同性，根本就不是某一个特殊时代所独有”，或“在现实生活中又能发生某种有益作用或暗示”，或“却包含一种真理”④；在文化性质上，中国旧文化总体代表腐朽落后的剥削阶级利益，但是里面也含有“带有民主性和革命性的东西”⑤。可见，在承认中国固有文化也蕴有现代化因子这一前提下，不同于西化派对其总体否定的立场，当时的中国马克思主义者则主张给予批判性地继承。如毛泽东就旗帜鲜明地指出发展民族新文化、提高民族自信心的必要条件就是剔除古代文化中的封建性的糟粕，吸收其民主性的精华。⑥

---

① 罗荣渠.从“西化”到现代化[M].北京：北京大学出版社，1990，656.

② 蔡尚思主编.中国现代思想史资料简编(第 4 卷)[M].杭州：浙江人民出版社，1983，52.

③ 罗荣渠.从“西化”到现代化[M].北京：北京大学出版社，1990，657.

④ 蔡尚思主编.中国现代思想史资料简编(第 4 卷)[M].杭州：浙江人民出版社，1983，57—59.

⑤ 毛泽东选集(第二卷)[M].北京：人民出版社，1991，708.

⑥ 毛泽东选集(第二卷)[M].北京：人民出版社，1991，707—708.

四、对待西方文化态度上的分歧与论争

就如何对待西方文化，20 世纪 30—40 年代的西化派内部存在着一些差异性，如胡适提出了“充分世界化”，陈序经主张“彻底的”，“二张”即张佛泉、张熙若认为应“根本上和实质上的”等。但是如果密切联系他们的具体思想主张来比较分析，则会发现上述的差异性只是对全盘西化中的“全盘”所进行的主观性的诠释不同而已，没有本质上的区别，共同点在于认为惟有“以西方为绝对标准”才能“寻求中国文化的出路”。①前面所述文化决定论的进化观、西方文化中心论等，构成了西化派为何学西方文化的理论基础；而在为何对待西方文化要“全盘化”方面，由于各自的学识背景和结构的不同西化派内部所提出的论证依据亦有具体性差别，其中影响较大的为陈序经的“文化整体观”。他受西方文化人类学相关思想的影响，认为文化本身是整个的，即使为了研究需要而细分的文化各成分也是紧密相连并且相互影响的。为此，他明确强调全盘西化是“较为具体，较易采纳”②。而对全盘西化论的种种质疑，陈序经也运用了这种所谓的“文化整体观”进行了反驳。如对于有人认为西方文化并非是一个统一的整体而是内部包含种种矛盾、冲突的论调，他从西方文化的共性方面进行了回击。“在‘西方文化’这个名词之下，分析起来，固然是五光十色，斑驳陆离，可是总而观之，他们却有共同的基础，共同的阶段，共同的性质，共同的要点。”③对于有人以中国国情特殊性来拒绝接受西方文化的观点，他认为所谓的“国情”里面文化依然是最根本的。对于有人主张“取人之长舍己之短”，他指出其过于抽象而不具体的，无现实操作的可能；特别是何为“长”“短”，

① 张太原.20 世纪 30 年代的“全盘西化”思潮[J].学术研究，2001-12-33.

② 钟离蒙，杨凤麟.中国现代哲学史资料汇编(第 2 集第 6 册)——中国文化问题论争[M].辽宁大学，1982，147.

③ 钟离蒙，杨凤麟.中国现代哲学史资料汇编(第 2 集第 6 册)——中国文化问题论争[M].辽宁大学，1982，139.

本身就无统一的标准。对于有人使用“充分”“尽量”来代替全盘的观点，他也给予了反对，指出其伸缩性太大。对于有人提出在文化“惰性”的作用下全盘西化后也会产生妥协折中的倾向，他明确强调其只是一种过渡时期的畸形现象，最终的趋向还是全盘西化。另外，陈序经还就全盘西化的意义进行了探讨。一方面，他认为从最低意义上看能够尽可能地消除中国固有文化的弊端，避免陷入“取人之短、留己之短”的危险中。①另一方面，强调从最深远的价值上看，有助于中国在文化上步入现代化的轨道中乃至实现文化的现代化。“然一个中国不愿去接受现代趋势的西洋文化，而要保留过去的文化，从一个旁观人来看起来，他必定说道：其有异于奴隶者几希？”②

对于西化派的全盘西化主张，当时的中国马克思主义者没有置之不理，而是给予了直接或间接式的回击。直接式的回击，集中表现为对西化派的相关主张及其论证依据给予了较为理性的批判；间接式回击，主要体现为提出了不同于西化派的较为科学的方案。首先，批判了西化派文化整体观，强调文化包括西方的文化是可析分的。在此基础上，对西方文化里面的文化要素进行了科学性的析分。如在马克思主义的指导下，这一期间的中国马克思主义者以先进生产力和先进阶级利益为标准对西方文化的“精华”和“糟粕”进行了厘清。在《抗战以来中华民族的新文化运动与今后任务》文中，张闻天认为除自然科学之外西方人文社会科学里面诸如外国资产阶级革命时期争取民主科学的文化，各国无产阶级追求社会主义的文化等六个方面，是值得我们吸纳的；而诸如主张侵略、独裁与法西斯主义、宗教迷信以及拥护剥削压迫的思想等四个方面，是我们需要排斥的。③胡绳亦强调资本主义世界的文化可“化一为二”，即那些以消灭社会主义文化与一切进步性的文化为职责的法西斯为绝对反动的文化要素，而那些与社会主义文化携手反法西

① 钟离蒙，杨凤麟.中国现代哲学史资料汇编（第 2 集第 6 册）——中国文化问题论争[M].辽宁大学，1982，141.

② 罗荣渠.从“西化”到现代化[M].北京：北京大学出版社，1990，390.

③ 罗荣渠.从“西化”到现代化[M].北京：北京大学出版社，1990，615—616.

斯的民主主义为进步的可吸纳的文化要素。①另外，有别于西化派对西方文化全盘吸收的立场，中国马克思主义者则提出了中国化的“扬弃”思想。如在《新民主主义论》中，毛泽东一方面指出中国过去吃过全盘西化的“大亏”；另一方面，要求必须对外国文化要采取“咀嚼运动”的消化吸纳法。②同样，嵇文甫明确提出了对西方文化特别是其先进文化要素要树立和践行“中国化”的理念，即根据中国自己的需要和消化能力，密切联系中国自己民族的文化传统，通过对世界性先进文化的咀嚼消化，目的在于“使这种文化在中国民族中发荣滋长，放出异样的光彩”③。

五、中国文化现代化方向构想上的分歧与论争

20世纪30—40年代的西化派文化观并不是感性、肤浅的，其有着较为严密的逻辑论证框架的。如果说文化决定论的进化史观是其逻辑论证的起点、文化整体观是其逻辑论证的中介、全盘西化论是其逻辑论证的直接目的；那么西方文化世界主义则是其逻辑论证的根本目标。如果将文化特别是先进性文化或某种文化中先进性因素视为人类共有的精神财富，这种意义上的文化世界主义也无可厚非。但是不同于这种理解，当时的西化派却作了将西方文化视为唯一的世界文化的解读。如陈序经直接明确“西洋文化是世界文化的趋势。质言之：西洋文化在今日，就是世界文化”④。沈昌晔认为“现在所谓世界文化是以西洋文化为代表”⑤。张熙若尽管将“现代化”与“西化”两个概念作了内涵上的比较，明确“现代化可以包括西化，西化却不能包括现代化”；但是由于认为现代化要以西化为前提条件和主要内容，所以他指出将现代化

---

① 罗荣渠.从“西化”到现代化[M].北京：北京大学出版社，1990，663.
② 毛泽东选集(第二卷)[M].北京：人民出版社，1991，707.
③ 蔡尚思主编.中国现代思想史资料简编(第4卷)[M].杭州：浙江人民出版社，1983，52.
④ 罗荣渠.从“西化”到现代化[M].北京：北京大学出版社，1990，389—390.
⑤ 中国文化建设讨论集(中篇)[C].龙文书局，1935，109.

等同于西化“那当然也可以”。[①]可见，在“西方文化 = 世界文化 = 现代化”的思维范式下，他们很自然地认为西方文化现代化就是中国文化现代化的方向。同样，他们明确西方文化是中国文化现代化的方向，还在于“全盘西化”不是在中国创造一种新文化而是模仿西方文化。如胡适就强调“一切发明创造都从模仿出来”[②]。陈序经也持类似的观点，他指出“创造别一种新文化这个问题，是超出于东西文化的讨论范围之外”[③]。即使要创造一种新文化，他也强调离不开西方文化这个“本”，毕竟西方文化的最根本特质就在于是“创造的文化”[④]。总之，文化的普遍性与特殊性是相互统一的，特殊性只有在普遍性的视野下才能凸显，普遍性只有在特殊性的强调中才能体现。[⑤]而在西化派过分注重文化的普遍性而忽视文化特殊性的文化世界主义指导下，毫无疑问中国文化的现代化道路只能会日益迷茫、畸形或完全错误的。

近代以来先进的中国人在探讨现代化问题时呈现的一大特色就在于首先从文化现代化入手，但是文化现代化背后根本上还是折射了中国的出路问题即中国走何种类型现代化的问题。正是鉴于此，对于西化派所提出的西方文化现代化就是中国文化现代化的方向这一思想主张，当时的中国马克思主义者给予了积极性的批判，并在马克思主义指导下密切联系当时的实际设计出了一条科学的文化现代化之路。具体体现为：首先，通过揭露资本主义经济、政治及其文化自身等方面的弊端，强调西洋文化不是世界文化、西洋文化现代化不是世界文化（包括中国文化）现代化的方向。如胡绳就认为伴随着资本主义私有财产及其雇佣劳动剥削等制度内在社会矛盾的加剧，建立在其基础之上的资本主义文化也日益走向反动的方面。[⑥]另外，他还对当时西化派眼中的

---

① 罗荣渠.从“西化”到现代化[M].北京：北京大学出版社，1990，458.

② 钟离蒙，杨凤麟.中国现代哲学史资料汇编（第 2 集第 6 册）——中国文化问题论争[M].辽宁大学，1982，88.

③④ 钟离蒙，杨凤麟.中国现代哲学史资料汇编（第 2 集第 6 册）——中国文化问题论争[M].辽宁大学，1982，141.

⑤ 张世保.从西化到全球化[M].北京：东方出版社，2004，152.

⑥ 罗荣渠.从“西化”到现代化[M].北京：北京大学出版社，1990，657—658.

所谓“世界文化”的内部危机表现进行了具体的列举，如反唯物论甚至反对理性思考，鼓吹主观唯心主义、神秘主义、直觉主义；具有侵略性的表现；资本主导下的科学没有造福人民反而加重人民负担；文化商业化等。其次，指出了国际国内的经济政治发展状况及其趋势决定了社会主义文化是中国文化的现代化方向。如当时的彭康分析到：一方面，国际上资本主义的商品打破了民族和国家的界限，把人类分成和团结为两大营垒，相应地，文化也形成了这两大营垒的斗争；另一方面，在国内国民党日益专制腐朽以致思想政治的不自由，客观的社会状态已与“五四”时期不同了。上述的国际国内状况决定了现在的新文化运动已不是胡适等人“接受世界的资产阶级的新文明”，而是要“接受现在震撼全世界的与一切资产阶级文明敌对的无产阶级的文化”。①最后，提出了以新民主主义文化为发展中介迈入社会主义文化现代化的思想。如在《新民主主义论》中，毛泽东强调之所以以新民主主义文化为中介，是当时中国整个政治情况（即进行的是资产阶级民主主义的革命）、整个经济情况（即没有形成整个的社会主义经济）和整个文化情况（即文化建设是以人民大众反帝反封建的新民主主义文化的资格去参加的）所决定的。②同样，这一期间的中国马克思主义者也指出这种对中西文化实行综合创新或有机化合的、具有民族科学大众特点的反帝反封建文化里面社会主义文化因素是起先锋、指导作用，这也决定了其发展的最终前途就是社会主义方向。如果说当时的以本位文化派为代表的文化保守主义“专注于超越西化而实现中国文化的反挑战”，西化派在于“适应西方现代化的历史挑战”；那么当时中国马克思主义者所提出的新民主主义文化的最大优点在于“既是对现代化挑战的回应，又是对西方范式的超越和反挑战”③。另外，新民主主义文化亦成功地回答和解决了殖民地或半殖民地国家要实施现代化方案的关键纽结问题，即如何成为

① 姜义华编.中国现代思想史资料简编（第三卷）[M].杭州：浙江人民出版社，1983，109.

② 毛泽东选集（第二卷）[M].北京：人民出版社，1991，705.

③ 高力克.历史与价值的张力——中国现代化思想史论[M].贵阳：贵州人民出版社，1992，290.

健全的现代民族国家。①

通过学术思想史的考察和梳理 20 世纪 30—40 年代中国马克思主义者如何从文化维度批判西化派，除了更加立体化的认识新民主主义文化论的"出场"背景以及论证其科学真理性之外，还有个观照现实、启示现实的考量。正如著名学者葛兆光在谈论学术史在当代中国为何如此重要时，就明确指出这是通过对过去的回顾、梳理以寻找到回应新的中国社会和政治、文化变迁的需要。②当时从文化层面批判西化派的思路和相关实践，对于当下建设中国特色社会主义文化至少具有如下几个启示：

第一，坚持文化自信与文化他信相统一为执着信念。文化既是民族的血脉，也是人民的精神家园。正是文化地位的如此重要，近代以来中国各种有影响的力量都非常重视文化建设。但是在文化建设的心态上，以 20 世纪 30—40 年代为例各派却大相径庭，文化保守主义者包括复古派还是西化派，实质上都走向了极端。前者更多地持文化自傲的态度，或多或少地对外来文化采取了"排斥"；后者则更多地持文化自卑的态度，或多或少地对中国本土文化采取了"丢弃"。失衡的心态，必然导致文化建设上的失败。不同于上述两派，中国马克思主义者坚守了文化自信与文化他信相统一的执念。正是有了文化的自信，新民主主义的文化建设获得了更基本、更深沉、更持久的力量；相应地，也更有了坚定的新民主主义道路、理论乃至制度层面的自信。同时，在唯物史观的指导下，中国马克思主义者还突出了文化他信，倡导了文化的大众化，让广大人民群众这一文化建设的最广泛主体在真正的实践成果享有中去感受新民主主义文化的科学正确性，最终由共振、共鸣而自觉地拥护和投入到文化建设实践中。当前中国特色的社会主义文化建设，更应坚持文化自信与文化他信相统一的执着信念。坚持文化自信，就是要对马克思主义要有礼敬和自豪感，对中外文

---

① 张世保.从西化到全球化[M].北京：东方出版社，2004，178.

② 葛兆光.思想史为何在当代中国如此重要[N].文汇报，2010-05-22.

化要有吸纳和改造的魄力，对中国特色社会主义文化的大发展大繁荣要充满信心。[①]坚持文化他信，就是要发挥先进文化的引领社会风尚、教育广大民众、服务社会的作用；要毫不犹豫回击那些对马克思主义指导地位构成强挑战的社会思潮，同样对那些弱挑战和维护型的社会思潮应采取包容、引导，在他信中让它们逐渐为中国特色社会主义文化建设服务；等等。

第二，坚持马克思主义指导地位不动摇为思想前提。20 世纪 30—40 年代，文化保守主义者包括复古派还是西化派在中西文化上持一种被动而片面的态度，归根结底就在于没有以先进的理论为指导；而同一时间中国马克思主义者能够坚持文化自信与文化他信相统一的执念，并且改变了近代以来中国人在精神层面的被动局面，根源恰恰来自对马克思主义的坚持与实践。因为具有科学真理属性的马克思主义，能够为我们提供一种科学的世界观和方法论，从而得以认清文化的特征、文化演进的轨迹与来源，以及理性地区分中外文化内在成分的"优"与"劣"等。具有实践真理属性的马克思主义，不仅告诉我们先进的文化是什么，更在于告诉我们先进文化如何建设的问题。新民主主义文化论的实践，就是马克思主义实践特征的威力体现，它是 20 世纪上半叶如何进行中、西、马三种文化精华的有机融合并最终"三分合而一"的理性尝试。[②]具有价值真理属性的马克思主义，通过对西方现代性的深刻性批判以及高度尊重人类的普遍价值，为人们提供了一种更加真实而科学的价值信仰。

第三，坚持把握文化建设内在规律为根本准则。和其他领域一样，文化领域包括社会主义文化建设领域也有自己特殊的规律。正如列宁所指出的"无产阶级文化应当是人类在资本主义社会、地主社会和官僚社会压迫下创造出来的全部知识合乎规律的发展"[③]。认识并遵循、利用好文化规律，文化建设将事半功倍；相反，则事倍功半甚至会遭受灾

---

① 刘芳.对文化自觉和文化自信的战略考量[J].思想理论教育，2012-01-09(上).

② 许明等.当代中国的文化发展[M].北京：中国大百科全书出版社，2008，332.

③ 列宁选集(第四卷)[M].北京：人民出版社，1995，285.

难性的结果。20 世纪 40 年代成熟的新民主主义文化论的形成，实质上就是中国共产党人通过多次反复的认识、实践的相互作用下最终把握文化规律的体现和结果。其中一些规律依然对当下的中国特色社会主义文化建设具有重要的启示价值，如要遵循文化与经济政治的辩证关系来进行文化建设；坚持文化建设中的人民性，即文化建设依靠人民、发展为了人民，成果由人民享有；处理好文化认知、文化交流和文化发展的关系，在文化认知、交流中发展、创新文化；等等。

第六章
20世纪40年代中后期建国问题上的论争与批判

20世纪40年代中后期就建立一个什么样的自由民主国家，中国马克思主义者与国内其他政治势力其中就包括当时的自由主义者进行了论争与博弈。为了让广大民众充分认识到自由主义的危害性及其指导下的"中间道路"是一条歧路，当时中国马克思主义者从何种主义才能将中国引入真正的自由、谁能够成为实现中国自由的主体性力量、未来中国真正的自由状态是什么、获取真正的自由要选择何种路径等方面给予了理论批判。在理论批判中所积累的诸如高扬社会主义自由民主的旗帜不动摇、立足具体问题情境以推进理论创新的态度不改变、实行理论批判中差别性和辩证性相统一的方针不丢弃等经验，对当下社会意识形态建设以及更加坚定中国特色社会主义道路具有重要的启示性价值。

抗战胜利后就建立一个什么样的国家，当时国内除了国共这两大政治势力提出了各自的主张并以军事的形式进行斗争之外，广大自由主义者①也将自己所持的自由主义的思想理念适时转化为建国的政治

① 在卫春回所著的《理想与现实的抉择：中国自由主义学人与"中间道路"研究（1945—1949）》（中国社会科学出版社2010年版）"序二"中，著名学者郑大华认可和赞同了卫春回从广义层面对中国自由主义者的界定，即将当时认同宪政、主张自由的人都纳入进去，本书在论述20世纪40年代中后期中国自由主义者时参考和借鉴了这种思想。相应地，所探讨的中国马克思主义者总体指那些认同和实践（中国化）马克思主义的人，而不是以是否加入中国共产党作为界定标准的。

方案，最典型的就是提出了一条自认为有别于国共两派的“中间道路”。尽管出于反蒋统一战线的需要，中国共产党对广大自由主义者采取了团结的态度；但是为了促使其觉醒也为了让广大民众充分认识到自由主义的危害性及其指导下的“中间道路”是一条歧路，当时的中国马克思主义者从何种主义才能将中国引入真正的自由、谁能够成为实现中国自由的主体性力量、未来中国真正的自由状态是什么、获取真正的自由要选择何种路径等方面给予了理论批判。可见，从思想史的维度考察1946—1949年中国马克思主义者对自由主义的理论批判，既在于彰显马克思主义理论指导下所制定的新民主主义革命方案的科学真理性，从而强有力地回击诸如那种认为中国革命的胜利仅仅靠的是军事胜利而非主义、理论的科学性此类历史虚无主义观点；也在于为当下多样化的社会思潮格局下如何应对沉滓泛起的自由主义等思潮，更加坚定地实践中国化马克思主义指导下的中国特色社会主义道路提供一些现实性价值。

一、何种主义才能将中国引入真正的自由

20世纪40年代中后期中国自由主义者所持的思想理论，和之前的西化派相关思想一样更多的是舶来品、是“援西入中”的产物。但不同于前辈，这一期间中国自由主义者对自由主义的思想理论重点进行了两个方面的调适：一是借用抗战胜利后国内民主建国热情高涨的有利时机，将自由主义由原来的一种政治观念和哲学运动转化为一种社会体制构建和政策取向[①]；二是借鉴了当时国际上特别是西方世界所出现的自由主义修正潮流（例如出现民主社会主义、新自由主义等新类型）[②]，在

---

① 学者顾肃在《自由主义基本理念》（译林出版社2013年修订版）专著中，认为自由主义的内容是丰富多彩的，可以是一种基本的政治观念和信念，一种哲学和社会运动，也是一种社会体制构建和政策取向，还可以是一种宽容异己、兼容并包的生活方式。

② 卫春回.理想与现实的抉择：中国自由主义学人与“中间道路”研究（1945—1949）[M].北京：中国社会科学出版社，2010，56.

坚守自由主义理论“内核”的前提下也进行了所谓理论“外围”的调整。正是凭借这两个方面的“底气”，当时的中国自由主义者向民众大肆渲染自由主义建国的谬论。综观这一期间他们的相关言论，他们竭其所能从多维度来正“自由主义”之名、顺“自由主义”之言，以此来达到走“中间道路”之事成。

其一，认为自由主义是“进步”的代名词和符号象征。1948 年上海《大公报》社评《自由主义者的信念》中，就强调自由主义不是“空泛的旗帜”“看风使舵”的舵手；而是“一种理想，一种抱负”，可以解释成为“进步主义”，本身内蕴着政治自由与经济平等并重、相信理性与公平、以大多数的幸福为前提等基本信念。①杨人梗则明确自由主义就是一个创造的力量，因创造而求进步。②杨的这一观点也得到了当时另一自由主义者施复亮的认可和赞同。他毫无掩饰地指出“进步是自由主义的基本精神；没有进步，就没有自由主义”③。可见，上述的言外之意主张自由主义就是追求进步的表现，追求进步就必须要以自由主义为指导；反之，就是倒退、落后的表现。这或多或少蕴含有“道德绑架”或绝对武断的意味。

其二，明确坚持和实践自由主义特别是“新”自由主义是当时国际政治发展的新趋向，也是中国建立新国家的正确方向。如 1948 年 1 月天津《大公报》社评《国际第三方面势力的抬头》中，评价英国工党所实施的民主社会主义为国际间的新趋向，指出其所带来的重大意义在于“给予全世界自由主义者以精神上的振奋，而促进他们联合起来，作更进一步的积极努力的”④。受这一潮流趋势的影响，当时一些自由主义者如张东荪(撰写了《政治上的自由主义与文化上的自由主义》《经济平等与废除剥削》《“民主主义与社会主义”补义》等文)、施复亮(撰写了

---

①　钟离蒙，杨凤麟.中国现代哲学史资料汇编(第四集第二册)——“第三条道路”批判[M].辽宁大学，1982，93.

②　杨人梗.自由主义者往何处去了[J].观察，2 卷 11 期，1947-05-10，8.

③　李华兴编.中国现代思想史资料简编(第五卷)[M].杭州：浙江人民出版社，1983，324.

④　钟离蒙，杨凤麟.中国现代哲学史资料汇编(第四集第二册)——“第三条道路”批判[M].辽宁大学，1982，95.

《论自由主义者的道路》)、周绶章(撰写了《政治自由与经济平等——新社会主义路线的提出》)等强调建立新国家需要的不是传统自由主义而是一种“修正组合型”的自由主义[①],其是在坚守自由、民主“内核”前提下通过将民主主义与社会主义、经济民主和政治民主融为一体的“外围”调整的产物。这种“新”自由主义指导下所构建的新国家,充分地“扬”现有资本主义和社会主义这两种社会形态的“长”,而“弃”两种社会形态的“短”,即既达到了政治上民主和废除了专制独裁,也实现了经济平等和废除了剥削。“实现资本主义制度下的政治自由,满足人类的精神需求;取得共产主义制度下的经济平等,满足人类的物质欲望,合成一条新社会主义的民主道路,这是世界各国应走的路,也是中国应走的路!”[②]

其三,指出惟有自由主义才能构建新国家的“本”和思想根基。如张君劢认为自由主义重视“人的发现”特别是崇尚“理性的意志”,这为民主政治提供了一个本源和哲学基础。[③]同时,他还以如何实施好宪政为具体事例,从中外法制史的考察比较中强调只有通过实践自由主义以促使“人民对于他的权利的警觉性”,宪政的第一块基石方能得以构建并夯实。[④]这点与五四新文化运动期间自由主义者希冀通过启蒙以理性立国的进路在思维逻辑上具有相当程度的吻合,呈现出唯理性主义的色彩,即认为旧社会所出现的问题源于缺乏理性,相应地务必以理性的恢复和确立以促进新社会的生成。可是,理性的作用也是有限度的,诸如“构成一个共同体之精神秩序的宗教、道德、价值体系”[⑤]以及特别是新社会生产方式的构筑并非仅仅依靠理性就能够完成或实现的。“伴随着旧制度崩塌,个体将获得‘解放’,理性就可以进行全面的

---

① 林建华.论“修正组合型”的自由主义——兼论20世纪40年代中国自由主义思潮的特点[J].北方论丛,2004-04.

② 李华兴编.中国现代思想史资料简编(第五卷)[M].杭州:浙江人民出版社,1983, 516.

③ 钟离蒙,杨凤麟.中国现代哲学史资料汇编(第四集第二册)——“第三条道路”批判[M].辽宁大学,1982, 146—147.

④ 李华兴编.中国现代思想史资料简编(第五卷)[M].杭州:浙江人民出版社,1983, 362.

⑤ 秋风.嵌入文明——中国自由主义之省思[M].南京:江苏文艺出版社,2014, 27.

统治。但是，从不能在理性面前证明自己之正当性的政体、信仰、文化、社会结构中解放出来的理性的那些个体，如何在旧秩序的废墟上再建现代秩序?"①

另外，当时的中国自由主义者还对马克思主义能否担负建国指导思想这一问题进行了评论。如在《由宪政问题起从比较文化论中国前途》《民主主义与社会主义》等文中，张东荪认为社会主义不是个人主义的正反面，马克思主义只是个人主义的进一步，本质上马克思主义也是民主主义；但他又强调中国国情的特殊性决定了需要解决人权与产权(尤其是豪门资本的问题)这两个密切相联的任务，故我们建立新国家只能采取"修正组合型"的自由主义，从而利用此介体将民主主义乃至社会主义的价值由理想转化为现实。在间接地否定马克思主义建国指导性作用的同时，他还直接地否定了苏联社会主义包括列宁主义的价值，认为它不是马克思主义，只能是马克思主义的"变例"，源于其"改采一国实行社会主义的道路"并在社会主义后还保留国家、军队等，这些"与马氏原义甚不相合"②。相对于张东荪间接否定马克思主义的价值，张君劢、萧公权等自由主义者则完全肯定式地认为马克思主义无法将中国引入自由的前途中(特别在实现个人自由方面)，因为它实质是一种整体或统制、集中主义。如张君劢将苏联的共产主义与英美的民主主义进行了比较，指出前者是"唯物的，不承认人性好，而以为人性坏的"；后者"则不管人性好坏，但承认人性是可以讲'理'的"。③萧公权强调"正统的社会主义以近代的唯物论为其哲学根据，因此马克斯主义在逻辑上必然否认意志的自由和个人价值"④。

针对这一期间自由主义者所持的自由主义建国的谬论，当时的中国马克思主义者并未因建立和发展人民民主统一战线的需要而对此采

---

① 秋风.嵌入文明——中国自由主义之省思[M].南京：江苏文艺出版社，2014，10.

② 李华兴编.中国现代思想史资料简编(第五卷)[M].杭州：浙江人民出版社，1983，222.

③ 钟离蒙，杨凤麟.中国现代哲学史资料汇编(第四集第二册)——"第三条道路"批判[M].辽宁大学，1982，127—128.

④ 萧公权.二十世纪的历史任务[J].世纪评论，2 卷 5 期，1947-08-02，7.

取迁就或回避的态度，相反给予了积极的回应。这毕竟关系到(中国化)马克思主义科学真理性及其实践的现实正当性问题，更在于这攸关未来的“立国之本”是什么即以何种主义建立新的国家的根本性问题。对于自由主义建国的谬论，中国马克思主义者坚持理论与实践、历史与现实相结合的方法进行了综合性的批判和深层次的论证。

第一，采取理论比较法，指出相较自由主义而言坚持科学性、革命批判性和人民性三者的统一是马克思主义最根本的特征和最显著的优越性。如对于马克思主义科学性特征的分析上，郭沫若以自由民主为例，强调其由于坚持和实践了经济与政治的统一性，从而也实现了自由民主在理论与事实上的统一；而这与当时自由主义者所宣传的资产阶级自由民主明显“泾渭分明”，资产阶级的自由民主呈现出的却是理论与事实上的背离状态。“像苏联那样，人民获得经济平等的国家，岂有没有政治的民主的？假使站在人民的观点上，像美国那样，贫富有天渊的差别，……人民没有获得经济的平等，又那能有真正政治的民主？”[①]讴歌了马克思主义的革命批判性特征，如伯奇认为与自由主义相比社会主义“否定了自由经济，否定了资本家的民主，却偏不否定批判精神”[②]。就当时一些自由主义者声称自由主义本质上不崇信武力或向两边统治者和革命者同时要自由等错误论调，杜迈之、范承祥、庞欣等中国马克思主义者指出这既根本区别于马克思主义的革命批判性，也是对早期自由主义(即反封建专制统治时期的自由民主)革命性的抽光。“在我们这半殖民地半封建的社会中，承传复杂的自由主义者的思想意识是缺乏资本主义社会中自由主义者的凝固性与积极性的。”[③]肯定了马克思主义的人民性特征，同时批判了自由主义者眼中的资产阶级自由民主以抽象的全民性掩盖了浓厚的阶级性。如蔡尚思从文化与

① 李华兴编.中国现代思想史资料简编(第五卷)[M].杭州：浙江人民出版社，1983，346—347.

② 钟离蒙，杨凤麟.中国现代哲学史资料汇编(第四集第二册)——“第三条道路”批判[M].辽宁大学，1982，71—72.

③ 钟离蒙，杨凤麟.中国现代哲学史资料汇编(第四集第二册)——“第三条道路”批判[M].辽宁大学，1982，58.

政治、经济之间的辩证关系进行了分析，以当时的苏联为例认为其“经济是无产阶级共有的，政治是无产阶级主持的；所以它的文化也就跟着经济政治而转移，而是代表无产阶级的”①。潘梓年指出尽管资产阶级自由主义民主对封建专制而言具有一定的历史进步性，但实质终究只是资产阶级即农业老板和工业老板的民主而非无产阶级和人民大众的民主。②

第二，实施历史考察法，论证自由主义无法担负建立新的中国的历史责任。如在《新文化的方向和途径》文中，胡绳考察了“五四”以来民主文化运动的实践历程，指出其存在两个弱点：一是脱离中国实际而照抄照搬西方的民主文化；二是“文化与人民大众的割离”。③另外，在《孙中山从美国走到苏联》文中，他还以孙中山探索革命的经历作为具体事例，强调其 1921 年前后在寻求自由民主的路径时由美国转向苏联，就足以表明自由主义不能建立新国家。上述的论证在于告诉当时的民众自由主义在中国最终被丢入历史的“垃圾堆”里，不在于历史没有给它们机会而是自身缺乏扮演历史“主角”的能力和水平。正如美国学者格里德所指出的“自由主义之所以失败，是因为，自由主义所假定应当存在的共同价值标准在中国却不存在，而自由主义又不能提供任何可以产生这类价值准则的手段”④。

第三，运用世情国情分析法，强调按照马克思主义建立新中国既符合人类社会历史发展趋势也是中国革命的规律使然。对于前者，如郭沫若指出历史是进化的，自由民主的内涵也伴随着历史的进化而进化，当前之所以反对资产阶级的自由民主和建立类似苏联的社会主义的自由民主，就在于资产阶级的自由民主因资本集中到少数资本家手中，从而畸形为少数人的自由民主。“资本主义民主的时代是已经落后了，走

① 李华兴编.中国现代思想史资料简编(第五卷)[M].杭州：浙江人民出版社，1983，242.

② 李华兴编.中国现代思想史资料简编(第五卷)[M].杭州：浙江人民出版社，1983，416—417.

③ 李华兴编.中国现代思想史资料简编(第五卷)[M].杭州：浙江人民出版社，1983，280.

④ [美]格里德.胡适与中国文艺复兴——中国革命中的自由主义(1917—1950)[M].鲁齐译.南京：江苏人民出版社，1989，368.

在他们前头的是社会主义民主的苏联。”[1]对于后者，潘梓年认为当时中国的民众面临着“封建专制的压迫”以及“身受独占资本的这面重枷的巨力压迫”[2]这双重问题，决定了中国革命所要建立的以及中国人民所迫切需要的民主只能是社会主义的民主而非自由主义的民主。冯契亦强调目前中国所进行的是一个经济与政治的大革命，它所具有的资产阶级民主革命以及半殖民地的解放运动这两个特点又必须依存在人民本位这个最根本的特点上，因为“这个民主革命或解放运动，发生于人民世纪，成了人民世纪的世界革命的一部分”；相应地经济政治上的革命特点又决定了我们文化革命的首要特点在于必须以人民本位的马克思主义文化为指导，并且“反对以帝王或上帝为中心的封建文化，也反对以个人为中心的资本主义文化”。[3]

除了从上述深层次的理性论证惟有马克思主义而非自由主义才能建立新的国家以实现真正的人民自由之外，为了让民众更加清楚地认识中国自由主义者所持思想理论的真实面目，当时的中国马克思主义者还结合 1947 年前后、1948 年中国自由主义的两次亢奋状态，具体分析和揭批了它们的产生背景、实质危害性。如对于内战爆发后特别是处于白热状态时，自由主义所出现的“高潮”现象，杜迈之认为这在于一部分自由主义者没有认识到内战的实质是自由民主与反自由民主的较量，企图改革现制度来“求治”，这在“客观上正替既得利益集团的统治，扮演着帮闲或帮凶的角色”[4]。对于 1948 年内战逐渐明朗化时自由主义又出现“热论”时，庞欣指出在中国面临一个大变革的前夕“自由主义”这块招牌的抬出，更多地是为了配合国民党政府以及美国的需要，即借自由主义来安抚知识分子恐慌、迟钝和沮丧的心理以及利用此来

---

① 钟离蒙，杨凤麟.中国现代哲学史资料汇编(第四集第二册)——“第三条道路”批判[M].辽宁大学，1982，6.

② 李华兴编.中国现代思想史资料简编(第五卷)[M].杭州：浙江人民出版社，1983，417.

③ 李华兴编.中国现代思想史资料简编(第五卷)[M].杭州：浙江人民出版社，1983，481.

④ 钟离蒙，杨凤麟.中国现代哲学史资料汇编(第四集第二册)——“第三条道路”批判[M].辽宁大学，1982，59.

振奋士气人心，也在于安慰美国对中国政府的失望和不满。①相应地，它的实质在于是一种伪自由主义，是假冒为善而实为维护旧秩序的“帮闲帮凶”②。

二、谁能够成为实现中国自由的领导和主体性力量

对于“政治”的起源是什么可以说众说纷纭，但是有一点获得了普遍的认同，即政治实践活动必然涉及领导权的问题，因为这关系到政治实践活动依靠谁、政治实践活动的方向是什么特别是政治实践活动为谁服务的问题。正如韦伯所指出的，“对于我们来说，‘政治’就是指争取分享权力或影响权力分配的努力，这或是发生在国家之间，或是发生在一国之内的团体之间。”③正是鉴于此，20 世纪 40 年代中后期就谁能够成为实现中国自由的领导和主体性力量，中国自由主义者从自由主义者为何以及如何成为领导者、中间阶层是否存在以及为何成为主体性力量、国共双方为何不能成为领导者等三个方面进行了阐释和分析，得出了中国自由的真正实现要依靠由自由主义者领导的中间阶层的结论。

关于第一个方面，虽对“自由主义者”的称呼不同(如储安平称其为“自由的思想分子”、施存统称其为“中间派”或“自由主义者”，周绶章称其为“自由主义分子”，朱光潜称其为“自由分子”等)，但这一期间中国自由主义者基本上赋予了其在实现中国自由民主实践中的领导角色。如储安平认为在忧虑国家前途方面中国的自由的思想分子不应该有消极的焦愁，而应积极主动地承担“历史上的责任问题”④。为何能够成为领导者，施存统从当时国内国际政局的发展特征给予了分析，认为国

---

① 钟离蒙，杨凤麟.中国现代哲学史资料汇编(第四集第二册)——“第三条道路”批判[M].辽宁大学，1982，76.

② 钟离蒙，杨凤麟.中国现代哲学史资料汇编(第四集第二册)——“第三条道路”批判[M].辽宁大学，1982，80.

③ [德]马克斯·韦伯.学术与政治[M].冯克利译.北京：生活·读书·新知三联书店，1998，55.

④ 李华兴编.中国现代思想史资料简编(第五卷)[M].杭州：浙江人民出版社，1983，40.

内政局是国民党不能消灭共产党，共产党也不能用武力推翻国民党；而国际形势也不许可有一个完全右倾的国民党政权或完全左倾的共产党。这些决定了“首先必须造成一个强大的中间派，独立于国民党统治集团与共产党之间，取得一种举足轻重的地位”①。储安平指出自由的思想分子成为领导者一方面归功于他们自身的努力，而更重要的方面在于“时代的使然”②，因为国内的民众出现了既畏惧共产党的暴力也厌恶国民党的腐化两种极端化趋势；惟有自由主义者“出来领导，可以获得一个中庸的稳定”③。就在实践中发挥什么样的作用才能体现和巩固领导者的地位，当时的自由主义者进行了多维度的探讨。张东荪主张在联合政府中发挥“平衡与钳制”的作用。储安平强调应该在道德、思想和舆论等方面发力。施存统认为中间派不要局限于发挥“传力机与作业机”的作用，而更重要的在于发挥“发动机”的作用。④1948 年 5 月 7 日上海《大公报》发表社评号召为了自由民主的早日实现，广大自由主义者应要“埋首做着局部的填土打地基的工作”⑤。从这一期间实践表现来看，自由主义者或通过“个人谏诤”或通过“组党介入”或通过“公共论坛”等方式试图尽其所能⑥，大有“执牛耳者，舍我其谁”的气概。相应地，领导作用及其体现方式的多样性探讨，决定了这一期间中国自由主义者对如何成为“名副其实”的领导者所进行的建言献策也是多方面的。如储安平提出自由主义者要克服“相轻”“自傲”的“老根性”；要具备看得远、认得清、有气量等政治家所必需的修养；要形成一个坚强的组织等。⑦罗隆基则直接认为自由主义者唯有组建有别于国

---

① 钟离蒙，杨凤麟.中国现代哲学史资料汇编（第四集第二册）——“第三条道路”批判［M］.辽宁大学，1982，200.

② 李华兴编.中国现代思想史资料简编（第五卷）［M］.杭州：浙江人民出版社，1983，39.

③ 李华兴编.中国现代思想史资料简编（第五卷）［M］.杭州：浙江人民出版社，1983，40.

④ 李华兴编.中国现代思想史资料简编（第五卷）［M］.杭州：浙江人民出版社，1983，310.

⑤ 钟离蒙，杨凤麟.中国现代哲学史资料汇编（第四集第二册）——“第三条道路”批判［M］.辽宁大学，1982，97.

⑥ 陈仪深.国共斗争下的自由主义（1941—1949）［J］.近代史研究所集刊，第二十三期，237.

⑦ 李华兴编.中国现代思想史资料简编（第五卷）［M］.杭州：浙江人民出版社，1983，38.

民党、共产党的第三大政党，方能发挥领导者的作用。因为只有组建了中国第三大政党，才可“缓冲国共党的武力冲突，防止内战”，“团结国共两党以外的进步人士，促进民主”。①

关于第二个方面，这一期间中国自由主义者会因是否有“中间路线”而产生较大的歧见，却在是否有“中间阶层”方面总体上保持了肯定式的一致。如《再论中间派的政治路线》文中，施存统认为中国社会正处于一个过渡的阶段，这个阶段中中间阶层在全国人口中占绝大的部分，包括新旧两种成分，而新旧两种成分中又可分为不同的部分。“今天中国的所谓中间阶层，应当包括民族工商业者、手工业者，小商人，工商从业员，小地主，知识分子以及绝大部分农民。”②相应地，他强调无论是国民党政治集团还是中国共产党所持的主义理论乃至政治路线，只是体现、维护了国内少数人的利益，都缺乏广泛的社会基础。前者代表的是官僚买办资本家和封建地主的利益，后者代表的无产阶级的利益。反对施存统等人提出“中间路线”主张的李平心也指出“第三方面”是“一个合理的存在”，因为它的出现与发展“不但有一定的社会渊源，而且有各式各样的历史因缘”。③他以鸦片战争以来中国社会的经济结构状况为例，强调在既有前资本主义经济（包括小农生产在内的小商品生产和宗法家长制的农业自然经济等）又有资本主义经济的社会下，深受国际资本和封建势力压迫下的民众不可避免地“在数量上，大多数属于小生产者、小资产阶级、‘中间阶层’（过渡阶层）”④。在论证“中间阶层”客观存在的基础上，中国自由主义者还就自由民主的实现为何要以“中间阶层”为主体性力量进行了分析。施存统认为自由民主的实现本身不是外来恩赐的，而是“要人民自己用力量去争取的”⑤，只有人民通

---

① 钟离蒙，杨凤麟.中国现代哲学史资料汇编（第四集第二册）——“第三条道路”批判[M].辽宁大学，1982，215.

② 李华兴编.中国现代思想史资料简编（第五卷）[M].杭州：浙江人民出版社，1983，314.

③ 李华兴编.中国现代思想史资料简编（第五卷）[M].杭州：浙江人民出版社，1983，486—487.

④ 李华兴编.中国现代思想史资料简编（第五卷）[M].杭州：浙江人民出版社，1983，487.

⑤ 李华兴编.中国现代思想史资料简编（第五卷）[M].杭州：浙江人民出版社，1983，325.

过自己斗争获得由自己决定的民主自由才是真正的民主自由。相对于施的抽象式论证，李平心的论述较为具体，他指出“第三方面”之所以能够成为主体性力量，由其自身所具备的优点决定的，即具有能够为民主自由运动提供充足的后备力量；是小资产阶级群众进入觉醒的桥梁；分布广泛的特点易掀起民主自由的巨潮；有利于争民主力量的勃兴等长处。①总之，这一期间中国自由主义者不懈余力地论证“中间阶层”这“空泛而模糊的概念”，虽充分体现出了他们的“社会责任感”②；但或多或少地夹杂着他们自己的“私货”，如以此来论证自由主义及其道路方案存在的现实正当合理性，即具有广泛的社会基础；企图借用“中间阶层”让自己的理论、主张转变成一种物质力量，正如马克思所指出的“批判的武器当然不能代替武器的批判，物质力量只能用物质力量来摧毁。但是理论一经掌握群众，也会变成物质力量”③；也更在于用抽象的“全民性”色调来掩盖自身理论及其实践方案的狭隘的“阶级性”本质。

关于第三个方面即国共双方为何不能成为领导者的分析，实质体现出当时中国的自由主义者通过否定对手从而间接地佐证前两个方面科学性的企图。同时，也折射出革命领导权斗争的激烈性，尤其是对于无产阶级来说其革命领导权的获得不是一帆风顺的，在这个问题上与资产阶级的斗争是长期的、曲折的。正如毛泽东所指出的：“民主革命中将有几个发展阶段，都在民主共和国口号下面。从资产阶级占优势到无产阶级占优势，这是一个斗争的长过程，……同我们争领导权的是资产阶级”④。综合考察这一期间中国自由主义者的相关言论来看，他们对于共产党的批判更多地集中在政党的国家立场、政党精神、政党性质和政党形象等层面。如质疑共产党的国家立场，储安平认为共产党

---

① 李华兴编.中国现代思想史资料简编(第五卷)[M].杭州：浙江人民出版社，1983，490.

② 卫春回.理想与现实的抉择：中国自由主义学人与“中间道路”研究(1945—1949)[M].北京：中国社会科学出版社，2010，98.

③ 马克思恩格斯选集(第1卷)[M].北京：人民出版社，1995，9.

④ 毛泽东选集(第一卷)[M].北京：人民出版社，1991，276.

“崇奉苏联”的立场，让人担心其努力的意义是为了中国的自由民主的实现，还是为了成为苏联的工具和傀儡。[①]批判了共产党的政党精神，依然是储安平，他指出共产党是个组织严密和过分强调集中的政党，“和法西斯党本无任何区别”[②]，其讲究“一致”的统治下人民很难有思想言论的自由。在此基础上，他还认为国民党统治区域所要解决的是自由民主的“多或少”的问题，而共产党统治区域则要解决的是自由民主的“有或无”的问题。分析了共产党的政党性质，指出强烈的阶级性致使其不可能体现和维护人民性的自由民主。如孙斯鸣就强调以马克思主义阶级斗争学说为指导的共产党是“代表无产阶级的”，相应地“也只有当仁不让，实行共党的一党独裁”。[③]批判了中国共产党的政党形象，施存统将“武装政党”这个评语运用到共产党身上，强调只是“武装”比国民党“小”而已；周鲸文认为共产党和国民党一样都是代表少数人的极端性政党，如果说国民党是“庸医”，那么共产党就是不对病的“药”。[④]

区别新旧两种民主主义革命的根本性标志，就是无产阶级是否掌握革命的领导权。没有无产阶级的领导，中国反帝反封建的民族民主革命任务是不可能完成。但对于这点，包括资产阶级在内的其他非劳动阶级是不愿意承认的，他们仍然企图逆历史潮流来夺取领导权；同样，作为无产阶级性质的政党——中国共产党对这个问题重要性的认识有时也是不足的，以致中国革命的实践一度遭遇到严重的挫折，如大革命后期陈独秀的右倾机会主义错误和抗日战争时期王明右倾投降主义错误就是代表。正是通过对历史经验教训的总结反思以及对抗战胜利后国内政治斗争形势的判断预测，中共“七大”上毛泽东代表中央委员会在给代表们所作的口头政治报告中，反复提醒全党同志要高度重视无产阶级领导权问题，要认识到不仅大地主大资产阶级和我们争领

---

① 李华兴编.中国现代思想史资料简编(第五卷)[M].杭州:浙江人民出版社,1983, 22.

② 李华兴编.中国现代思想史资料简编(第五卷)[M].杭州:浙江人民出版社,1983, 34.

③ 孙斯鸣.中国政党政治往哪里走? ——一党专制乎? 两党制乎? 多党制乎? [J].世纪评论,1卷16期,1947-04-19, 9.

④ 李华兴编.中国现代思想史资料简编(第五卷)[M].杭州:浙江人民出版社,1983, 551.

导权，自由资产阶级也会和我们争领导权。[①]由于以毛泽东为核心的党中央在思想认识上的未雨绸缪，20世纪40年代中后期面对自由主义者所持的依靠由其领导的中间阶层的谬论，中国的马克思主义者并未"惊慌失措"而是"沉着应对"。梳理他们这一期间的言论，就谁能够成为实现中国自由的领导和主体性力量方面对自由主义者开展了如下的批判：

批判了自由主义者抹黑中国共产党的理论，强调中国共产党是真正实现人民自由民主的领导党。如针对自由主义者污蔑中国共产党只是代表无产阶级利益的政党，强调中国共产党在实践中坚持阶级基础和扩大群众基础的统一性。华岗以"石夫"为笔名撰写了《第三方面的新生》，在文中他指出中国共产党虽是中国无产阶级的政党，但是解放区由于实施新民主主义的政治经济制度，致使广大农民从封建枷锁下解放出来，不少小资产阶级和进步知识分子亦从党和解放区里寻找到了光明出路，相应地他们中的许多先进分子都愿意"和先进工人阶级并肩作战"而被党吸纳成为"一部分组织成员"。[②]针对自由主义者将中国共产党实施的新民主主义与法西斯的全能主义相等同的谬论，在《再论中国的自由主义者》文中，杜迈之认为这和过去托派分子的荒谬宣传"如出一辙"；指出中共过去的实践证明其不仅不是阻碍反而是促进了中国民主运动的开展，因为她通过自己的武力和严明的组织纪律性、严格的自我牺牲精神构成了对现专制独裁政权的一个强力"反动"；提出在对中共的评价上必须坚持人民利益是否维护和实现为根本的"善""恶"标准，而不要"抱残守缺地执着于少数的个人政治自由"。[③]对于自由主义者污蔑共产党领导的政府是"极权政府"，毛泽东认为这既正确又不正确，正确在于"这个政府是对于内外反动派实行专政或独裁的政府，不给

---

① 毛泽东文集(第三卷)[M].北京：人民出版社，1996，306.

② 钟离蒙，杨凤麟.中国现代哲学史资料汇编(第四集第二册)——"第三条道路"批判[M].辽宁大学，1982，37.

③ 钟离蒙，杨凤麟.中国现代哲学史资料汇编(第四集第二册)——"第三条道路"批判[M].辽宁大学，1982，65—66.

任何内外反动派有任何反革命的自由活动的权利”，错误在于“对于人民内部来说，不是专政或独裁的，而是民主的。这个政府是人民自己的政府。这个政府的工作人员对于人民必须是恭恭敬敬地听话的”。[①]

揭露了自由主义者的软弱性，指出自由主义者不具备领导中国实现真正自由民主的品质和能力。如在《论中间派及中间路线》文中，何文俊对当时中国自由主义者的评价使用了“自以为是”“自鸣清高”“个个自私”等极具“贬义”的词汇。胡绳以“公孙求之”的笔名撰写了《论“第三方面”》一文，对当时中国自由主义者的动摇、投机性进行了深刻的揭露，评价他们“起伏无常、难得有守贞不贰，全始全终”、要求他们“保持政治节操，甚至比寡妇守节还难得多”[②]；强调正是自由主义者具有动摇、投机性的毛病，导致反动统治势力往往对他们实施“打一下、拉一下”的伎俩。[③]同样，他还对自由主义知识分子软弱性的思想根源进行了较为具体的分析，指出这与他们在思想与生活习惯上“既有封建士大夫的传统，又有从西洋带来的资产阶级的思想传统”[④]密切相关，明知封建正统观荒谬却还受这种观念的束缚，明知资本主义世界残破万分却对资产阶级的理论佩服的五体投地。总之，这一期间中国马克思主义者对自由主义知识分子局限性的揭露和分析，并不意味着将他们视为阶级敌人，相反更多地希望通过教育以帮助他们认清楚自身的错误从而转变立场，积极投入到中国共产党领导的争取人民自由民主的实践中。

分析了“中间阶层”（或“第三方面”）概念对自由主体范围界定的非科学严谨性，明确运用“人民大众”这一概念指称担负实现中国民主自由的主体性力量。这一期间，中国马克思主义者对于自由主义者使用的“中间阶层”（或“第三方面”）所涉及阶级或阶层的客观存在性并未否

---

① 毛泽东选集（第四卷）[M].北京：人民出版社，1991，1502—1503.

② 钟离蒙，杨凤麟.中国现代哲学史资料汇编（第四集第二册）——“第三条道路”批判[M].辽宁大学，1982，49.

③ 钟离蒙，杨凤麟.中国现代哲学史资料汇编（第四集第二册）——“第三条道路”批判[M].辽宁大学，1982，50.

④ 李华兴编.中国现代思想史资料简编（第五卷）[M].杭州：浙江人民出版社，1983，286.

定，同时在撰文或作相关报告时也会使用这一概念①；但是一旦自由主义者运用这一概念给予当时实现中国自由民主的主体性力量一个完整意义的表述时，则会表达出“质疑”乃至“批判”的态度。综合他们这一期间的相关言论来看，“质疑”或“批判”的根据在于：其一，认为“中间阶层”（或“第三方面”）概念将无产阶级排斥在中国自由民主实践的动力之外。“中间阶层”（或“第三方面”）中到底有哪些阶级或阶层，在当时中国自由主义者视域中总体上有两种观点：一是民族工商业者、手工业者，小商人，工商从业员，小地主，知识分子以及绝大部分农民；二是民族工商业者、手工业者，小商人，工商从业员，小地主，知识分子，不包括绝大部分农民。上述不管哪一种回答都没有包括中国的无产阶级，而无产阶级无论是自身的特点及其现实中的实践表现，在当时已充分彰显了其作为推动和实现中国自由民主的最基本的动力而存在着。其二，指出自由主义者眼中的“中间阶层”（或“第三方面”）表达的只是一种“政治立场”而非“社会身份”，具有极大的抽象、空泛性。如何文俊就认为将不同于国共两党政治立场之外的所有人视为中间力量，这实质坚持的是单纯的政治立场划分标准；但是政治立场不能等同于社会身份，政治立场上的“中间层”不能代表社会身份上的“中间层”，如农村的中间层是中农、城市的中间层是小市民或中小商工业者。“所谓中间团体，他们的政策口号，是代表抽象的‘人民’，不是也不能代表社会的中间层。”②可见，这实质上表达了当时中国马克思主义者主张以政治思想和社会经济相统一作为划分阶级或阶层主要标准的思想。其三，强调自由主义者划分“中间阶层”（或“第三方面”）所坚持的政治标准本身也是不科学的，是与当时的社会现实相脱节的。如华岗就认为当时国

① 如以毛泽东这一期间相关著作为例，1945年4月在党的“七大”所作的口头报告中就指出“中国这个社会两头小，但是两头强，中间大，但在政治上是软弱的。中间阶层是动摇的，无论哪个中间阶层都有它的动摇性。”同样，在1949年8月撰写的《丢掉幻想，准备斗争》中就号召包括中国共产党在内的先进的人们要“有责任去团结人民中国内部的中间阶层、中间派、各阶层中的落后分子”。

② 钟离蒙，杨凤麟.中国现代哲学史资料汇编（第四集第二册）——“第三条道路”批判[M].辽宁大学，1982，42.

内的政治斗争实质就是民主与反民主的较量而不是所谓的国共政权之争，社会政治层面存在的要不是民主力量要不就是反民主力量，而非自由主义者所分析的存在着“三种力量”即国民党力量、共产党力量以及独立于国共之外的第三方面力量。乔冠华则更加直接地强调民主和反民主之外可能有“中立”，但是“民主和反民主之间没有中间”①。正是基于上述的判断根据，当时中国马克思主义者更多地使用“人民大众”（包括无产阶级、农民、民族资产阶级和城市小资产阶级在内的统称）来对中国自由民主实现的主体性力量进行了完整意义上的概括。

三、未来中国真正的自由状态是什么

有什么样的价值观就有什么样的政治观。在政治观层级构成中居统摄、支配的地位的政治价值观念要素，对其他要素包括政治理想起到了定向、权变、制衡的作用。以 20 世纪 40 年代中后期为例，相对于中国马克思主义者以中国化马克思主义为指导所提出的新民主主义社会观，当时的自由主义者也依据各自对自由主义的理解，就未来中国真正的自由状态是什么提出了诸多的设想。如张东荪的“社会主义的民主主义”、施存统的“新资本主义”、萧公权的“自由社会主义”等。由于这一期间中国自由主义者深受费边社会主义特别是英国工党理论家拉斯基的民主社会主义思想影响②，上述种种设想亦可以统称为“民主社会

① 李华兴编.中国现代思想史资料简编(第五卷)[M].杭州：浙江人民出版社，1983，680.

② 左玉河《最后的绝唱：1948 年前后关于自由主义的讨论》(郑大华、邹小站主编《中国近代史上的自由主义》，社会科学文献出版社 2008 年版)、许纪霖《二十世纪中国思想史论—序》(东方出版中心 2000 年版)中都认为中国现代自由主义来源有二：一是美国杜威的民主—自由主义，二是英国拉斯基的社会民主主义。相对于前者在 20 世纪初对中国的影响较大，20 世纪中后期后者的影响远远超过前者而成为中国现代自由主义的主流。同时，许纪霖认为当时的中国自由主义者抓住“社会公道”和“经济平等”这面旗帜，离不开他们强烈的问题意识和社会良知。在卫春回所著的《理想与现实的抉择：中国自由主义学人与“中间道路”研究(1945—1949)》(中国社会科学出版社 2010 年版)中，就 20 世纪 40 年代中国自由主义学人的主要思想来源为何是拉斯基思想，作者从当时中国主要自由主义者与拉斯基存在教育背景上的渊源关系、拉斯基相关著作在当时中国的译介情况等方面作了较为具体地论证。

主义”，它们的差异性只不过在于调和资本主义制度（主要是政治自由）和社会主义制度（主要是经济平等）过程中两者所采比重和具体方式的不同而已。“自由主义不过是通用的代名词。它可以换成进步主义，可以换为民主社会主义。”①综合当时中国自由主义者相关言论来看，政治民主化、经济平等化、军队国家化则是这一社会理想在内政的具体呈现。

政治民主化方面：这一期间的中国自由主义者总体上坚持以欧美资本主义民主政治为蓝图设计未来国家的本质制度，同时对这一国家的本质制度在价值层面所体现出的“自由”“民主”的理念也进行了稍微不同于西方式的“修正”。对于前者，可从当时一些自由主义者的言论获得充分佐证。如张东荪指出未来的中间性政制在政治方面“多采取英美式的自由主义与民主主义”②。施存统则明确强调中间派的政治路线在政治上“必须实行英、美式的民主政治”③。对于后者，当时中国自由主义者在坚守西方自由民主基本价值、原则的前提下，注重对它们的内涵和形式进行了诠释与调整。如就“自由”理念的理解层面，主张尊重个体自由之外也要重视全体自由；坚持消极自由与积极自由的统一性；注重从平等方面理解自由，认为平等是实现自由特别是全体自由的基础④；等等。而就“民主”理念的把握层面，认为民主制度才是真正的制度，倡导人民本位的政治观；提出代议制这一间接民主形式下也可辅以适当的“直接民主”；认为民主政治是比自由主义更高的一种境界，自由主义只是达到民主的工具⑤；等等。就如何体现和反映上述未来国家的本质制度，这一期间大多数中国自由主义者强调应实施由法治、分权制衡和多党政治所支撑的宪政政体。如重视法治上，通过回顾西方近代民主政治发展的历程，张君劢指出近代国家的基础就在

① 钟离蒙，杨凤麟.中国现代哲学史资料汇编（第四集第二册）——“第三条道路”批判[M].辽宁大学，1982，93.

② 李华兴编.中国现代思想史资料简编（第五卷）[M].杭州：浙江人民出版社，1983，204.

③ 李华兴编.中国现代思想史资料简编（第五卷）[M].杭州：浙江人民出版社，1983，299.

④ 吴恩裕.自由乎？平等乎？[J].观察，3 卷 12 期，1947-11-15，7.

⑤ 邹文海.政治民主与自由[J].观察，1 卷 13 期，1946-11-23，10.

于"立宪政治"①,同时认为之所以需要宪法在于来"规定政府权力如何分配于各机关,以达到保护人民安全与人民自由的目的"②。在分权制衡上,当时的自由主义者如楼邦彦、周鲸文、萧公权等,对西方民主政治中的联邦制和单一制政体形式中的权力分立与制衡情况进行了具体的考察与分析,指出无论未来中国政府制度以何种形式呈现都需要保持"分权制衡"这一宪政的精义。主张多党政治上,1948 年 1 月 8 日上海《大公报》发表的社评中,明确将"赞成民主的多党竞争制,也即是反对任何一党专政"视为未来民主社会主义所坚持的五大基本信念之一,就为何要实行多党政治提出了"自由主义与英雄崇拜是不相容的""人民与统治者之间是由招标而发生合同关系的"、中国具有幅员辽阔和缺乏现代化基础的国情等三个缘由。③

经济平等化方面:这点是当时中国自由主义者所设计的民主社会主义主要经济特征。同样如上文提到的 1948 年 1 月 8 日上海《大公报》所发表的社评中,"政治自由与经济平等并重的"就被列为未来社会必须坚守的第一条基本信念。④对于未来社会为何要实行经济平等以及如何实现经济平等,自由主义者们进行了多方面的探讨和论述。前者,除了深受拉斯基民主社会主义思想影响以及是对当时两种主要社会形态各自优劣比较鉴别的结果之外,张东荪认为这有助于国内呈现一个"要自由而不要放任,要合作而不要斗争"的良好状态;在国际上也可以让美苏两个大国都放心,从而较为有利地获取这两个大国的大量援助。⑤而周绶章以心物一元论为哲学基础,着力探讨政治的自由与经济的平等之间的关系来分析实行经济平等的重要性。他强调在人类社会的发展中两者如车之两轮、鸟之双翼,缺一不可,没有政治自由则经

① 李华兴编.中国现代思想史资料简编(第五卷)[M].杭州:浙江人民出版社,1983, 354.

② 李华兴编.中国现代思想史资料简编(第五卷)[M].杭州:浙江人民出版社,1983, 359.

③ 钟离蒙,杨凤麟.中国现代哲学史资料汇编(第四集第二册)——"第三条道路"批判[M].辽宁大学,1982, 94.

④ 钟离蒙,杨凤麟.中国现代哲学史资料汇编(第四集第二册)——"第三条道路"批判[M].辽宁大学,1982, 93.

⑤ 李华兴编.中国现代思想史资料简编(第五卷)[M].杭州:浙江人民出版社,1983, 204.

济平等难以持久保持，人类的精神生活也得不到解放；相应地，没有经济平等则政治自由根基不会坚实，人类的物质生活也处于匮乏状态。[①]后者，这一期间的自由主义者总体上希冀凭借公有制的经济制度和其混合所有制的实现形式，再采取计划的调节手段来实现经济平等。如蒋硕杰指出私有制特别是独占资本导致了独占利润的存在和社会分配不均现象的加剧，随之也造成了社会的分裂和阶级斗争的滋长。“无论自由主义者，抑或社会主义者，对独占式的资本主义没有不认为不当的。”[②]吴恩裕则从人类的本性高度论证了实施计划经济的必要性，指出“‘计划的’社会乃是人性的要求”[③]。可见，在思想认识上当时的中国自由主义者已意识到了资本主义发展中所出现的分配公道和平等问题，并适时地由古典自由主义的“交换正义观”转向新自由主义的“分配正义观”[④]；但同样也不容否定，这种经济平等的设想依然是被置于自由主义的框架内，总体而言是一种改良方案，在与资本主义的民主政治相联系中到底能否奏效令人怀疑。

军队国家化方面：这点是西方资产阶级政党政治的一个基本要素，旨在让军队在政治生活中保持中立、远离政治，从而防止军队成为政治集团或政党独裁的工具[⑤]，也在于最终根本上维护资产阶级的整体利益。20 世纪 40 年代中后期中国的自由主义者深受西方“军队国家化”思想的影响，在未来社会的设计上将其视为一个重要的特征；同时还对其所谓的“合理性”进行了阐释和分析。施存统以近代民主政治国家的实践经验作为参考标准，强调任何民主国家都不允许“武装政党”的存在，而对照当时的中国却有两个武装政党，很明显不是一个民主的国家。罗隆基也持有与施相似的观点，他认为在一个国家只要政党可以保持武力，则这个国家就绝对不民主，因为“民主的重要运动是‘票柜’

---

① 李华兴编.中国现代思想史资料简编(第五卷)[M].杭州：浙江人民出版社，1983，515.

② 蒋硕杰.经济制度之选择[J].新路 1 卷 3 期，1948-05-29，8.

③ 吴恩裕，由人性上证明计划社会的必要[J].新路，1 卷 9 期，1948-07-01，12.

④ 许纪霖编.二十世纪中国思想史论—序[M].上海：东方出版中心，2000，10.

⑤ 崔三常.“军队国家化”与“党对军队绝对领导”的历史语境[J].黑龙江史志，2015-11-58.

代替‘疆场’,‘选举’代替‘战争’”[①]。另外,就如何促进“军队国家化”理念转变为一种现实,当时的中国自由主义者也进行了思考。如储安平提出共产党作为一个大党应在这个方面作出较大贡献的思路,即其应当不宜自卫为名、自立军队,而应该要求国民党结束“一党专政”、实行宪政,在此基础上“由种种合法的程序来限制军队为国民党所利用”[②]。在《中国需要第三个大政党》文中,罗隆基具体列出了种种推行军队国家化的方案并对它们的可行性进行了分析,最后得出的结论是“唯一办法,只是第三个有力的大政党产生,以缓冲国共两党的武力对峙与冲突”[③]。

抗战胜利前后,相对于国内其他政治派别(包括自由主义者)纷纷提出构建新国家的设想,中国共产党也通过党的“七大”向全党全国人民公开地表达了自己的主张,即建立新民主主义国家制度来实现人民的真正民主自由。同样相较之前,解放战争期间中国共产党无论是在新民主主义国家制度的实践探索,还是其话语宣传方面都有了极大的改变。如在实践探索上,之前重点是“新民主主义革命”的谋划上,这一期间集中于“新民主主义社会”的设计上,体现为将新民主主义的政治、经济和文化上升到党的基本纲领的高度;在此基础上,密切结合实际又对新民主主义政治和经济纲领进行了具体化;就新民主主义社会怎么样去建设以及如何向社会主义转变进行了初步探索;等等。在话语宣传上,一改过去的被动、克制的态度,进而呈现出了“由内及外,从党内和根据地逐步向全国范围传播”的态势。[④]另外,就自由主义者在当时所提出的民主社会主义的方案,这一期间的中国马克思主义者并未因统一战线和其内容、形式上含有“社会主义”或“新民主主义”的色彩而给予沉默、附和的态度。相反,为了让民众真正地了解新民主主义社会和民主主义社会的差异性,特别是在比较中深刻地认识到新民主主义

---

①③ 钟离蒙,杨凤麟.中国现代哲学史资料汇编(第四集第二册)——“第三条道路”批判[M].辽宁大学,1982,214.

② 李华兴编.中国现代思想史资料简编(第五卷)[M].杭州:浙江人民出版社,1983,24.

④ 蒋积伟.解放战争时期新民主主义话语优势的确立[J].现代哲学,2016-06-36.

社会方案的科学真理性，则旗帜鲜明地批判了自由主义者的民主社会主义方案。

批判了自由主义者的政治民主化设想，这点集中在揭露资产阶级民主政治的实质以及分析了自由主义者对政党政治的错误理解两个方面。前者方面，这一期间中国马克思主义者认为自由主义者所追求的民主政治是资本主义的民主而非社会主义的民主，尽管资本主义的民主在人类民主发展史上尤其在推翻封建专制统治上曾发挥过积极性的作用，但毕竟与之前剥削阶级社会的民主一样都是少数人的民主政治而已，它维护的是资产阶级的统治，体现的资产阶级的利益。如邓初民将民主分成旧型和新型的两种，明确资产阶级民主政治依然是旧型的民主，因为它是"资产所有者一阶级专政的民主"，存在着形式与内容的严重分离现象，即表面上通过各种法律制度给广大人类以民主的权利，但"在实际政治生活中，人民未必都能享有，如在法律上规定出版的自由，而在实际上不给以出版的纸张及印刷等都是明显的佐证。"①后者方面，中国马克思主义者主要认为其犯了名与实、形式与内容相分离的错误，过分地追求名与形式，即一味地以政党数量的多少作为判断是否民主的标准，而没有从政党本身所代表的阶级利益层面去认识民主政治的本质。如郭沫若批自由主义者是惟名论者，"说民主吧，便死含着一个英美政治形态，以为至少非两大政党对立不足以为民主"②；杜微认为"英美社会有阶级，人民利益不同，所以产生多党，多党并存，形式民主，内容不一定民主"③。可见，这一期间广大民众正是通过中国马克思主义者对自由主义者民主政治化的批判，再加上在中国共产党领导下亲自参加政治实践，逐渐充分感受到新民主主义民主政治真正坚持了内容与形式、阶级性与人民性的统一。

批判了自由主义者的经济平等化设想，这点主要体现在中国马克

① 李华兴编.中国现代思想史资料简编(第五卷)[M].杭州:浙江人民出版社，1983，3.

② 李华兴编.中国现代思想史资料简编(第五卷)[M].杭州:浙江人民出版社，1983，316.

③ 钟离蒙，杨凤麟.中国现代哲学史资料汇编(第四集第二册)——"第三条道路"批判[M].辽宁大学，1982，79.

思主义者驳斥了经济平等化(社会主义)和政治民主化(资本主义)并重的思想以及否定了自由主义者为推行经济平等化所设计的具体经济政策两个方面。前者,潘梓年、范承祥、庞欣等坚持以马克思主义有关经济与政治之间的辩证关系为依据,指出将社会主义的经济平等与资本主义的民主政治糅合在一起是完全不可能的。如潘梓年斥责自由主义者的相关思想是“空洞的玄理”或“玄虚”,强调“政治与经济绝对分割不开;经济上有了民主决不会政治上还不民主,政治不民主决不会在经济上民主起来”①。范承祥、庞欣认为硬生生地把经济与政治割裂开来的主张是“受了外国(特别是英美两国)的伪自由主义者的流毒”,指出资本主义的政治经济制度与社会主义的政治经济制度各自成一整体并且有各自的具体内容,两个历史范畴在逻辑上是不能拿来相提并论的。②这些表明当时的中国马克思主义者已经认识经济平等化(社会主义)与政治民主化(资本主义)并重思想内部所存在困境,并且困境又是自由主义本身无法解决的:一是所推行的经济平等化(社会主义)与自由主义者本身所倡导的个人主义、抽象的自由平等原则相违背,这种矛盾如何解决?二是所实行的政治平等(资本主义)更多的是在政治制度上限制权力来维护资本的整体利益,而不是削弱或消灭造成社会现实不平等的经济根源,这就面临着一个政治层面如何为经济平等化提供强有力的政治保障的问题。后者方面,何文俊指出自由主义者所鼓吹的英国工党社会经济政策既不具有社会主义性质也无迂回到社会主义之意,其实质“不过是保持资本主义的方法之一而已”③。范承祥则重点批判了自由主义者所吹捧的“混合经济制度”,强调当作一种社会制度来看的不同经济制度在性质、基本结构上都是有严格界限的,彼此不能混合使用的;另外,这种“混合经济制度”思想一百年前英国经济学家弥

---

① 李华兴编.中国现代思想史资料简编(第五卷)[M].杭州:浙江人民出版社,1983, 412.

② 钟离蒙,杨凤麟.中国现代哲学史资料汇编(第四集第二册)——“第三条道路”批判[M].辽宁大学,1982, 78—79.

③ 钟离蒙,杨凤麟.中国现代哲学史资料汇编(第四集第二册)——“第三条道路”批判[M].辽宁大学,1982, 44.

尔就玄想过，毫无创新。①最后，他给"混合经济制度"一个总体性评价是"意图一新劳苦大众的耳目，缓和一下战后劳苦大众要求公平的情绪而已"②。可见，这意味着当时中国马克思主义者已或多或少地认识到了所有制与所有制实现形式的关系，即所有制实现形式可以多样化，但是并不表示着所有制本身实质的改变；一种所有制不管其采取了多种实现形式，但是这些实现形式最终还是为特定的所有制服务的。

批判了自由主义者的军队国家化设想，重庆谈判期间为了促进国内和平进程也在于团结广大自由主义人士，中国共产党在军队问题上做出了让步，改变了之前针对国民党蒋介石集团的"军队国家化"阴谋而提出的首要进行政治民主化的主张，代之以军队国家化和政治民主化同时进行的思想。在军队国家化问题上党与当时的自由主义者具有方向的一致性，但是这不意味着原则方面完全认同自由主义者的相关思想。从这一期间中国马克思主义者就军队"化"到何种类型的国家中、什么样的军队才能"化"入国家中以及如何实行军队国家化等方面的思考和探索，明显发现两者具有本质上的差异性。在军队"化"到何种类型的国家方面，针对自由主义者一味地强调抽象层面的国家，中国马克思主义者对此持反对意见，批判地指出国家没有抽象层面而只有现实具体的，军队要化到民主的国家中而非专制的国家中。如 1946 年 1 月 23 日《解放日报》发表了《军队国家化的根本原则与根本方案》的社论，明确"军队国家化的根本意义，是要把专制独裁制度的军队化为民主制度的军队，……这就是说，必须先把专制的国家变为民主的国家；必须先把国民党一党专政和个人独裁政治的国家变为一切民主分子在一切政府机构内享有公平而有效的代表权的国家"③。在什么样的军队才能"化"入国家中，突出了只有人民性的军队才能国家化，非人民性军队则首先务必要将其转化为人民性军队。如这一期间胡乔木就指出国家化军队与非国家化军队之间的区别不在于是否是中央的还是

①② 钟离蒙，杨凤麟. 中国现代哲学史资料汇编(第四集第二册)——"第三条道路"批判[M]. 辽宁大学，1982，79.

③ 军队国家化的根本原则与根本方案[N]. 解放日报，1946-01-23.

地方的军队，而更重要的在于是否从属于人民、与人民相结合；认为只有人民性的军队才能解决兵源军费问题，才能内部有正常的民主生活和自觉的纪律，亦才能真正保卫人民的民主权利和促进国内的民主和平。①1946 年在谈判期间，周恩来就军事改革方面所提的三点意见十二项办法中，就明确指出军队国家化方面很重要的一点在于“军队要属于人民”，为此要改革军队制度与教育问题。②而在如何实行军队国家化方面，无论周恩来提到的包括成立委员会以执行整编全国军队的任务等在内的十二项办法，还是 1946 年初与中国国民党达成军队国家化政协决议案中所开列的整军原则、以政治军办法、整编办法，都充分表达了中国共产党在此方面的真心诚意的品质和务实推进的风格。但对于自由主义者所提出共产党作为一个大党要多承担责任这类建议，明确给予反对，强调一定要按照合理和平等以及真民主的原则实施。“如果企图按照这种不合理、不平等(也即违反民主的原则、维持国民党一党的特权)的方法来解决‘军队国家化’的问题，那就不能得到‘军队国家化’。”③

四、实现真正的自由要选择何种路径

就未来中国真正的自由状态方面，20 世纪 40 年代中后期中国自由主义者所提出的民主社会主义设想，实质上就是一种改良方案，因为它是“从现代性文化本身所具有的反思性来看资本主义”④，即企图吸纳社会主义的一些有益的东西来弥补资本主义的不足。如果说民主社会主义方案是如何贯彻和落实改良的一种表现，那么当时的自由主义者还就为什么要选择改良、现实中有无改良的可能进行了论述。

---

① 李华兴编.中国现代思想史资料简编(第五卷)[M].杭州：浙江人民出版社，1983，141.

② 周恩来军事文选(第三卷)[M].北京：人民出版社，1997，43—46.

③ 军队国家化的根本原则与根本方案[N].解放日报，1946-01-23.

④ 张世保.从西化到全球化——20 世纪前 50 年代西化思潮研究[M].北京：东方出版社，2004，254.

就为什么要选择改良作为实现真正自由的路径方面：考察这一期间自由主义者的相关言论，他们对改良的“正名”不可不谓是多维度的，也体现出他们的“用心良苦”。如胡适就是从现代自由主义的应有之义和近代以来民主政治生活方式的主要特征等维度论述了改良的必要性。他认为现代自由主义包含有“和平改革”的意思并且其是自由主义的第四个意义①，强调近代以来民主主义已经抛弃了急进革命的念头，而是将进步更多地归结为“许多具体的改革积聚起来的结果”②。胡的这种论证思路也为当时的其他自由主义者如吴恩裕、李平心等所认可和遵循。吴恩裕明确提出民主政治本质是“同意的政治”，而同意的政治就是“这种治理由人民所同意的治理”③；李平心指出一个国家不能没有政争但是政争应“出发于正大光明的风度”、恪守“原则道义”，否则一味地以暴力等方式只能“暴露自家的阴险猥琐面貌”和“带坏国家纲纪和社会人心”④。相对于胡适等人注重自由民主理论本身逻辑演绎式的思考，张东荪则从中国历史实践的角度探讨了改良的必要性，他强调中国数千年的历史变革中唯有政府是一个压榨民众机关的本质没有改变，这也是中国始终未能进入近世文明的重要原因所在；因此，解决的方法就是树立和实践改良的理念，彻底改变那种认为“天下是打了得来的，所以一切都视如私产”⑤的错误思想。而施存统更多的是从改良带来的积极性结果给予了充分论证，认为只有实施改良建立“真正民主统一的联合政府”，才能给中国现代化创造一个稳定的环境，才能“以广大与强盛并富有独立性的第三者人们作为国共的桥梁”而让国共两党“化干戈为玉帛”，也才能维护世界的和平、“以整个儿的中国作美苏的桥梁”⑥。另外，在对改良进行“正名”的同时这一期间的自由主义者也大肆指责或污蔑“革命”等非改良方式。如胡适认为极权政治的第一个

① 耿云志编.胡适卷[M].北京：中国人民大学出版社，2015，753—754.
② 耿云志编.胡适卷[M].北京：中国人民大学出版社，2015，758.
③ 李华兴编.中国现代思想史资料简编(第五卷)[M].杭州：浙江人民出版社，1983，377.
④ 李华兴编.中国现代思想史资料简编(第五卷)[M].杭州：浙江人民出版社，1983，492.
⑤ 李华兴编.中国现代思想史资料简编(第五卷)[M].杭州：浙江人民出版社，1983，213.
⑥ 李华兴编.中国现代思想史资料简编(第五卷)[M].杭州：浙江人民出版社，1983，319.

特征就是“全体拥护急进而骤变的革命”①，指出这种革命以“划一”为标准严重地束缚了个人的自由发展，并以近代一百六七十年的历史为证强调其必然带来“暴力专制政治”②。

就现实中有无改良的可能性方面：由于一切必然性的出发点皆是一种可能性，即必然性是由现实中的可能性在具备了相关的条件后转化而来的。③一定程度上，可以说没有现实可能性也难以讨论历史必然性的问题。正鉴于此，这一期间的自由主义者十分重视现实中有无改良可能性的分析。如储安平就从国际和国内两个方面探讨了现实中改良存在的可能性问题。国际层面，他认为美国希望中国有一个安定的局面，而为了这个“安定”的结果，美国的对华政策则表现为既要求中国有“一个强有力而足以统一全国的中央政府”④，又希望国家里面出现大量的可以造成社会安定的自由主义力量，从而对中央政府能够实现制衡。国内层面，他强调二三十年来的内战再加上八年抗战导致国力民力已处于极度的凋敝状态，休养生息、和平建设成为民众的首选。⑤储的这种国际状况和国内现实相结合的论证思路在当时施存统那里也获得了充分的体现，只不过具体的论证内容上有差异而已，实质上根本目的是一致的，即现实中存在着改良的大量可能性因素。如在《中间派的政治路线》文中，施存统指出国际的可能性在于美苏矛盾已缓和，全世界人民厌恶战争、渴望和平等；而国内的可能性体现在国内大多数人民特别是中间阶层厌恶内战、国民党军队特别是上级军官对战争前途已失去信心、国民党政府已站在反动和反人民的方面、国内财政已处危机状态，中共的力量还不能根本上推翻国民党的政权等五个方面。⑥另外，为了让人们相信改良可能性的确在现实中存在，施存统、张东荪、周

---

① 耿云志编.胡适卷[M].北京：中国人民大学出版社，2015，757.

② 耿云志编.胡适卷[M].北京：中国人民大学出版社，2015，753.

③ 陈明兆，邓世穆，林之满.必然性与可能性探要[J].学术月刊，1981-01-44.

④ 李华兴编.中国现代思想史资料简编(第五卷)[M].杭州：浙江人民出版社，1983，19.

⑤ 李华兴编.中国现代思想史资料简编(第五卷)[M].杭州：浙江人民出版社，1983，23.

⑥ 钟离蒙，杨凤麟.中国现代哲学史资料汇编(第四集第二册)——“第三条道路”批判[M].辽宁大学，1982，197—198.

鲸文等强调1946年的政协路线本质上就是一条介于国共之间的以和平改良为手段的中间路线。可见,对改良的历史必然性和现实可能性的论证,这为当时的自由主义者强调自身的领导责任寻找到了合理性的依据,因为在他们看来只有自由主义者发挥主观能动性才能促使现实可能性向历史必然性的转化。至此三者的相互联系也使自由主义者的建立新国家的方案以"自圆其说"形式呈现出来了,从而也更带有浓厚的欺骗性和危险性。

在未来中国真正的自由状态是什么方面,中国马克思主义者提出并积极地推进新民主主义社会方案的实践,除了是对自由主义者所持民主社会主义设想的一种直接驳斥之外,实质上也是间接地回击了当时自由主义者所主张的改良路径。因为新民主主义社会方案更多的是"把现代性文化放在一个被反思的位置上"①,并且突出了中国现代性的确立需通过革命以建立现代民族国家为前提。另外,这一期间中国马克思主义者对自由主义者所主张的改良路径还进行了针锋相对式地批判,在此基础上大力地辩护了"革命"的正当合理性。

批判了"改良"的历史必然性和现实可能性方面:如针对有的自由主义者将和平改良视为真正的政治斗争的主要特征,胡乔木给予了否定,指出衡量是否是真正的政治斗争的主要标准在于是否有广大民众的参加②;强调斗争方式是否改良,关键还要看反民主的力量是否经常地以一个武装力量的姿态长时期的出现③;认为即使西方资产阶级所谓的争自由民主的斗争也不是一味地以和平改良的形式进行的,在西方民主政治的"常轨"未形成之前同样也经历过武装斗争④。针对一些自由主义者通过指责中国历史中的农民革命实践来间接佐证改良必要性的论调,当时的中国马克思主义者也进行了回应。如对于《大公报》

---

① 张世保.从西化到全球化——20世纪前50年代西化思潮研究[M].北京:东方出版社,2004,254.

②④ 李华兴编.中国现代思想史资料简编(第五卷)[M].杭州:浙江人民出版社,1983,132.

③ 李华兴编.中国现代思想史资料简编(第五卷)[M].杭州:浙江人民出版社,1983,130.

编辑王芸生否定中国历史上农民革命的积极性作用而将其视为是争“正统”“道统”而已的错误思想，郭沫若一针见血地指出这种思想实质在于“打倒‘正统’、‘道统’是糖衣，取消革命是心核。取消革命也是维持‘法统’，也就是‘只许变，不许乱’的《大公报》的一贯的传统”①。对于自由主义者散布的中国人民在历史上破坏了和平改良的政治斗争规则从而造成社会纷乱的错误言论，胡乔木据理力争，强调“不是因为人民不懂政治斗争的规则，而是中国历代的专制统治者根本不让中国人民有从事正规的政治斗争的可能”②。而对于自由主义者以现实中存在中间路线来论证改良的可能性问题，中国马克思主义者也进行了回应，明确现实政治中并不存在所谓的“中间路线”，只存在民主与反民主、革命与反革命的两种选择。如陆一远指出历史上任何政治路线只有一时一地是非善恶之分而并无所谓左右之别、中间路线所依据的中间分子即小资产阶级在经济上无确定的基础和社会关系上无独特的性格等，这些决定了中间路线不论在实际上或理论上都无立足和存在的根据，内容上是空洞的、机会主义的。③乔冠华联系 1946—1948 年中国具体的政治斗争形势就中间路线是否存在进行了考察分析，指出 1946 年中间路线只是一种错误的幻想并到 1947 年已经破产，1948 年则“简直变成了一种反动阴谋的护符，一种加括弧的中间路线”④。另外，针对施存统将政协路线等同于中间路线以证明中间路线存在的思想，苏平批评其错误在于把政治路线和实现政治路线的手段相混淆，明确当时中国只存在“走政协的民主路线和反政协的反动路线”这两条政治路线而并无第三条的中间政治路线，中国共产党始终坚持和实践的是政协的民主路线，只是在实现路线的方式上由原来的和平方式被迫向武装对抗的方式转化而已。⑤

---

① 李华兴编.中国现代思想史资料简编(第五卷)[M].杭州:浙江人民出版社,1983，341.

② 李华兴编.中国现代思想史资料简编(第五卷)[M].杭州:浙江人民出版社,1983，131.

③ 钟离蒙，杨凤麟.中国现代哲学史资料汇编(第四集第二册)——“第三条道路”批判[M].辽宁大学，1982，45—49.

④ 李华兴编.中国现代思想史资料简编(第五卷)[M].杭州:浙江人民出版社,1983，682.

⑤ 钟离蒙，杨凤麟.中国现代哲学史资料汇编(第四集第二册)——“第三条道路”批判[M].辽宁大学，1982，52—53.

辩护了“革命”的正当合理性方面：这一期间的中国马克思主义者在批判自由主义者所持以和平改良为主要特征的中间道路的同时，强调真正自由的实现务必要坚持和实践以彻底变革为主要特征的新民主主义革命总路线。为了让广大人民清楚地认识和把握这条革命路线，重点对为何要采取革命的方式、革命的对象及其目的是什么进行了充分的论证。就为何要采取革命的方式，潘梓年认为当前中国民众深受封建专制和独占资本的双重压迫，要让广大民众获得真正的自由民主就必须解除这些枷锁。①庞欣强调革命固然对社会生产力、一般文化水准及人口质量性能方面有危害性，但是评价革命时一定要从革命的原因和革命的结果来看，即原因方面是否是消除一定社会制度下严重的社会阶级矛盾的迫不得已的手段，结果方面要看是带来了解放社会生产力还是束缚了社会生产力。②在 1949 年革命即将胜利的前夕，针对一些自由主义者深受艾奇逊唯心史观的影响(即将中国革命发生的原因归结为“人口太多了，饭少了，发生革命”“西方的新观念输入了中国，引起了革命”)，毛泽东明确指出中国革命“完全是帝国主义、封建主义、官僚资本主义和国民党反动政府的残酷无情的压迫和剥削的结果”③。就革命的对象及其目的是什么方面，当时的中国马克思主义者自觉地以新民主主义革命理论为指导，强调革命就是要革帝国主义、封建主义和官僚买办资本主义的“命”，就是要建立一个促进和实现民众真正自由的新民主主义共和国。胡绳在《百年来的中国革命》文中，同样认为“解决土地问题”“反对帝国主义的侵略”这两点构成了中国近代的民主革命“基本内容，而为其基本目标”④，指出前者就是要推翻专制主义统治的根而后者在于获得民族的真正独立。“这两点不实现，中国政治和经济上的民主化是断不可能成功的。”⑤

---

① 李华兴编.中国现代思想史资料简编(第五卷)[M].杭州：浙江人民出版社，1983，418.

② 钟离蒙，杨凤麟.中国现代哲学史资料汇编(第四集第二册)——“第三条道路”批判[M].辽宁大学，1982，77.

③ 毛泽东选集(第四卷)[M].北京：人民出版社，1991，1511.

④⑤ 钟离蒙，杨凤麟.中国现代哲学史资料汇编(第四集第二册)——“第三条道路”批判[M].辽宁大学，1982，21.

20世纪40年代中后期中国自由主义者的建国方案最终被历史淘汰，原因是多方面的，除了理论自身与社会现实有巨大的异质之外，不可否认当时中国马克思主义者对其的理论批判也是一个重要因素。正是这些理性而有力道的批判，促使了人们对自由主义有了较为清晰而全面的了解，相应地最终作出了"抛弃"的回答。回顾这一期间中国马克思主义者对自由主义的理论批判实践，可以发现里面蕴含着许多对当前如何进行社会意识建设以及怎么样更好地实践中国特色社会主义道路的启示性价值。

第一，必须高扬社会主义自由民主的旗帜不动摇。自由民主并不是资本主义的"专利"，而是人类共同的追求。尽管西方意识形态往往以自由民主为标榜，但是自由民主在马克思主义的理论和实践中也从不缺位，马克思主义的自由民主思想及其对"自由人的联合体"的实践追求不仅仅是对自由主义的批判式继承，更是对其的科学性超越。"马克思也是从资本主义谈起，在对自由主义的批判和继承的基础上展开了论述，这是因为如果不对世界变化本身必然性的存在和结果进行彻底的解析，理论是没有存在的价值。"①考察20世纪40年代中后期中国马克思主义者对自由主义的理论批判，就会发现正因高举"自由""民主"的旗帜，并在马克思主义指导下将其与广大人民群众利益的维护和实现密切结合，从而占领了理论批判的制高点以及拥有了深厚的民众基础。因此，在当前坚持和巩固马克思主义为主导乃至主流地位的社会意识形态格局中，一定要将自由民主视为社会主义重要的价值取向，并以此为武器来对西方自由主义所构成的挑战进行积极的回应；同时在中国特色社会主义建设实践中务必坚持阶级性和人民性、内容和形式相统一的原则下，对自由民主的内涵和实现路径进行开拓式创新。

第二，必须立足具体问题情境以推进理论创新的态度不改变。不

① 刘乃源.近代自由主义发展与马克思的批判及超越[M].北京：光明日报出版社，2014，151.

同于自由主义者对自由平等更多的持抽象、形式层面的思考，20世纪40年代中后期的中国马克思主义者则坚持抽象与具体、内容与形式的相统一，以唯物史观为指导系统地剖析了当时半殖民地半封建社会下人民大众自由民主为何难以实现的原因，并在此基础上提出了符合实际的科学化解决方案。这些思考的本身就是马克思主义自由民主理论在中国的运用和发展；同时这些思考成果所具有的“接地气”特质也更容易为民众所接受认可。这就告诉我们（中国化）马克思主义能否真正成为主导乃至主流性意识形态，根本还取决于其能否发现并破解中国不同时期、阶段的具体问题情境；同时自身能否实现创新发展，在于是否始终坚持以中国不同时期、阶段的具体问题情境破解实践为生长点。

第三，必须实行理论批判中差别性和辩证性相统一的方针不丢弃。20世纪40年代中后期中国的社会意识形式是多样复杂的，对中国化马克思主义构成挑战的除了自由主义之外还有国民党的“伪三民主义”、文化保守主义等。但相对于回击国民党反动派的理论采取的是彻底批判的方针，那么对当时自由主义所构成的挑战则总体更多的是引导、教育式的批判；同样，对自由主义涉及政治层面的思想成分采取的是“反击”，那么对文化层面的自由主义则是开展了“对话”；另外，实行了对自由主义的理论批判与对大多数自由主义者的团结教育两者的密切结合。“中共对这些典型人物的重炮轰击，并不等于中共对他们个人必欲除之而后快，只要有一线可能，中共团结、争取的方针都会积极实施。这是中共与自由主义力量互动过程中的一个突出现象。不管是对待王芸生还是对待胡适，都很能说明这个问题。”[①]在坚持“差别性”的同时也坚持了“辩证法”，即积极地“扬弃”自由主义，吸纳了其有关如何处理个人自由与大众民主、思想文化自由与政治自由、自由与民主和平等等之间关系方面的合理性成分。上述理论批判中坚持差别性和辩证

① 曹建坤.解放战争时期中共与自由主义力量的关系述论[J].中共党史研究，2010-03-106.

性相统一的方针，对当下社会意识形态的构建依然具有重要的借鉴价值。如可以根据其他社会意识对中国化马克思主义所构成的挑战类型（如维护型、弱挑战型、强挑战型），实施具体而有区别的策略；对自由民主的内涵和路径进行思考时，可以采取社会哲学范式（即以马克思主义意识形态理论为基础）和人学范式（马克思主义人学为基础）的相融合；等等。

第七章
新中国成立初期社会意识形态建设问题上的论争与批判

1949—1956年，为了促进马克思主义及其中国化的最新理论成果由主导意识形态向主流意识形态的转化，中国共产党着力通过马克思主义中国化的实践，在观念化意识形态、科学化意识形态、制度化意识形态和社会化意识形态等层面进行了新构建。具体来说，就是创新和调适马克思主义意识形态的基本理论与范畴，构建了新的观念化意识形态；确立和实现马克思主义的话语理性权威与由其为指导的基本研究范式，构建了新的科学化意识形态；促进马克思主义中国化的理论成果转化为引领、推动新社会变革的路线方针政策和法律法规，构建了新的制度化意识形态；用马克思主义理论及其中国化最新成果规导民众社会行为的心理动因和行为准则，构建了新的社会化意识形态。这四个层面的新构建，从总体上达到了消解旧主流意识形态和塑造新主流意识形态这一"除旧布新"的目的。

中国共产党通过马克思主义中国化的实践实现了主流意识形态的"除旧布新"；但在对旧意识形态的改造中呈现出一些特质，如对不同旧意识形态的受众者采取了过分差异性的政治态度；在对旧意识形态的改造中存在"轻封重资"的倾向；对不同旧意识形态某些内在成分产生原因未能科学具体地理清；在"破旧立新"的过程中潜伏着简单道德化倾向而缺乏唯物主义解释。这些特质，从思想认识根源上看一定程度上又是各种因素共同作用的结果。同样，新中国成立初期对旧意识形态的改造实践也为我们提供了重要的现实借鉴价值，如必须坚持差别性和辩证性相统一的方针，来对待不同的社会意识；坚持全面性和重点性相统一的策略，来消除不同社会意识的影响；坚持和发挥三种真理性(即知识真理性、实践真理性和价值真理性)的功能，来巩固中国化马克思主义在社会意识格局中的主导性地位。

为了促进中国化马克思成为社会的主流性意识形态，也在于配合社会主义革命，新中国成立初期中国马克思主义者对包括自由主义在内的旧意识进行了彻底批判。以胡适思想批判为例，中国马克思主义者批判了自由主义的哲学观、政治观、历史观和文化观等多方面的内容。批判在承袭过去一些传统时彰显出了新的特征，诸如积极主动性的批判态度；全面系统化的批判内容；完全否定式的批判形式；浓厚政治性的批判底色等。这些特征既体现出新中国成立初批判自由主义实践积极的历史性作用，也折射出一些消极性的影响。

一、新中国成立初期主流意识形态重构状况

1949年伴随着新中国的成立，无产阶级和劳动人民成为国家的主人；相应地指导革命的马克思主义也自然成为国家的主导意识形态。“占统治地位的思想……这就是那些使某一个阶级成为统治阶级的关系在观念上的表现，因而这也就是这个阶级的统治的思想。”[①]但主导意识形态也不是天然就会成为主流意识形态，“主导”非“主流”也会发生，特别是在社会转型期意识形态的多元化更是滋生这一现象的土壤。而新中国成立初期就处于这种状况，当时多数民众依然受封建传统观念、资产阶级思想和帝国主义文化等旧意识的影响。正如周恩来所指出的，“现在，工人阶级有工人阶级的想法，城市小资产阶级有城市小资产阶级的想法，资产阶级有资产阶级的想法，只要各个阶级存在，他们不同立场就会存在”[②]。这些所谓的边缘意识形态并不甘心退出历史

① 马克思恩格斯选集(第1卷)[M].北京：人民出版社，1995，98.

② 中共中央文献研究室编.建国以来重要文献选编(第2册)[C].北京：中央文献出版社，1992，445.

舞台，它们以一种非官方的意识与主导意识形态争夺主流话语权，妄图造成社会的离散和失控。因此，在面临国内外对新政权合法性质疑的压力下，新生政权要夯实合法性基础就必须开发与维护合法性资源。而将自己的意识形态通过政治社会化过程跃升为主流意识形态不失为一项明智的选择。“用政治结构和机构的合法性，我们可以标明它们对一种社会形态中占统治地位的意识形态的关系：合法性里面特别包括占有统治地位的意识形态的政治影响。在分析政治权力的合法性时，不能低估主要依靠统治阶级意识形态的那些合法性的存在。”①

在 1949—1956 年这段时间，党所继续开展的马克思主义中国化实践，一定程度上就扮演着这种政治社会化的角色。因为继续推进马克思主义中国化，就是通过成功指导新社会实践、重塑新主体和激发马克思主义的新活力，以促使马克思主义不仅成为维护新政权、建设新社会的主导意识形态，也将真正成为社会的主流意识形态。以 1953 年为界，1949—1956 年这一时期分为新民主主义社会建设和社会主义改造两个具体阶段。因此，党对社会主流意识形态的重构也经历了确立新民主主义政治文化和社会主义政治文化这两个主题。尽管主题不同，但共同点都是“除旧布新”，即通过马克思主义中国化的实践，希冀构建新的观念化意识形态、新的科学化意识形态、新的制度化意识形态和新的社会化意识形态，以促进马克思主义及其中国化的最新理论成果由主导意识形态向主流意识形态的转化。

(一) 密切联系新民主主义社会建设和社会主义改造的实践，创新和调适马克思主义意识形态的基本理论与范畴，以构建新的观念化意识形态

主导性意识形态要跃升为主流意识形态，除了依靠自身已是国家层面的思想上层建筑这一资源优势外，还必须要有一个科学价值优势。这种科学价值性，不仅仅表现在它能满足形式逻辑的要求，能成为一个

---

① [希]尼科斯·波朗查斯.政治权力和社会阶级[M].叶林等译.北京：中国社会科学出版社，1982，242.

自圆其说的思想体系；更重要地在于它还能在认识和改造富于变化的世界中实现自身的发展。“一个精致的而非粗陋的意识形态应兼具稳定性与灵活性两种特征，表现在学说上则具有解释的雄辩性和论证的自洽性两种品格。”①从意识形态政治社会化视域来看，它体现了政治社会化主要内容的真理性成分，影响着政治社会化的前提和基本方向。在新中国成立初期多种意识形态并存的格局下，马克思主义及其中国化的理论成果要充分体现自己的科学价值以获取民众认可，同样仅仅依靠过去的实践来进行佐证，或者从思维逻辑、理论体系等方面进行自证是远远不够的。密切联系新实践创新和调适马克思主义意识形态的基本理论与范畴，构建新的观念化意识形态，就成为首要选择。

密切联系中国新实践创新和调适马克思主义意识形态，实质上就是马克思主义中国化的实践。因为坚持与发展马克思主义两者的有机统一，是马克思主义中国化的内在品质和要求。1949—1956 年这段时间，为了对新民主主义政治文化和社会主义政治文化这两个具体的意识进行理性的论证和辩护，中国共产党人特别是党的政治领袖和一些职业思想家，将新民主主义社会建设和社会主义改造实践中的一些有益做法和实践充分展开而呈现出的特点进行了理性加工与升华，形成了系列新的观念化意识形态。具体体现为：

第一，继承发展了原有马克思主义中国化成果即新民主主义理论，构建了完整的新民主主义社会理论。所谓的“完整性”，最明显就是党的相关认识更加系统和富有鲜明的实践性。党不再仅仅局限于从理论逻辑上推演新民主主义社会的选择依据以及新民主主义社会的前途方向，而是立足于实践理性思考新民主主义社会的构成、新民主主义社会的建设、新民主主义社会的长期性等问题。可以说，正是伴随着新中国成立初期新民主主义社会建设实践的深入，全党才逐渐清醒认识到要用大约 10—15 年的时间，发展新民主主义经济，进行国家工业化建设，扩大社会主义经济成分，使有益于国计民生的私人资本主义经济有一

① 陈明明.危机与调适性变革：反思主流意识形态[J].经济社会体制比较，2010-06-105.

个发展；在国家工业化实现后，通过国有化、集体化等途径稳步地进入到社会主义社会。

第二，创新了本源马克思主义理论，形成了具有中国特点的社会主义改造理论和社会主义建设理论。在恢复国民经济的任务即将结束时，以毛泽东为代表的中国共产党人根据国内外形势的发展变化和实际工作中的经验累积，提出了进行社会主义转变的思想，并且这种思想在三年的社会主义改造的实践中逐渐形成了理论体系。而社会主义改造理论实质上是对本源马克思主义理论的创新。因为它创造性地将马克思关于社会主义革命原理运用于中国这样一个经济文化落后的国家，在实践中呈现出中国特点，如以和平的方法和渐进的方式推进社会主义改造、把对所有制的改造和对人的改造结合起来同时进行、社会主义改造与社会主义工业化同时并举、社会主义改造在指导思想上始终围绕发展生产力这个中心等。同样在社会主义制度即将确立时，就如何进行社会主义建设，在借鉴苏联模式经验教训的基础上，立足于中国的实际，也进行了有益的探索，在经济、政治、文化和党的建设等层面形成了一系列富有特色的理论成果。

另外，伴随着新民主主义社会理论、社会主义改造和建设理论的提出，相应构成理论体系的逻辑单元——范畴，也较以前有了很大的调适，最明显的变化就是主题范畴由原来的“革命”转化为“改造”“建设”，由此一系列基本范畴如发展动力、生产力、生产关系、经济基础、上层建筑、国家等在这一时期也得到了激活。

总之，上述这些理论成果，无论是发展还是创新，乃至范畴的调适，从意识形态政治社会化视域来看，就是要重构社会共同体的思想与精神基础即主流意识形态，以更好地指导新的社会实践和夯实党的执政合法性基础。如新民主主义社会理论的提出及其相应范畴的调适，就是要确立新民主主义政治文化这一主流意识形态，克服到底什么时候搞社会主义的思想困惑，统一民众思想，给民众一幅建设新民主主义中国的清晰蓝图；而社会主义改造理论和社会主义建设思想的提出及其相应范畴的调适，就是要确立社会主义政治文化这一主流意识形态，抵制小农观念和资产阶级思想这些边缘意识的影响，使社会主义的建立和完善成为民众为之奋斗的共同目标。

（二）消解和清除旧意识形态在思想文化领域的影响，确立和实现马克思主义的话语理性权威与由其为指导的基本性研究范式，以构建新的科学化意识形态

在阶级社会，为争夺主流意识形态地位，主导意识形态的政治社会化总是与边缘意识形态的政治社会化进行着相互的渗透与消解。这些边缘的意识形态，既包括在这一社会中因多种因素而滋生的新意识，也包括前社会遗存的旧意识。相较刚滋生的新意识，旧意识的影响可谓“根深蒂固”。从受众面来分析，这些旧意识既存在于普通民众的头脑中，也植根于一部分思想文化领域的传播者——知识分子群体的心灵深处。而对后者的消解则甚是费力。因为阻碍消解后者的因素具有复杂多样性，一方面存在于思想文化领域的旧意识与哲学社会科学纠结在一起，往往呈现出所谓的“科学性”“超前性”，以致具有很大的迷惑性；另外，这一领域的主体——知识分子群体所具有的个性化特征与批判性思维，也造成了对主导意识形态有着一种天然的“排拒性”。新中国成立初期，主导意识形态即马克思主义及其中国化理论成果的政治社会化，就遇到了这一绕不开的境地与难题。而这一境地与难题的破解与否，关乎其主流意识形态地位的能否确立。因为它是衡量、判断主导意识形态先进与否的重要标准，“当某种意识形态能够包容并引导哲学社会科学的时候，这种意识形态就具有作为社会核心价值的先进性”①；同样它也影响、决定着发挥知识分子这一独特的政治社会化媒介作用的程度，以及整合边缘意识形态、促进社会政治文化趋同主导意识形态的效度。

1949—1956年，党对存在于思想文化领域的旧意识并没有采取回避和妥协的态度，而是借重马克思主义中国化，积极地进行渗透与消解，并在此基础上重构新的科学化意识形态。这种科学化的意识形态，

---

① 安维复.哲学社会科学与意识形态关系的合理化重建[J].学术月刊，2010-09-14.

既体现在奠定、实现马克思主义对各理论学科的总体指导性地位，以及自觉树立运用马克思主义思想观点开展具体学科层面的阐释、探究这一基本性范式方面，也表现为从学理层面运用马克思主义基本原理思考中国社会现实问题，确立马克思主义的话语理性权威上。

第一，从增强马克思主义中国化的动力层面，开展思想文化领域的批判运动，清除旧意识影响，以确立和巩固马克思主义在思想文化领域的统治地位。从1951年起党先后开展了对电影《武训传》中唯心史观的批判、对俞平伯《红楼梦研究》的批判、对胡适资产阶级唯心主义的批判和对梁漱溟新儒学的批判以及对胡风文艺思想的批判等。尽管这些批判运动存在着将学术问题简单化、政治化的倾向，但思想文化领域批判运动的开展，表明了新政权的执掌者——中国共产党人彻底的革命性，不仅要同传统的所有制关系实行最彻底的决裂，还要在自己的发展进程中同传统的观念实行最彻底的决裂。另外，由于这些批判运动的开展始终贯彻着在思想文化领域“什么是马克思主义、什么是反马克思主义、如何应用马克思主义”这一主题教育，极大地清除了旧的意识对人们尤其是对知识分子的影响，为树立马克思主义及其中国化理论成果在全社会的主流意识形态地位奠定了坚实的基础；也为新实践特别是社会主义革命和社会主义工业化的实践起到了思想前导和智力支持的作用。“没有这个思想战线上的胜利，社会主义建设和社会主义改造的任务就将受到严重阻碍。”①

第二，从壮大马克思主义队伍和中国化的主体层面，开展知识分子改造旧政治文化、习得新政治文化的教育活动。“对知识分子，要办各种训练班，办军政大学、革命大学，要使用他们，同时对他们进行教育和改造。要让他们学社会发展史、历史唯物主义等几门课程。”②总体来说，由于党坚持了团结而不是打倒的立场、采取了温和而不是粗暴的态度以及实施了自愿而不是强迫的方法，广大知识分子踊跃投身到思想

① 中共中央文献研究室编.建国以来重要文献选编(第6册)[C].北京：中央文献出版社，1993，63.

② 毛泽东著作选读(下册)[M].北京：人民出版社，1986，696.

改造活动中，并分别在1951年马寅初向中央领导提出学习的请求之后的一年时间以及1955年社会主义改造运动掀起热潮之后达到了两次高潮。[①]经过“系统学习——批评与自我批评——提高认识、转变思想”等环节，广大知识分子基本上实现了价值观和思想意识的新旧替代，即用马克思主义这一新政治文化替代资产阶级思想等旧政治文化。这种新旧替代，增强了知识分子对新中国的政治认同感，也促使他们更能自觉地投身到为人民服务的实践以及充分发挥知识分子这一独特的政治社会化媒介作用，推进着马克思主义主导意识形态政治社会化进程。

第三，从激发和夯实马克思主义中国化的创新活力与科学基础层面，开展了运用马克思主义基本原理思考中国社会现实问题的学术讨论活动。意识形态与哲学社会科学关系错综复杂，从一定意义上说，某种意识形态的确立离不开学理探究相关哲学社会科学领域的所获理论成果的支撑，马克思主义意识形态也不例外。因为“哲学社会科学是意识形态的思想库，意识形态是哲学社会科学的思想合力”[②]。马克思主义中国化实践的扎实推进及其最新成果的产生，就与一批专门的马克思主义理论工作者对中国化所遇到的现实世界环境的心理反应及其基础上的理性加工与升华密不可分，而有关的学术讨论就是其中重要的表现形式之一。这段时间，马克思主义中国化的学术讨论活动非常活跃，充分彰显了马克思主义的创新力，也增强了马克思主义的科学性。如1949—1950年开展的关于社会发展动力问题的讨论、1952年和1956—1957年开展的关于过渡时期民族资产阶级问题的讨论、1950—1952年和1956—1957年开展的关于生产力与生产关系问题的讨论、1951年开展的对半无产阶级也是领导阶级观点的讨论、1953年开启的关于过渡时期经济基础与上层建筑关系问题的讨论等。从政治社会化视域来看，这些学术讨论活动所取得的成果，既是回应当时思想理论界

① 肖东波.中国共产党理论建设史1949—1956[M].北京：中共党史出版社，2006：359—361.

② 安维复.哲学社会科学与意识形态关系的合理化重建[J].学术月刊，2010-09-14.

对日益变化的中国现实世界所引发的思想困惑，达到引领政治社会化前进方向的目的；也反映了边缘意识形态正被不断内化的马克思主义这一主导意识形态理性权威所消解和整合。

（三）促进马克思主义中国化的理论成果转化为引领、推动新社会变革的路线方针政策和法律法规，以构建新的制度化意识形态

在阶级社会，国家政策和法律与主导意识形态总是密切相联。如国家政策与主导意识形态之间关系方面，尽管国家政策也是主导意识形态的重要组成部分，但作为主导意识形态内部政策、主张层级则要服务、支撑着其内部的价值理想层级，在制定执行方面也必须以主导意识形态作为理论和价值指导；而法律与主导意识形态关系方面，两者虽属于不同类型的上层建筑，但作为法律的意识、观念却是主导意识形态的重要内容，另外法律制度也必须要贯彻意识形态的要求与价值，是意识形态的规范外化。“作为社会主义主流意识形态的思想、观念，只有与制度相统一，与法律相吻合，才能转化为广大民众的信念，才能保证无产阶级政党统治的合法性。”[1]可见，在新中国成立初期，马克思主义这一主导意识形态要上升为主流意识形态地位，在其政治社会化过程中必须与国家政策和法律法规发生联系。惟有将主导意识形态的价值理念化为与社会民众的利益、需求攸关的路线方针政策，才能更好地利用这个中介实现社会全方位包括思想文化方面的整合；也只有借助法律制度等“硬国家机器”，才能对社会的经济基础和对人的意识、心理结构产生作用，从而支撑其转化为主流意识形态。

而主导意识形态的政治社会化过程中，其与政策、法律发生的联系，从一定意义上说离不开马克思主义中国化的实践。因为路线方针政策和法律法规的制定，离不开中国化马克思主义最新理论成果提供的思想与价值指导，它们本身制定的过程实质上就是马克思主义中国化具体层面的实践；同样它的贯彻执行，也离不开运用马克思主义的宣传观对民众进行相关的思想政治教育工作，以实现思想动员和提供“内

① 张述周.论社会主义主流意识形态的支撑力量[J].当代世界与社会主义，2010-06-166.

化”助推剂。在这一期间，党所进行的相关马克思主义中国化的实践，重点就是要促进马克思主义中国化的理论成果转化为引领、推动新社会变革的路线方针政策和法律法规，以构建新的制度化意识形态，从而为纳入政治社会化的民众提供一个更易认知主导意识形态的信仰体系，以及便于操作的运转模式。具体来说，在新民主主义社会建设时期，党首先将新民主主义政治文化的价值理想，通过1949年新政治协商会议的《共同纲领》这一具有临时宪法性质的文件给予了确认，并从经济、政治、军事以及文化教育方面等制定了详实的政策规定，以使民众对如何建设新民主主义社会以实现这一价值理想有更清晰的理解与把握。在社会主义改造时期，党首先将社会主义革命的价值主张上升为党的过渡时期总路线即“一化三改造”，然后在1954年以《中华人民共和国宪法》这一国家根本大法的形式给予确认，使其成为国家的意志。而对如何实现对农业、手工业、资本主义工商业的社会主义改造，则根据由低到高的改造形式采取不同的具体步骤和方法。在1956年社会主义改造即将胜利时，党将社会主义政治文化的价值理想通过党的“八大”政治报告的形式向民众进行了公布，并就社会主义建设时期经济、政治、文化、外交、党的建设等方面的方针政策作了细致化规定。“我们党现时的任务，就是要依靠已经获得解放和已经组织起来的几亿劳动人民，团结国内外一切可能团结的力量，充分利用一切对我们有利的条件，尽可能迅速地把我国建设成为一个伟大的社会主义国家。”①另外，在对现实社会展开马克思主义判断并由此形成路线方针政策和法律法规的政治化过程中，党还对路线、方针、政策的内容及其实现的方式方法、意义等作了广泛的宣传。而这点从当时的宣传文件和《人民日报》的元旦社论就可以获得佐证。如在1951年的《中共中央关于健全各级宣传机构和加强党的宣传教育工作的指示》中，明确指出宣传教育工作的重要任务就是宣传马克思列宁主义与毛泽东思想和党在目前

① 中共中央文献研究室编.建国以来重要文献选编(第9册)[C].北京：中央文献出版社，1994，40.

的各项主张；1952—1955年元旦之日《人民日报》分别发表了《以高度的信心和坚强的意志迎接一九五二年》《迎接一九五三年的伟大任务》《一切为了实现国家的总路线》《迎接一九五五年的任务》等社论。

总之，基于主导意识形态价值观而形成的路线方针政策和法律法规等新制度化意识形态，为政治社会化过程中主导意识形态向主流意识形态的转变构建了一个内在的价值导控体制。

（四）开展马克思主义理论及其中国化最新成果的大众化学习教育活动，规导民众社会行为的心理动因和行为准则，以构建新的社会化意识形态

意识形态的政治社会化，表面上看是意识形态这一主体迫切要实现自己地位的提升，实质上是对意识形态接受客体的争夺。“政治家的艺术（以及共产党人对自己任务的正确了解）就在于正确判断在什么条件下、在什么时机无产阶级先锋队可以成功地夺取政权，……以及在夺取政权以后，能通过教育、训练和争取愈来愈多的劳动群众来支持、巩固和扩大自己的统治。”[①]同样主导意识形态的政治社会化，包括新中国成立后马克思主义意识形态要在政治社会化中重构社会主流意识形态也不例外。要真正实现由主导向主流的转变，以保持自身所维护的政治体系的顺利运行和持久延续即总体政治社会化，则首先要以实现个体的政治社会化为前提和基础，使个体能够接受这一意识形态的教化并将其内化为个体的动机、认知、态度和文化性格。

新中国成立之初社会处于新旧转型期，社会意识方面呈现出了思想多元和价值多样的特征，尤其普通民众受封建传统文化等旧意识、旧观念的影响根深蒂固。而中国共产党人所掌握的一套定型化的革命式的宣传方式、方法，又日益呈现出不适应新形势的弊端。“党内现有的理论教育状况是完全不能令人满意的。……党的报纸刊物很少刊载理论文字，不善于运用理论来解释和指导人民群众的日常生活，缺少对各

---

① 列宁选集（第4卷）[M].北京：人民出版社，1995，161.

种非马克思主义的理论的批评,因而使党的宣传限制在狭隘的范围内和低下的水平上。”①这些因素,严重影响和阻碍着在马克思主义主导意识形态基础上构建新的社会化意识形态的尝试与努力。如何破解?迫切需要党进行一个科学的解答与回应。1949—1956年这段时间,党在坚持马克思主义的“灌输”理论的前提下,着重从马克思主义意识形态与民众两者之间寻找切入点,从切入点来激活民众认可、接受主导意识形态的内动力,而切入点就是民众的利益需要。具体来说,就是通过联系民众的利益需求开展主导意识形态的大众化学习教育活动,使民众认识到主导意识形态不仅能为其在物质利益、知识文化和政治参与等方面提供科学合理的价值诉求,而且在意识形态的实践化中能真正实现上述诉求的满足,然后经过“认同性”这个桥梁,最终达到对主导意识形态的“信仰性”即成为其社会行为恒久的心理动因和行为准则。如联系民众的物质利益开展马克思主义大众化的学习教育活动。最为明显的就是这段时间对广大农民开展五次主题教育,每次教育活动都坚持把农民利益的维护与实现视为出发点和归宿。第一次配合土地改革运动开展“谁养活谁”教育;第二次配合农业互助合作运动而开展所谓“三个弄清楚、三个澄清”的社会主义原理教育,其中之一就是弄清楚个人利益与国家利益的关系,澄清不问政治倾向的“发家致富”观念的片面性;第三次配合农业社会主义改造运动而开展总路线教育,强调国家工业化的实现对农民长期利益的意义;第四、五次开展集体化和合作化教育,坚持“典型示范”的原则,让农民感受到实行集体化和合作化是对自己利益的维护、充实而后积极自愿的加入进来。②联系民众对文化知识的渴求开展马克思主义大众化的学习教育活动,如这段时间根据民众文化水平普遍不高但又希望用先进的理论知识武装头脑这一特点,除了出版了马列著作和毛泽东著作外,还建立了广播收音网,发行了许

① 中共中央文献研究室编.建国以来重要文献选编(第2册)[C].北京:中央文献出版社,1992,122.

② 肖东波.中国共产党理论建设史1949—1956[M].北京:中共党史出版社,2006,310—313.

多具有理论联系实际特色的报刊，以及出版了诸如艾思奇《辩证唯物主义讲课提纲》《历史唯物论、社会发展史》和杨献珍《什么是唯物主义》等阐释马克思主义的通俗性读本。另外，还在各级学校普遍设置了政治理论的课程体系，对在校学生开展系统的主导意识形态教育。联系群众的政治参与诉求开展马克思主义大众化的学习教育活动。如在新中国成立初期的“三大运动”即土地改革、镇压反革命和抗美援朝以及“三反五反”、整党整风运动中，通过广泛动员，激发民众的政治参与热情，使其在参与政治运动中接受政治理论和马克思主义理论教育。“在每一个运动中，在每一处地方，都是动员了成千上万的宣传人员向群众进行宣传活动。这些宣传活动的结果，都使全国绝大多数人口受到了宣传教育”①，“对于全国每一个人的生活和思想都要引起从来未有的根本变化，比民主革命的影响要广泛和强烈得多”②。从意识形态的政治社会化视域来看，马克思主义主导意识形态通过密切联系民众利益而开展的马克思主义大众化这一环节，使民众在社会化意识的新旧更替中也完成了向新民主主义乃至社会主义政治角色的转变。

二、对旧意识形态的改造及其借鉴价值

新中国成立初期，为了巩固新政权政治统治的合法性以及指导新的社会变革，在意识形态建设方面党积极地开展了“除旧布新”的实践，即一方面积极地改造和消除了旧意识形态；另一方面在观念化、制度化、科学化和社会化等层面重塑了新意识形态。毫无疑问，这些从思想保证、精神动力和舆论支持等维度对新政权的巩固发展、新社会的建设提供了正功效；即使对（中国化）马克思主义意识形态本身来说，这些也促进了其社会主流地位的奠定。在肯定上述成就并将其作为评价新中国成立初期意识形态建设的主要尺度的前提下，也有必要对党在旧意

① 进一步加强党的宣传网，使它更好的为生产建设服务[N].人民日报，1953-01-03.
② 党的宣传工作会议概况和文献[C].北京：中共中央党校出版社，1994，46.

识形态改造中所呈现出的一些特质进行深层次分析，只有这样才能更加有助于对新中国成立初期意识形态建设的实践史有一“立体性”认识，也在于更好地发挥其现实借鉴价值。

（一）新中国成立初期党对旧意识形态改造的特质表现

1. 对不同旧意识形态的受众者采取了过分差异性的政治态度。意识形态建设最根本的目的还是涉及培养或塑造什么样的政治人格的问题。用一种新的意识形态代替旧的意识形态，实质上就是争夺民心。受农民阶级是工人阶级最可靠的同盟军，以及知识分子只是依附一个阶级的“阶层”而已特别是原国统区的知识分子更多是依附于资产阶级这张“皮”上等因素的影响，新中国成立初期党对旧意识形态的改造过程中，就如何对待不同旧意识形态受众者的问题上明显存在着两种迥然不同的态度或倾向。如对广大农民这一封建传统文化的主要受众者，更多地把他们视为“权利的共同体”，相信他们能够自己解放自己即从旧意识的影响中解放出来，故对他们实施了团结基础上的改造。这一阶段，党联系广大农民的物质利益开展了五次主题教育活动就是最明显的例证。而对于知识分子尤其是定性为资产阶级的知识分子，并没有将其当作自然而然的“权利的共同体”，虽然也提出团结知识分子的方针，但是现实中却通过各种政治培训甚至开展系列批判的形式来推动其进行思想改造和观念转变。客观地说，1949—1952 年以作“新民”的标准从阶级的根源上实施对旧知识分子的改造，确确实实取得了不错的效果；但是伴随着建设（无论是新民主主义社会建设还是社会主义建设）的开展，依然采取这样的政治标准来看待他们与党在社会建设实践上的分歧，悲剧的产生是不可避免的。

2. 在对旧意识形态的改造中存在“轻封重资”的倾向。1949—1952 年伴随着封建主义这一旧的政治上层建筑被广泛地打碎，在意识形态方面党的首要而重点性的任务应该彻底消除封建主义的思想上层建筑的影响，毕竟它在封建主义这一旧的上层建筑中居指导性地位，并且对封建主义旧的政治上层建筑起到了精神的支撑作用。唯有这样，才能进一步巩固新民主主义的上层建筑。另外，在 1953—1956 年新民主主义的上层建筑在性质层面向社会主义转变时，固然要清除资本主义旧意识形态的影响，但是对其也要采取一种批判性继承的态度。这个方面马克思主义经典作家也多次告诫过我们，最具代表性的就是列宁的“消化”理论。“消化”理论的重要内容就是强调建立在落后国情基础上的社会主义国家在重构主流意识形态过程中，必须利用资产阶级文化的积极性成果来抵制和消除封建传统文化的影响特别是“对无产阶级政权的同化”方面①，从而为下一步社会主义文化建设奠定坚实的基础。而新中国成立之初六年多时间里在对旧意识形态的改造中，党隐隐约约地存在着将封建主义残余有意或无意地视为保护对象，而将本应充分利用的资本主义文化的积极性成果却视为革命对象这一错位化倾向。如对胡适资产阶级唯心主义思想的批判和对胡风文艺思想的批判就是典型；同样对电影《武训传》《清宫秘史》、俞平伯《红楼梦研究》等批判看似是对封建主义传统文化这一旧意识形态的批判改造，实质上也更多的是借此来清除资产阶级思想文化的影响以树立马克思主义在文艺研究中的指导性地位。1954 年毛泽东在《关于〈红楼梦〉研究问题的信》中，还一再强调要警惕那种所谓同资产阶级作家讲统一战线的错误性倾向。

3. 对不同旧意识形态某些内在成分产生原因未能科学具体地理清。社会意识体现社会存在，具体来说就是对一定社会经济、政治的反映。相应地，要改造或清除某种社会意识，最根本、最有效的方法就是祛除其赖以生存的经济、政治条件。这点也同样适用于新中国成立初期党对旧意识形态的改造，但在对滋生旧意识形态的社会经济政治条件有一总体较为科学的认识下，这一期间党对某些旧意识形态具体内在成分所存在的“土壤”判断上却有模糊化的情状，甚至出现了相互混杂的倾向，如对官僚主义的认识就最为典型。因产生原因和条件的不同，官僚主义的性质也各异，有封建式的官僚主义（以门阀宗派、血缘裙

---

① 张永理.封建主义及其当代影响研究——从社会生活的角度[M].北京：中国政法大学出版社，2007，52.

带为特征的封建官僚政治陋习为代表)、资本主义式的官僚主义(以由科层制而衍生的保守、高高在上、不负责任为代表),也有高度集权下社会主义旧模式的官僚主义。新中国成立初期的意识形态建设中,除了消除因高度集中的计划管理体制模式而滋生的社会主义病变化的官僚主义之外,要在社会意识中达到"除旧布新"的目的则务必要根除上述前两种官僚主义的影响。而在现实实践中,党经常出现将两者混同的现象,特别是把封建式官僚主义当成资本主义式官僚主义来批判。如1952年在高校开展的"三反"运动中,就将教师队伍中存在的"宗派主义"这一封建式官僚主义陋习视为资产阶级思想来进行猛烈批判。同年,薄一波在《为深入地普遍地开展反贪污、反浪费、反官僚主义运动而斗争》中,更是不加分析地认为"三反"运动其中包括反官僚主义在本质上就是"反对资产阶级腐化堕落思想的斗争"①。这在一定程度上说明了党并未科学地厘清两种旧式官僚主义滋生的具体原因,也掩盖了封建式官僚主义的危害性从而削弱了对其改造的力度和效度。

4. 在"破旧立新"的过程中潜伏着简单道德化倾向而缺乏唯物主义解释。如新中国成立初期的土地改革,较多地采取"诉苦"来揭露之前地主阶级道德上的"恶"来激发农民的阶级观念和国家意识,而并没有从经济层面向广大农民阐释地主土地所有制的危害性,这也使得土改后农民的小农思想和旧社会地主阶级那种生产生活观念方式没有从根本上消除。"传统的思想观念和政治意识在乡村社会并未完全绝迹,处于潜伏状态。"②同样,简单道德化的倾向在引导农民走合作社道路方面也较为典型。如强调搞合作社就是坚持社会主义,否则就是搞私有制、固守资产阶级观念,从而为实行合作社提供道德制高点,也对不愿加入者形成强大的道德压力。另外,在合作社的功能设计上,突出了道德教化的功能,希冀通过扩大合作社来构建一个财富平等、人民民

---

① 中共中央文献研究室编.建国以来重要文献选编(第3册)[M].北京:中央文献出版社,1992, 30.

② 朱斌.马克思主义意识形态嵌入乡村日常生活探析——以新中国成立初期的土地改革为考察对象[J].学术论坛,2013-12-23.

主、追求正义这一新社会的设想。“使农业生产合作社能够成为农民在经济上、在生活的相互关系上得到集体主义和爱国主义教育的很好的学校”①,“在农业生产合作社发展的高级阶段,主要生产资料已经公有化,农民已经共同富裕起来,那时候将没有贫农和中农的区别”②。可见,在不注重提高生产力的前提下,如一味强调变革生产关系特别是生产资料所有制的纯洁度以及强化道德教化度,难免使所设想的新社会和指导其的马克思主义意识形态与中国传统文化中种种“大同世界”的构想和具有浓厚色彩的“重德”传统文化并无本质的区别。这种模糊性,对于没有经过专门马克思主义理论素养训练的广大农民来说,他们会通过自己的直观感觉到“马克思主义与儒家设想的同质性就不是一个什么的外壳,而是一个思想实体”③。这既会造成马克思主义儒家化的趋势,也使对农民有深刻影响的封建残余思想的顽存、“还魂”寻找到了一个新载体。

(二) 新中国成立初期党对旧意识形态改造呈现上述特质的思想根源

为何新中国成立初期党在旧意识形态改造中会出现上述种种特质尤其是“轻封重资”的现象,学界经常引用 1978 年后邓小平、李维汉等党和国家领导人的一些反思给予回答和阐述。即认为一方面在于当时经济、政治革命任务的艰巨性暂时压倒了思想文化的革命,从而使“封建主义意识形态和传统习惯”未能给予彻底清算④;另外,就是当时毛泽东等人对封建主义传统的严重性估计、认识不足,从而造成了现实实际中特别是思想政治工作层面没有将肃清封建主义残余影响置于重要的地位。不可否认,这些回答为我们正确认识相关问题提供了总体性指导方针;但是这种“不重视”如从党的思想逻辑认识上看却是诸多因

---

① 中共中央文献研究室编.建国以来重要文献选编(第 4 册)[M].北京:中央文献出版社,1993, 665—666.

② 中共中央文献研究室编.建国以来重要文献选编(第 7 册)[M].北京:中央文献出版社,1993, 359.

③ 刘小枫.儒家革命精神源流考[M].上海:上海三联书店,2000, 16.

④ 石光树.李维汉建议邓小平肃清封建遗毒[J].百年潮,1999-05-05.

素共同作用或演变的结果。而对于这些思想层面内在因素的剖析，则有助于我们对这一历史现象有一个深度把握和理解，也有利于更加科学地推进当下反封建主义残余的斗争。

1. 与革命时期党对“封建主义”内涵认识上更多将其视为社会经济政治形态密切相关。对于何种“封建主义”，视域的不同相应的内涵理解也有差异。如可分为狭义封建主义（即西欧中世纪的封臣制和封土制）、广义的封建主义（即18世纪启蒙思想家眼中的中世纪社会）以及马克思主义的封建主义（即前资本主义社会形态）①；同样即使将其视为一个社会形态，它也可分为经济基础、政治上层建筑乃至意识形态等层面。不可否认，马克思主义相关封建主义社会形态说运用于中国，强力论证了中国革命和社会主义制度建立的合法性。另外，我们也要认识到在内涵本身的理解上，马克思主义经典作家更多的还是突出了它的社会经济形态和政治形态说，即“一种生产方式”“人类社会演进系列中的一个历史时代”②，而对于意识形态方面或多或少地给予了淡化。这种理解上的轻重取舍倾向也影响了以毛泽东为代表的中国共产党人对“封建主义”的理解。如《中国革命和中国共产党》文中，毛泽东在阐释中国封建社会特征时就较多地从封建时代的经济制度、政治制度两方面展开的，其所运用的一些概念如“自然经济”“土地”“地租”“剥削制度”“封建国家”③就是最明显的例证。这种思想认识也就很容易产生经济、政治层面民主革命的胜利等同于对封建主义的胜利这一错误化倾向，相应地轻视了对封建主义意识形态的改造。

2. 与50年代初毛泽东对新民主主义社会运行机制认识上的转变密切相关。在革命时期毛泽东虽更多地关注新民主主义革命的运行机制问题，但在《中国革命和中国共产党》《新民主主义论》《论联合政府》以及七届二中全会报告中或多或少认识到新民主主义革命胜利后不是立即进入到社会主义社会，还要有一个新民主主义社会的建设时期；新

---

① 侯树栋.论三大封建主义概念[J].北京师范大学学报(社会科学版)，2008-06-72.

② 李根蟠.略谈马列主义的封建观和社会形态观[J].史学月刊，2008-03-09.

③ 毛泽东选集(第二卷)[M].北京：人民出版社，1991，623—624.

民主主义社会由过渡性即建设时期和过渡时期两阶段构成[1]；在新民主主义社会的过渡性即建设时期，要在节制资本的前提下充分利用资本主义的积极性成果（包括文化层面）来铲除前资本主义社会形态的各种消极影响。这些思想在新中国成立后的前几年获得了正确实践，而伴随着国际国内形势发展中各种因素的综合作用（如国际上主要受朝鲜战争的爆发、苏东社会主义模式的影响，国内主要受无产阶级与资产阶级的限制与反限制斗争的激烈性、农业合作化模式的初步成功实践的影响），毛泽东于 50 年代初改变了原来的新民主主义社会运行机制设想，提出了过渡时期总路线即“一化三改”，认为新民主主义社会不存在一个相对稳定的过渡性状态即建设时期，而只是一个重点解决无产阶级与资产阶级矛盾的远离平衡状态的过渡时期。可见，这种变化在主流意识形态构建方面所造成的消极性影响，就是中断了列宁“消化”理论的实践，意识形态改造的对象由原来封建主义残余转变为资产阶级思想也就很“顺理成章”。

3. 与“五四”后社会意识形态领域内斗争日益转为马克思主义学说和西方资产阶级思想交锋这一主趋势的惯性影响密切相关。对于 1840 年后至新中国成立这一时段的中国革命实践，党在马克思主义理论的指导下以“五四”运动为界，将其分为旧式民主主义革命和新式民主主义革命两部分。这种认识为党成为革命领导阶级以及革命后转向社会主义提供了强有力的理论论证。以这种理论来观察近现代中国社会意识形态领域的斗争状况，可以说 1840 年至“五四”更多的是资产阶级意识形态与封建主义意识形态之争，而“五四”后则是马克思主义意识形态与资产阶级意识形态争取主导意识形态领导权的斗争，毕竟意识形态是政治权力合法性的理念基础。正如在《新民主主义论》中毛泽东就指出“五四”之前中国的文化革命是“资产阶级领导的”；而“五四”之后资产阶级只能起到一个“盟员”而非“盟长”的作用，文化革命的领

① 曲庆彪.超越乌托邦——毛泽东的社会主义观[M].北京：北京出版社，1996，44.

导责任是“落在无产阶级文化思想的肩上”[①]。“五四”后意识形态领域内这两种近现代对民众影响最大的西学[②]间的斗争趋势，体现出长期复杂性的特质。即使在解放战争后期蒋家王朝处于崩溃状态时，它们也激烈地发生着，如开展对艾奇逊等人唯心史观的改造就是典型。那么伴随对新民主主义社会运行机制认识的急剧转变，这种西、马交锋也就很自然地给予惯性地延续；在领导权之争还远没有结束的定势化影响下，封建主义残余或处于改造的重点对象域之外(即使涉及也是边缘化的)，或变相地成为西、马两种意识形态相互争取的“对象”。

4. 与革命时期党对马克思主义中国化中内在传统文化现代化认识和研究不足密切相关。从理论上说，马克思主义要由西方文化特质转换成真正的中国特质，惟有开展马克思主义中国化的实践，而在这一实践过程中首要前提就是其要与中国本土原有意识形态发生作用。而这最基本的要做到两点：既要马克思主义民族化，即善于运用中国本土意识形态的一些呈现载体如概念和范畴，以及科学回答中国本土意识形态无力解决现实实践中的一些问题并将其经验马克思主义化；还要积极促进中国本土意识形态的现代化，来丰富和充实中国化马克思主义的内容，以避免马克思主义被儒家化或被封建传统文化同化这类现象的发生。对于第一个方面，革命时期党的探索还比较成功，产生的马克思主义中国化成果——毛泽东思想就已经证明了这点。而对于第二个方面，可以说党存在着严重的认识和研究不足。如对马克思主义中国化内涵的理解上，以 1938 年毛泽东发表的《中国共产党在民族战争中的地位》一文为例，其就传统文化本身如何实现现代化或马克思主义化并未明确提及。另外，如我们将毛泽东思想内容内在地分成马克思主义哲学观、价值观和社会观三类中国化的成果，就会发现毛泽东著作中“涉及价值伦理部分的文章很少”，在伦理价值观上除了之后强调的老三篇外“我们几乎看不到有分量的文献”。[③]而现实中毛泽东却是非

---

① 毛泽东选集(第二卷)[M].北京：人民出版社，1991，698.

② 冯契.中国近代哲学的革命进程[M].上海：上海人民出版社，1989，6.

③ 金观涛.儒家文化的深层结构对马克思主义中国化的影响[J].新观察文摘，1988-09.

常重视无产阶级道德建设的，但为何著作中没有大量成果体现出来。两者的反差，一定程度说明党既对马克思主义价值观中国化做的不够，也对中国传统文化(尤其是内部的道德伦理成分)现代化做的不够，而所强调的伦理道德还含有大量传统文化中的错误性成分。可见，这些不可避免地为革命胜利后封建传统残余利用马克思主义的“壳”得以延续，或进一步同化马克思主义使其庸俗变质提供了思想上的“漏洞”。

(三) 新中国成立初期党对旧意识形态改造的借鉴价值

上述新中国成立初期党对旧意识形态改造中所呈现的种种特质如“轻封重资”的倾向，一定程度上为20世纪60—70年代中国社会所出现的极端个人崇拜现象和封建传统文化的“借尸还魂”埋下了伏笔。因此，吸取其反面的教训并作为一种价值借鉴性资源，对当前多样化的社会意识格局下如何加强马克思主义意识形态建设具有重要的现实意义。

1. 坚持差别性和辩证性相统一的方针，来对待不同的社会意识。坚持“差别性”，就是对政治性、强挑战性的社会意识采取彻底地批判和反击，而对学术性、弱挑战性的社会意识一定程度上则可实行包容和引导①；坚持“辩证性”，就是对马克思主义或中国化马克思主义相异的社会意识，要以马克思主义或中国化马克思主义为指导对其实行积极性“扬弃”，吸纳其合理性成分，为我所用。改革开放以来伴随着经济成分以及利益关系的多样化，社会意识格局也呈现多样化的状态，出现了除中国特色社会主义理论体系之外的诸如新老左派、自由主义、民主社会主义、民族主义、民粹主义、大陆新儒家等社会思潮。这些社会思潮或多或少地影响着中国特色社会主义理论体系的指导性地位。为此，可以根据它们所构成挑战的层面和程度不同采取区别对待的态度。如果所构成的挑战仅仅局限于思想学术层面并具有弱性质则可开展对话式的批判，反之采取猛烈式的回击。同样，要认识到中国特色社会主义理论体系作为马克思主义中国化的最新成果，也是人类优秀文化成果的

① 朱庆跃.马克思主义中国化进程中的问题域情境探析[J].理论探讨，2013-04-34.

集大成者。相应地，对于上述的社会思潮，无论是采取何种方式实施批判外都不应放弃学习的机会，特别是学习它们的一些合理性成分以促进自身的更加完善。如对于自由主义思潮，在批判其普遍主义特别是认为西方价值观具有普世价值本质的前提下，对其肯定“法律的作用、个人的创造性以及市民社会组织的作用”[①]可以给予一定程度的参考和借鉴；对于文化保守主义思潮，就典型的政治层面的（如表现为政治儒学的）应毫不留情的进行批判，而就非典型的文化层面的（如表现为文化儒学的）在对话式批判的同时也应肯定其强烈的传统文化现代化意识，以及承接、延续民族文化的使命担当。

2. 坚持全面性和重点性相统一的策略，来消除不同社会意识的影响。即消除一种不同于（中国化）马克思主义的社会意识的影响，既要坚持旗帜鲜明的政治立场、开展相应的思想学术讨论之外，还要不断推进中国特色社会主义建设实践祛除其赖以生存的经济土壤。要认识到政治层面的消除是核心、学术层面的消除是关键，而经济层面的消除是根本。毕竟“价值边界是随着经济、政治、社会、科技等因素变化而变更着，在不同的环境中，人的思想认识给价值边界打上深刻印记”[②]。如当前就如何看待资本的二重性以及社会问题产生的根源上，出现了“左”右两种极端化倾向。“左”的倾向过分强调资本的“恶”功能，将社会问题产生的责任归咎于计划体制的缺失和市场经济体制的过分实施；而右的倾向则注重突出资本的正功能，将社会问题产生的责任判定为市场经济体制的不完全以及旧计划体制的“阴魂不散”。对于这两种错误倾向，需要我们在坚持（中国化）马克思主义为指导的前提下，一方面要大胆地揭露它们思想层面的错误性以及政治层面的危害性；同时，更在于我们自身要不断推进中国特色社会主义建设实践的深入开展，尤其是在经济层面回答和解决如何在利用资本的前提下限制资本，以及如何全面深化改革以促进社会主义市场经济体制的完全建成等课

① 李强.自由主义（第三版）[M].北京：东方出版社，2015，269.

② 张明霞.价值的边界意识及其影响因素分析[J].求实，2015-02-45.

题。惟有此，才能彻底根除“左”右错误倾向。

3. 坚持和发挥三种真理性（即知识真理性、实践真理性和价值真理性）的功能，来巩固中国化马克思主义在社会意识格局中的主导性地位。中国化马克思主义既是知识真理、实践真理，也是价值真理。这就决定了其要被民众真正的内化于心、外化于行，本身来说必须发挥这三种真理性的功能。知识真理性功能的发挥，有赖于坚守马克思主义这一元理论内核的前提下，秉承与时俱进的品质，不断而及时地将现实实践中鲜活的经验理论化，从而以新的理论推动新的实践；实践真理性功能的发挥，有赖于能够准确判断并且科学破解不同时期、阶段中所面对的具体问题；价值真理性功能的发挥，有赖于通过话语权建设（即“着眼于提升话语权，突出中国元素”“着眼于增强时代感，突出时代元素”“着眼于提高认同度，突出大众元素”①）这一中介环节，从而使民众进而将中国化马克思主义的前两种真理性功能所带来的认知、情感不断地升华为一种意志、信念。

三、对自由主义的批判及其特征分析

新中国成立之初，由于社会主义经济基础的建立尚需要一段时间，同时意识形态本身又具有相对独立性的特质，导致了旧意识的影响依然根深蒂固，它们直接或间接地消解着马克思主义的主导意识形态地位，甚至也阻滞着马克思主义意识形态外政治社会化的实践过程。为了加速马克思主义由官方主导意识向社会主流意识的转化，从而在社会思想层面给予新政权合法性的论证和辩护；也旨在为新社会建设提供正确的方向指导和不竭的精神动力，以及培养和输送一批用马克思主义武装头脑的建设者和接班人，新中国成立初期中国马克思主义者对旧意识一改过去被动、局部式的批判态度而转向更为主动、全面式的批判立场。

---

① 韩庆祥，陈远章.马克思主义“三化”与话语权问题[J].上海师范大学学报（哲学社会科学版），2015-02.

(一)新中国成立初期中国马克思主义者对自由主义的批判状况

1949年新民主主义革命的胜利,一定程度上也意味着之前中国自由主义者所提出的“中间路线”在政治层面的彻底破产;但是由于近代以来自由主义在中国传播时间的长久性以及其领军人物胡适本人的影响力,致使这一“不结果实的精神之花”在20世纪50年代初的中国思想文化界依然有一定的市场。为此,批判和清除自由主义在中国思想领域的影响是当时党在思想文化战线的重要任务。综观50年代前中期在党的领导下中国马克思主义者对胡适思想所开展的两次批判(即1951年、1954—1955年),已经涉及了自由主义的哲学观、政治观、历史观和文化观等多方面的内容。

1. 彻底批判了自由主义哲学观,以佐证马克思主义自由哲学观的科学性。哲学观,不同的维度有各异的解答。如从人的本质力量的根本体现以及人类所追求的终结意义上的理想目标来看,毫无疑问就是“自由”,哲学观就是对“自由”的根本观点与看法;哲学史也可以称之为“整个人类探索自由的认识史”①。以马克思主义哲学为例,无论是其根本使命,还是所探讨的思维与存在、主体与客体的关系等问题,都决定了“自由”在其所居的中心地位。新中国成立之初,要正确推进个体乃至社会的自由,首要的前提就是坚持以马克思主义自由哲学观指导;惟有科学理解世界观、认识论层面的“自由”,才能有效地追求实践层面的“自由”。而在当时对马克思主义自由哲学观政治社会化实践造成最大的外在阻滞力,就是自由主义的哲学观特别是胡适的实用主义哲学,毕竟其“在中国现代可以说是与马克思主义哲学相对立和相抗衡的最大的唯心主义哲学流派”②。上述相应地也决定了新中国成立之初中国马克思主义者对自由主义包括胡适的思想批判时,自由主义的哲学是其首要的批判目标;并且,这一批判具体围绕着自由的来源、自由判断标准、自由的实质等方面展开着。就自由的来源方面,批判了胡适实

① 商英伟,白锡能.自由论[M].福州:福建人民出版社,1993,18.
② 李曙新.中国共产党哲学思想史[M].北京:中共党史出版社,2003,238—239.

用主义哲学中那种自由来源于经验的观点，指出自由是对必然性的认识和运用。如任继愈就认为在实用主义者看来所谓的“经验”就是物质世界，其实质是无所不包的，有生活经验、感觉经验、推理作用、幻想等，可见这种“经验”本身就带有虚构性、主观性以及不可知性。①孙定国指出不同于马克思主义哲学对“经验”所作的唯物论解释，实用主义者手中的“经验”是在承认思维是第一性的基础之上而同自己的主观世界发生关系的，只不过是“意识”“思想”“精神”或者“心理的东西”的代名词而已。②就自由的判断标准方面，批判了胡适实用主义哲学中那种功利实效的标准，强调真与善统一的实践才是衡量是否自由的根本标准。如陈元晖指出“效果对于实用主义者来说就是他们所需要的一切”，通过把效果与社会实践分离，最终将我们引入到“否定客观真理、反客观真理的境地”。③同样是任继愈，他强调实用主义者所注重的实践的效果完全在于“它能使理论在主观上令人‘满意’，主观上‘合用’”，而其与马克思主义哲学提出的实践标准具有本质性的区别，马克思主义哲学注重的实践的效果“首先在于它能证明理论符合客观实际”。④就自由的实质方面，批判了胡适实用主义哲学中那种主张自由就是一味地突出主体性自我解放的思想，强调真正的自由是客观必然性自觉的遵循与依据必然性而对主体性自我限制的统一。如胡绳强调实用主义指导下自然主义的人生观或个人主义的人生观，虽然推动了个人的自由与解放；但是由于过分强调偶然性的作用，从而导致这种自由更具有神秘主义色彩，即“人在社会生活中一举一动会起什么影响，是完全不确定的，完全是由许多偶然的机会来决定的”⑤；同样，由于注重自然性而忽视了社会性，也造成了这种追求“大我”的自由是抽象的而无具体阶级性的。而马克思主义指导下所探求的真正的“自由”，在上述方面实现

① 胡适思想批判(第一辑)[C].北京：生活·读书·新知三联书店，1955，80.
② 胡适思想批判(第一辑)[C].北京：生活·读书·新知三联书店，1955，136.
③ 胡适思想批判(第一辑)[C].北京：生活·读书·新知三联书店，1955，100.
④ 胡适思想批判(第一辑)[C].北京：生活·读书·新知三联书店，1955，84.
⑤ 胡适思想批判(第二辑)[C].北京：生活·读书·新知三联书店，1955，46.

了对实用主义自由观的“扬弃”，坚持了遵循社会必然性的前提下在实现个人自由的同时去促进人民大众的“自由”。“马克思主义的人生观建筑在辩证唯物主义的世界观和历史观的基础上”，“用自然和社会历史的发展规律来指导现代以无产阶级为首的人民大众，使他们能够完全清醒地认识自己的奋斗的目标。”①

2. 彻底批判了自由主义政治观，以推进马克思主义政治观的社会化。马克思主义经典作家特别重视讲政治，指出政治就是“统率”和“灵魂”，要求人们在现实中自觉地以马克思主义政治观为指导来树立认识和处理问题的正确政治立场，以及坚持无产阶级运动实践的正确政治方向。“政治同经济相比不能不占首位。不肯定这一点，就是忘记了马克思主义最起码的常识。”②而要让民众对马克思主义政治观有高度认同感，固然离不开对其的理论灌输，但对错误的政治观进行批判也是一个重要的举措。新中国成立初期，为了开展和推进马克思主义政治观的社会化，中国马克思主义者就围绕着胡适政治观的阶级本质、理论基础和具体论断等方面，对自由主义政治观实施了彻底批判。如对胡适政治观阶级本质的批判方面，主要密切结合不同的历史时期具体考察胡适的政治思想来进行的。曾文经就具体分析了“五四”前后胡适的政治思想主张，在《“五四”运动前后胡适的政治面目》文中指出伴随着中国人民革命运动的深入和广泛展开，胡适的“关心美帝国主义和亲美买办集团的利益”这一真面目越来越暴露了③，“五四”运动之前他已经有非常浓厚的买办思想、已经和美帝国主义的对华政策处处吻合，“五四”运动中公开反对群众爱国运动和马克思主义，1922年之后正式成为美帝国主义的代理人。同样，在《胡适反动思想在政治上的表现》文中，李达具体考察了“五四”以前、由“五四”到“努力”时期、“新月”时期、“独立评论”时期、“做了过河卒子”时期等五个时期胡适的反动政治面貌，强调其反革命始终是一贯的，“五四”之前虽不谈政治却宣传反动的实用

① 胡适思想批判(第二辑)[C].北京：生活·读书·新知三联书店，1955，44.
② 列宁选集(第四卷)[M].北京：人民出版社，1996，441.
③ 胡适思想批判(第一辑)[C].北京：生活·读书·新知三联书店，1955，41.

主义和个人主义，企图为中国政治建立革新基础，做的仍然是反革命的勾当；“五四”以后，公然反对马克思主义、中国共产党和中国人民，拥护美帝国主义和蒋介石集团，宣传亡国主义。[①]对胡适政治观理论基础的批判，集中体现在对胡适个人主义和实用主义的揭露上。李达强调胡适的政治思想是从实用主义而来的，理论基础就是个人主义的社会观；而这种实用主义是马赫主义即经验批判论的一个分派，是贝克莱主观唯心论的变种，都是资产阶级用来反对马克思主义哲学的工具[②]；其个人主义的社会观实质就是个人将自己铸造成为贯彻所谓“科学”精神的“真的个人主义者”即“淑世”主义者，并以改良的行为对社会尽责[③]。彭柏山亦认为胡适实用主义（即以所谓实际效果为一切行动的目标，否认客观世界和客观真理，在方法上只承认量变等）的主观唯心性，决定了它本质上是为帝国主义侵略战争作辩护，在政治上是以改良主义作为反人民活动的阴谋手段。[④]在对胡适政治观具体主张的批判上，黎澍批判胡适所鼓吹的人权、民主只看到了其抽象性而忽视了其具体性和阶级性，根本上还是维护资产阶级利益的，民主政治“仅仅是垄断资本专政的不公开形式”[⑤]。孙思白等人认为胡适所谓的“好人政府”只不过是适应美帝对华投资的需要，依照美国的样式改动改动政府，让其更公开、计划一些以最终好让美国来“开发”而已[⑥]；所谓的“联省自治”不是自由民主的真的统一，而是“全国军阀大联合”[⑦]。总之，通过上述的批判，加速了当时人们对马克思主义政治观的内化，有力地提升了自身的思想政治素质；同样，以逐渐内化的马克思主义政治观为指导，人们也更好地理解并积极地投入到了当时的国家政治生活和政治活动中。

---

① 胡适思想批判（第三辑）[C].北京：生活·读书·新知三联书店，1955，16.
② 胡适思想批判（第一辑）[C].北京：生活·读书·新知三联书店，1955，55.
③ 胡适思想批判（第一辑）[C].北京：生活·读书·新知三联书店，1955，58.
④ 胡适思想批判（第三辑）[C].北京：生活·读书·新知三联书店，1955，96—97.
⑤ 胡适思想批判（第四辑）[C].北京：生活·读书·新知三联书店，1955，49.
⑥ 胡适思想批判（第七辑）[C].北京：生活·读书·新知三联书店，1955，148.
⑦ 胡适思想批判（第七辑）[C].北京：生活·读书·新知三联书店，1955，149.

3. 彻底批判了自由主义历史观，以维护马克思主义中国化实践演进的正当性。历史观，对于个体而言，是其世界观内在构成的基础性部分，有什么样的历史观就会体现了有什么样的世界观的问题；同样，对于社会整体而言，不同的历史观直接决定了社会变革的理论依据和方向问题。正是基于此，新中国成立初期党在中国化马克思主义政治社会化实践中十分重视历史观的问题，包括对于自由主义历史观这一非唯物史观的批判。只有树立正确的历史观，民众才能有效地促进马克思主义世界观的内化；也才能为现实中马克思主义中国化实践为何这样进行以及最终向何处去等提供正当性的解答。这一期间，中国马克思主义者主要围绕着自由主义历史观对待历史的态度是什么、如何开展历史研究的以及产生了怎样的危害性等方面，对其实施了彻底地揭批。对自由主义历史态度的批判方面，集中体现在对胡适历史观主观唯心实质的揭示上。如在《批判胡适的反动历史观点》文中，张继安通过比较法，得出了胡适唯心论与马克思主义唯物史观在四个方面的根本对立，即以多元主义来掩盖历史唯心论和反对历史唯物论；否认历史发展的客观规律性，否认对历史的科学研究；抹杀阶级的界限，否认阶级斗争和社会革命是社会发展的动力；否认劳动群众在历史中的作用，鼓吹英雄史观。①袁良义也系统地批判了胡适实用主义历史唯心论，指出实用主义哲学是其原则、荒谬透顶的人性论是其基础、招摇撞骗的多元历史观是其表现形式。②另外，蔡尚思还集中批判了胡适的英雄创造历史的唯心主义历史观，白寿彝重点批判了胡适对待祖国历史的奴才思想，嵇文甫则特别批判了胡适的多元历史观。对自由主义历史研究方法的批判方面，主要聚集于胡适的考据学方法上。邓庆铭强调胡适的历史观否认了客观规律的存在，这也造成了其考据法更多地注重于形式、表面的证物而无法接触及事物的本质。③吴文祺认为历史的研究固然需要占有大量的历史材料证据，但是这些必须要以尊重历史事实

---

① 胡适思想批判(第三辑)[C].北京:生活·读书·新知三联书店，1955，282—291.

② 胡适思想批判(第七辑)[C].北京:生活·读书·新知三联书店，1955，237—254.

③ 胡适思想批判(第二辑)[C].北京:生活·读书·新知三联书店，1955，169.

为前提；而胡适的考证法是实验主义方法的运用，必然是“歪曲证据，任意武断，与客观实际不相符合”，归根结底是一种“主观唯心论的方法”“反历史主义的方法”。①田余庆则运用辩证唯物主义认识论来剖析胡适“大胆的假设、小心的求证”的非科学性特别是唯心性，他指出胡适否定了真理的客观性质，也就完全否定了“假设”应当尽可能地与客观实际相符合的原则；否定了社会历史发展的规律性导致了“假设”失去了客观的立足点，所谓的“因果关系”也多是人为创造的。②对自由主义历史观危害性的揭露方面，如周一良认为胡适的历史观支持了他在政治上的反动行为，为他的反动言论提供了理论的根据③；齐思和强调胡适的历史观所造成的毒害非常严重，歪曲中国历史的思想这为帝国主义侵略中国制造了借口，抹杀中国人在历史上的伟大成就这一观点严重摧毁了中国人的民族自尊心，考据的这一历史方法极大地麻痹了青年的斗争意志④；金陶齐等人则直接指出胡适的历史观是资产阶级的唯心史观，是实用主义在历史层面的具体运用，从根本上来说是为美帝国主义的利益服务的，是买办洋奴思想的典型表现⑤。

4. 彻底批判了自由主义的文化观，以捍卫社会主义文化现代化方向。文化，对于一个民族来说是血脉，是精神家园；对于一个社会来说，是社会结构中不可或缺的组成部分，影响着社会发展的进程。近现代以来就如何实现中华民族的复兴，不同的社会思潮所开列的“药方”中往往先从文化现代化入手，毕竟不同的文化现代化背后折射的是中国走何种类型的现代化问题。新中国成立之初，为了有利于构筑中华民族新的精神家园，也在于更好地推动社会各方面沿着社会主义文化现代化所指引的方向前进，中国马克思主义者对自由主义文化观的影响进行了彻底清除。最明显的例证就是围绕文化的根本性特征、文化演

---

① 胡适思想批判(第二辑)[C].北京:生活·读书·新知三联书店,1955，191—192.
② 胡适思想批判(第七辑)[C].北京:生活·读书·新知三联书店,1955，221—224.
③ 胡适思想批判(第一辑)[C].北京:生活·读书·新知三联书店,1955，107.
④ 胡适思想批判(第二辑)[C].北京:生活·读书·新知三联书店,1955，172—173.
⑤ 胡适思想批判(第二辑)[C].北京:生活·读书·新知三联书店,1955，203.

进的规律、中外文化的关系等方面，对胡适的相关思想进行了猛烈的批判。如在文化的根本性特征上，批判了胡适所持的自然抽象性观点，强调文化是自然抽象性和具体历史性的统一。王元化指出胡适那种认为文学只能是“发挥个性，独抒性灵”的观点以及所鼓吹的“文学改良”的主张，明显暴露了其过分强调抽象的“人性论”而否定现实具体的“阶级论”的真实面目。在此基础上，他强调“人是有阶级性的，属于一定阶级的作者，表现在作品里的思想感情，自然也不可避免的带有阶级的烙印”①。徐之梦对胡适自然主义文学观则重点联系其反动的哲学观来进行了揭剖。他认为胡适在哲学基本问题上的唯心论，决定了其在文学的基本问题上也就是非现实主义的唯心论；不可知论的认识论反映在文学上就是资产阶级自然主义的文学观点，把对客观世界的认识陷于不超出感觉的范围，文学的任务只反映人们生活中平凡事实；实用主义的真理观表现在文学评价上就是割裂文学思想性和阶级性的统一，并为所欲为地歪曲作品积极思想的反动批评观点；实用主义的方法论在古典文学的研究上只能是纯粹主观推测、断章取义、牵强附会的泛滥。②在文化演进的规律上，批判了胡适的庸俗文化进化论思想，坚持唯物史观的同时认为文化本身的发展是累积性和变异性的统一。如黄药眠将胡适庸俗的文化进化论思想分解为四层意义并逐条给予批判，对于胡适所提出的文学乃是“人类生活状态的一种记载”“一代有一代的文学”，他认为按照胡适的进化论无法理解文化的时代特征和文化变迁的根源性问题；对于胡适所强调的每一类文化必须是从极低微的起源而慢慢进化到完全发达的观点，他指出其存在着离开社会的土壤去空谈文化发展以及过分肯定渐变、量变而否认突变、质变的可能性等错误；对于胡适把文化的“遗形物”归结为人类的“惰性”问题，他并不认同，同时主张应该辩证地看待文化传统并且积极结合现实来给予改造；对于胡适认为文化进化到一个地位后就停滞不前而要想获得进步唯有

---

① 胡适思想批判(第三辑)[C].北京：生活・读书・新知三联书店，1955，198.
② 胡适思想批判(第四辑)[C].北京：生活・读书・新知三联书店，1955，228—233.

吸纳新文化的观点，他指出这种文化发展轨迹的“假定”完全是为全盘西化服务的。[①]刘绥松强调某些民族或某一时代的文化发展及其所呈现的特质归根结底是由这个民族、时代经济发展的结果，另外文化的发展本身是内容与形式的统一体；批判了胡适将文化的进步单纯地看作是文化形式工具的变异和革新诸多谬论，认为这些实质上是抹杀了文化发展的根本规律，也否定了文化在社会斗争中的重大作用。[②]在中外文化关系的处理上，批判了胡适对中国文化的总体否定观点，主张要以马克思主义为指导给予批判性的继承。如何干之以胡适对中国古典文学的歪曲为例，指出由于胡适坚持庸俗进化论和实验主义认识论，导致其滋生了“丧尽天良地藐视祖国文化遗产，否定祖国一切优秀文化传统”的民族虚无主义，而这种民族虚无主义是“为资产阶级世界主义的反动思想所饲养，同时它又饲养这种世界主义思想”。[③]何鹏则考察和梳理了胡适在1930—1934年污蔑中国传统文化的种种言论以及对中国古典文化的具体态度，强调胡适所得出的民族文化传统“百事不如人”的结论完全是为全盘资本主义化服务的，而这是由他一贯与中国人民为敌的反动立场、反动的唯心论观点、主观主义的反科学的形式主义方法所决定的。[④]

(二) 新中国成立初期中国马克思主义者对自由主义的批判特征分析

伴随着马克思主义中国化在革命时期实践的成功，新中国成立初期中国所面临的问题情境较之前有了根本性的不同；同样，这种革命实践的成功也带来了马克思主义中国化实践核心主体及其实践指导理论两者地位的改变，即前者体现为党由原来的革命党转变为执政党，后者表现为中国化马克思主义由被统治阶级的意识转变为统治阶级的意识。上述种种原因造成了新中国成立初期中国马克思主义者批判自由

① 胡适思想批判(第五辑)[C].北京：生活·读书·新知三联书店，1955，187—191.
② 胡适思想批判(第二辑)[C].北京：生活·读书·新知三联书店，1955，305—306.
③ 胡适思想批判(第二辑)[C].北京：生活·读书·新知三联书店，1955，278.
④ 胡适思想批判(第三辑)[C].北京：生活·读书·新知三联书店，1955，174—179.

主义的实践中在承袭过去一些传统时，也彰显出新的特征，诸如在批判的态度上呈现出积极主动性，在批判的内容上呈现出全面系统化，在批判的方式上呈现出完全否定式，在批判的底色上呈现出浓厚政治性等。可见，这些特征折射出新中国成立初期批判自由主义的实践既发挥了积极的历史性作用，也潜伏着一些消极性的因素。

1. 批判的态度上呈现出积极主动性的特征。无论是“五四”前后的“问题与主义”之争，还是20世纪20—30年代的人权论争，乃至40年代中后期的有关“中间道路”问题的论争，中国马克思主义者基本上是在自由主义对中国化马克思主义及其实践构成直接式挑战时被动应对的。但是不同于以往，新中国成立初期中国马克思主义者对自由主义则实施了主动式批判。以1954—1955年的第二次胡适思想批判为例，为了做好这次批判，中共中央连续制定和下发了《关于在干部和知识分子中组织宣传唯物主义思想批判资产阶级唯心主义思想演讲工作的通知》《进一步在全国人民中宣传唯物主义思想批判资产阶级唯心主义思想的指示》等文件，进行了提前谋划、全面部署。另外，还正式成立了一个由郭沫若挂帅的胡适思想批判委员会并且下设一个秘书处，以统一安排、组织胡适的思想批判活动。上述态度充分体现了当时中国马克思主义者的理论自信与实践自信，希冀通过主动式批判进一步巩固之前的成果，也在于为社会主义革命这一新的问题情境的破解路径提供强有力的思想政治保证。正如郭沫若谈论胡适思想批判的意义时所指出的，这“是马克思主义对资产阶级唯心论的严重的思想斗争，是思想改造的自我教育的继续开展，是适应当前国家过渡时期总任务的文化动员”①；他号召所有参与者“一定要首先纠正和批评那种自行缴械的投降主义。绝不能放松这个思想斗争”②。

2. 批判的内容上呈现出全面系统化的特征。由于之前对自由主义的挑战更多是一个被动式地应对（特别是论争的具体议题往往首先

① 胡适思想批判（第一辑）[C].北京：生活·读书·新知三联书店，1955，7.
② 胡适思想批判（第一辑）[C].北京：生活·读书·新知三联书店，1955，5.

由自由主义者制造出来的），再者中国马克思主义者的马克思主义中国化实践水平和能力还处于一个逐步提升的状态，这些导致了特定时期对自由主义的批判往往集中于某一个领域的具体性方面。如在“五四”前后的“问题与主义”之争中，主要批判了自由主义的唯心史观以捍卫唯物史观；在20年代初科玄论争中，着重批判了自由主义的“意志自由论”以维护辩证唯物主义；20—30年代的人权论争中，突出批判了自由主义的人权观以倡导马克思主义的政治观；40年代前期集中批判了自由主义的文化观以宣传新民主主义的文化论；40年代中后期则重点批判了自由主义“中间道路”理论以佐证新民主主义革命理论的科学合理性和现实正当性；等等。相对于之前对自由主义的批判在内容上所呈现的局部性特征，新中国成立初期为了彻底清算自由主义的影响，中国马克思主义者对其的批判内容上明显表现出全面系统化的特征。“全面化”，以胡适思想批判为例，批判围绕着胡适的哲学思想、胡适政治思想、胡适的历史观点、胡适的《中国哲学史》、胡适的文学思想、胡适的《中国文学史》、胡适的考据学、胡适的《红楼梦》研究等九个方面具体展开着。同样，最明显的例证就是从1955年由生活·读书·新知三联书店出版的八册《胡适思想批判》里面收集的相关文章来看，亦涉及诸多方面的内容。“系统化”，一是表现在以胡适的唯心主义哲学观批判为核心和基础，由此触及胡适的历史观、政治观、文化观等具体方面的批判上。二是即使对胡适某一方面思想的批判，也具有立体性的思维。如对胡适自由主义观的批判就是围绕着自由的来源、自由判断标准、自由的实质等方面层层深入的；对胡适政治观批判就是围绕其的阶级本质、理论基础和具体论断等方面具体展开的；对胡适自由主义历史观的批判，就是围绕着自由主义历史观对待历史的态度是什么、如何开展历史研究的以及产生了怎样的危害性等方面逐步解剖的；对胡适自由主义文化观的批判，就是围绕文化的根本性特征、文化演进的规律、中外文化的关系等方面全方位进行的。总之，批判的内容上呈现出“全面系统化”的特征，一方面，表明了当时中国马克思主义者充分认识到意识形态具有相对独立性，对旧意识形态的清除是一个复杂而系统性的工程；另一方面，鲜明地体现出当时中国马克思主义者的马克思主义中国化实践水平和能力的日趋完善。

3. 批判的方式上呈现出完全否定式的特征。尽管自“五四”以来，中国的自由主义严重质疑和挑战着（中国化）马克思主义的真理性以及马克思主义中国化实践的现实正当性等问题；但是这并不意味着中国的自由主义是一个“完全反动”“一无是处”的社会思潮。无论是将其置于价值观念、政治思想，还是民族立场方面，它都存在着合理性的成分并发挥过积极的历史性作用。如价值观念层面，强调理性的个人自由，主张思想的开放与宽容等；政治思想层面，保障和维护个人自由，反对一切形式的专制等；民族立场层面，对救亡图存和国家富强具有浓厚的民族主义关怀等。同样，它最终没有成为近代中国历史发展的选择，原因是多方面的，从自身来看存在着一个最大的局限性即“强调个人自由和个人权利的自由主义与民族救亡的时代主题始终显得有些隔膜，也很难得到绝大多数国人的认同”①。因此，“五四”至新中国成立前在同自由主义的论争中，中国马克思主义者坚持总体否定的前提下也部分借鉴、吸纳了其一些合理性成分。如在问题与主义之争中，对西化派的历史进化论和科学的思想、方法给予了部分肯定，特别是借鉴了其所倡导的关注中国现实问题的思想；20—30 年代的人权论争中，批判人权派将人权问题的重要性过分拔高以及一味谈抽象的人权，但不否认人权问题是当时中国社会所需要解决的问题之一以及坚持人权的具体性和抽象性的统一；30—40 年代的文化论争中，批判了西化派的文化决定论以及全盘西化论，但是也吸纳了其注重文化的时代性、世界性以及承认文化的重要性等思想。而新中国成立初期，受毛泽东对新民主主义社会运行机制认识上的转变、“五四”后社会意识形态领域内“西”“马”两大思潮交锋成为主流趋向的格式化认识等因素的影响②，中国

① 耿云志等.历史为什么没有选择自由主义——关于“中国近代自由主义的对话”[G].郑大华，邹小站主编.中国近代史上的自由主义.北京：社会科学文献出版社，2008，9.

② 朱庆跃.建国初党对旧意识形态的改造及其借鉴价值[J].江淮论坛，2016-04，75—76.

马克思主义者对自由主义的批判采取了完全否定式的方式，简单的“二元对立模式”严重充塞其中，即“在既定的观念体系里，只有唯物的和科学的，才是对的和正确的，是同真理接近或同一的，反之便是错误的，甚至是敌对的”①。如完全否定胡适自由主义哲学观的价值，认为其是“反马克思主义的”“肤浅低下”；完全否定胡适自由主义历史观包括考据法，认为其表面“科学”实则“大谬”；完全否定胡适自由主义文化观，认为其是“胡说一气”“别有用心”和宣传民族虚无主义；等等。而实质上胡适的思想中也存在着一些可吸纳、借鉴的成分，如实用主义哲学观作为哲学方法论和科学方法论具有一定的严谨性和缜密性；政治观中对个人自由的维护和保障，对于促进个体自由全面发展具有借鉴价值；历史观中的考据法的应用，对于系统研究和整理中国历史文化遗产具有参考价值；等等。总之，新中国成立初期中国马克思主义者对自由主义持完全否定式的批判，固然能够通过“大破”促进中国化马克思主义意识形态主流社会地位的“大立”，但是所留的“后遗症”也是不可忽视的，即既违背了马克思主义本身所倡导的科学态度，也“一定程度上抛弃了‘五四’新文化运动以来培养起来的学风和学术研究方法，实际上把马克思主义封闭起来，在很大程度上不利于马克思主义的发展”②。

4. 批判的底色上呈现出浓厚政治性的特征。学术与政治两者之间到底处于何种类型的关系，无论是过去还是现在都是人们争论的议题之一。在多样化的解答中，至少“区别与联系”能够成为一种总体性的“共识”。两者的“区别”在于它们都有各自“特殊的领域”以及“规矩准绳，纪纲律例”，都需要保持“独立自由”；两者的联系在于在阶级社会里没有完全脱离政治的学术，也无完全脱离学术的政治，彼此无法绝对的割裂开来，“学术不能够推动政治，学术就无‘用’，政治不能够植基于学术，政治就无‘体’”③。在新中国成立之前的中国化马克思主义与自

① 启良.20 世纪中国思想史[M].广州：花城出版社，2009，238.

② 李方祥.现代学术批判对马克思主义中国化的双重影响——以 20 世纪 50 年代胡适思想批判为个案[J].当代中国史研究，2007-06-91.

③ 贺麟.文化与人生[M].上海：上海文艺出版社，2001，193—194.

由主义的多次论争中，中国马克思主义者基本上较正确地处理了学术与政治之间的关系，对自由主义的阶级本质和政治观点进行揭露和批判时将其植基于学术和思想讨论之中，即以学术思想讨论为“底色”；而新中国成立初期中国马克思主义者对自由主义以胡适思想为例的批判，则明显是抹杀了两者的区别，也颠倒了两者的联系，将政治视为“体”、学术当作“用”，学术的讨论植基于政治之中，批判的底色是“政治”。如批判开始时，就首先将其定性为一场思想战线上“阶级斗争”。以 1954 年底中国文艺界主席团和中国作协主席团扩大联席会上郭沫若所作的“三点建议”发言为例，尽管也提出“应该广泛地展开学术上的自由讨论，提倡建设性”“应该加紧扶植新生力量”的建议，但是第一条建议还是在于强调“应该坚决展开对于资产阶级唯心论的思想斗争”①。潘梓年更是直接指出“资产阶级唯心主义思想是社会主义革命的大敌”，开展对胡适思想批判是“思想战线上的一次严重的阶级斗争，在过渡时期是非常重要的一件大事”。②在这样浓厚的政治“底色”下对胡适思想批判时不可避免地存在着泛滥的“标签政治”（诸如给胡适扣上了“反革命”“资产阶级”“政治阴谋家”“民族叛徒”“美帝国主义的走狗”“汉奸卖国贼”“买办洋奴”“反动文人”等政治帽子）以及充斥着无理性的“语言暴力”（诸如频繁使用“双胞孽种”“走卒”“恶犬”“奴才”“死狗”“丧心病狂”“丧尽廉耻”“花旗顺民”等恶毒的词汇）。③思想改造等同于政治斗争，可想而知一些思想认识问题没有也无法说清楚；批判理应取得的效果也或多或少地打了折扣；也为以后很长一段时间极“左”的学术政治化行径树立了恶劣的先例。

---

① 胡适思想批判（第一辑）[C].北京：生活·读书·新知三联书店，1955，8—9.

② 胡适思想批判（第四辑）[C].北京：生活·读书·新知三联书店，1955，6.

③ 龚文雅.1950 年代胡适思想批判运动的历史辨析[D].安徽大学，2013，34—42.

第八章
20世纪50年代中后期民主政治问题上的论争与批判

针对1957年一些右派借助"开门整党"之机发表攻击党和新生的社会主义民主政治制度的言论，中国马克思主义者从民主政治思想、民主政治制度、民主政治关系以及民主政治行为等方面进行了回击和批判。这些回击和批判有力地巩固和捍卫了党的领导、稳定了刚刚建立起来的社会主义制度；也有助于明确是非和统一思想。同样，不可否认当时这批中国马克思主义者自身的成长环境和其在马克思主义中国化实践中的角色定位，以及所持思想理论内存的一些局限性等因素影响，也助长了后期批判中扩大化错误的滋生。

20世纪50年代中后期针对社会上所出现的质疑高校党的领导的相关言论，当时的中国马克思主义者并没有回避，而是围绕着"怎么看""是什么""为什么""如何做"等方面给予了积极的回应。这种回应中中国的马克思主义者不仅仅是一个批判者，而且更是一个建设者；同样作为批判者，所持的批判并不是非理性的报复式偏袒，而是理性辩证式维护；作为建设者，在坚定立场的前提下进行了较为系统充分性的论证。回应中的一些"真知灼见"对当下中国特色社会主义大学建设仍具有借鉴性价值，如办好我国高等教育必须坚持党的领导，这是前提条件；必须坚持理论创新，这是思想指导；必须加强和创新高校党的制度建设，这是制度保障；必须积极探索高校内部分权与制衡相结合的治理结构，这是关键环节。

一、对“右派”民主政治言论的回应

对于1957年下半年的反右派运动，1981年的《关于建国以来党的若干历史问题的决议》给予了这样的历史辩证性分析和评价：一方面，反击极少数右派分子对党和新生的社会制度的进攻是完全必要的；另一方面，在实际中反右派斗争犯有严重扩大化的错误，造成了不幸的后果。虽然反右派运动过去了60多年以及《决议》本身过去了40多年，但上述的分析和评价依然并未过时，要求我们必须坚持两个方面的联系和统一，过于肯定或否定一个方面都会陷入到历史虚无主义泥淖中去。例如将1957年下半年的反右派运动置于中国化马克思主义与自由主义的思想论争场域中，并以民主政治作为观察的切入点，需要我们既要看到为捍卫中国化马克思主义的科学真理性及其实践的现实正当有效性，当时的中国马克思主义者对极少数右派所持自由主义言论进行了完全必要式的回应，回应中积累了一些有益的经验；同样，又要从中国马克思主义者及其所持思想理论本身深刻分析在回应中哪些因素致使严重扩大化错误的产生。无论是经验的总结还是教训的吸取，都将有助于推进新时代下中国特色社会主义建设实践的深入，以及中国化马克思主义主导性地位的巩固。

（一）民主政治思想方面：回应了“右派”有关民主政治的抽象普遍性言论，突出了民主政治的具体阶级性问题

在阶级社会里统治阶级思想意识的呈现形式，按照马克思主义经典作家所指出的“越来越抽象”“越来越具有普遍性形式”①。但是，在资本主义社会由于资本的流动性特质，致使这种呈现形式走向了极端化的状态，从而使由于资本的私人占有而带来的思想意识具体阶级性更以隐蔽性的形式存在着。以西方资产阶级的民主政治思想为例，自由主义者总是大肆鼓吹其抽象永恒性，认为其超阶级超历史而具有普

① 马克思恩格斯选集(第一卷)[M].北京：人民出版社，1995，100.

世性。这种思想内容和思维方式,在 1957 年中国的一些右派中也很有市场,可以从当时他们相关民主政治思想的言论获得体现。如在讨论民主政治中的人性与阶级性的关系方面,有的认为突出包括民主政治思想在内的任何一种理论的党性或阶级性,即“只有相对于某一特殊的阶级立场或者从某种特殊的角度来看才是正确的”;那么这种缺乏人性的理论就不应该称为“真理”而只能是“宗教”。①对于“民主”的认识,有的强调“一切社会都有民主”,不能认为民主“只涉及阶级斗争”,指出资产阶级“唤醒了民主精神”而无产阶级作为民主的旗手时特别是在取得国家政权后“却作的很保守”。②对于法律的阶级性问题层面,有的指出这种说法是“值得考虑的”,相应地提出了法律规范本身“不一定表现得出具体的阶级性”这样的论断,他们给出的理由在于法律规范的本身是正义的,符合人民要求的;大都是有关于调整各种关系的一般标准及处理各种事件的程序方法;是有反抗性的,是长期为剥削阶级国家的被统治阶级用来对抗统治阶级的。③可见,承袭这种民主政治抽象性思想理念,必然导致了一些右派分子对马克思主义民主政治理论科学真理性的否定;同样,以其作为检验和判断标准,也会得出现实生活中社会主义没有民主政治或即使有也是一种历史倒退性的谬论。“民主是人民当家作主,社会主义民主应该比资本主义民主更民主,而现在我们的国家不是全体人民的国家,是党的国家”④,“我们说资本主义国家没有民主,但我认为资本主义国家内部是有民主的,不但资产阶级有,劳动人民由于组织起来了,也有一定的民主和自由”⑤。

在积极推进社会主义民主政治建立和发展这一重大的马克思主义

① 北京大学经济系政治经济学教研室编印.校内外右派言论汇集[C].1957,16.

② 北京大学经济系政治经济学教研室编印.校内外右派言论汇集[C].1957,162.

③ 中国政治法律学会资料室编.政法界右派分子谬论汇集[C].北京:法律出版社,1957,64—85.

④ 高等学校右派言论选编[C].中共中国人民大学委员会社会主义思想教育办公室,1958,57.

⑤ 高等学校右派言论选编[C].中共中国人民大学委员会社会主义思想教育办公室,1958,71.

民主政治理论中国化实践中，针对1957年整风中“右派”有关民主政治的抽象普遍性言论，当时中国马克思主义者也给予了积极的回应。他们以马克思主义民主政治理论为武器，突出了民主政治的具体阶级性问题。主要体现为：其一，分析了民主政治中的人性、阶级性和党性之间的关系。如有的中国马克思主义者认为无论是党性还是人性都是“历史的产物”，就如“没有抽象的人和党一样，也没有抽象的人性和党性”①；强调无产阶级有时用党性去“扼杀”人性，并不是完全错误的，关键在于要看被“扼杀”的是哪一种“人性”，如果“扼杀”的是人剥削人的自私自利的“人性”，反而能够发扬和发展社会主义的优美的人性。②还有的从三者内在的逻辑关系谈论了它们的统一，指出在阶级社会里人的阶级性，就是所谓的“人性”或人的本质属性，而党性就是人们这种阶级性或人性最高而集中的表现；不同阶级的人们都有其各自的党性，无产阶级的人就具有无产阶级的党性。③其二，论证了自由、民主的根本属性就在于阶级性。如有的中国马克思主义者就从上层建筑与经济基础之间的关系维度分析自由的阶级性问题，指出自由总是具体的、具有阶级性，就在于它“属于上层建筑，它由基础产生，并为基础服务”④；自由是相对的，它与纪律构成了对立统一的关系；社会主义的自由性较资产阶级的自由更具有真实性和优越性，是因为“无产阶级专政的政权是保障多数劳动人民自由的工具，是统治少数剥削者的工具”⑤。对民主阶级性的论证思路类似于自由的论证，认为民主属于上层建筑中的国家政治制度，是“特定的阶级用来调整自己内部的矛盾、团结自己的力量，以便对自己的敌对的阶级施行有系统的暴力专政的手段”⑥；它是为特定的经济基础服务的，相应地决定了作为目的的抽象的民主是不存在的，其是以手段的具体阶级性的形式而存在。其三，探讨了法律有

---

①② 丁三.党性和人性[N].人民日报，1957-06-18(8).
③ 陈树林.“有了党性，就没有人性吗”？[J].学习，1957-17.
④ 戴树柏.简论自由——驳右派分子关于自由的论调[J].学术月刊，1957-12-24.
⑤ 戴树柏.简论自由——驳右派分子关于自由的论调[J].学术月刊，1957-12-27.
⑥ 廖盖隆.论民主自由[N].人民日报，1957-10-06(7).

无具体抽象、继承性的问题。除了从经济基础与政治上层建筑之间辩证关系这一宏观角度论证外，有的中国马克思主义者相关论证思路较为微观具体，如强调法是国家权力行使的工具手段之一，国家的阶级性决定了法的阶级性；指出资产阶级的法律中出现一些似是而非对人民有利的抽象普遍法，实质这是资产阶级实施欺骗手段和无产阶级进行斗争的综合结果；同时，认为不能用法律用语的非阶级性来得出法的抽象性这一结论，因为法律用语是属于语言学的范畴而不属于上层建筑的范畴；另外，也批判了右派认为辅助性或从属性法律具有抽象性的观点，强调把法律分为主导性或关键性和辅助性或从属性这两种是不科学的，因为"这些法律都是调整着各自特定的社会关系的，都是独立的法的部门，它们和宪法共同组为一个国家的完整的法权体系"①，也在于没有阶级性的法律是不能称为"法律"的，"任何法律都有其固有的阶极性，不论是根本法还是根据根本法而制定的其他法律，其阶级性都是统一的"②。其四，揭露了有关民主政治抽象普遍性言论的实质所在。如有的中国马克思主义者认为资产阶级之所以强调自由、民主的抽象普遍性，实质在于害怕暴露资产阶级自由民主是"少数人统治多数人"这个实质，如果让人民群众看清楚则"于他们不利的"，这也充分体现出资产阶级自由民主的虚假性。③还有的指出右派鼓吹"绝对民主"、"绝对自由"等口号，本质在于"来迷惑群众，造成天下大乱的局势"，从而最终"进行反革命的复辟，建立反革命的专政"。④

（二）民主政治制度方面：回应了"右派"否定社会主义民主政治制度的言论，论证了社会主义民主政治制度的优越性

一定的民主政治制度是对一定的民主政治思想理念在制度层面的

---

① 侯志纬.新旧法律究竟有没有继承性？——粉碎右派企图复辟伪法统的阴谋[J].教学与研究，1957-12-47.

② 侯志纬.新旧法律究竟有没有继承性？——粉碎右派企图复辟伪法统的阴谋[J].教学与研究，1957-12-48.

③ 若水.究竟谁民主[N].人民日报，1957-10-06(7).

④ 反右派斗争是关系国家存亡的斗争　陆定一在全国人民代表大会上阐述同右派的根本分歧[N].人民日报，1957-07-12(1).

贯彻和实践，也是对一定民主政治关系的规范和民主政治行为的“硬约束”。1957年中国的一些右派以民主政治的抽象普遍性思想为指导，从根本性、基本性乃至具体性层面对社会主义民主政治制度进行攻击和批判。如对于根本政治制度即人民代表大会制度的批判上，有的认为由于“代表在群众中联系很不够”以及“主要是讨论领导布置下来的问题”，从而使其“不民主”和无法真正发挥最高权力机关及其监督功能。①“人民代表大会选举政府是脱裤子放屁”②，“全国人民代表大会的代表都是党拟定的。这种选举跟国民党差不多”③。有的以波匈事件和苏共二十大所揭露的斯大林错误为例证来实施攻击，强调目前社会主义国家的政治制度都不是理想的，主要是“不民主”，以至于“领导代替了群众思维”④；“匈牙利发生了暴动，苏联有斯大林的独断专行，中国也出现了严重的官僚主义、宗派主义……。情况各有不同，但有共同的社会根源，不只是思想认识和党员作风的问题”⑤。对于基本的政治制度的批判上，以多党合作和政治协商制度为例，有的认为民主党派“有职无权”和不能发展自己的组织，相应地不可能起到长期共存、相互监督的作用，所起的作用却在于“只是喝喝彩，举举手而已”⑥，“互相监督只是共产党监督别人，没有民主党派监督共产党”⑦，“政协”只是共产党收容民主党派这些菩萨的大大小小的庙宇而已⑧。对于一些具体

---

① 中国政治法律学会资料室编.政法界右派分子谬论汇集[C].北京：法律出版社，1957，33—34.

② 高等学校右派言论选编[C].中共中国人民大学委员会社会主义思想教育办公室，1958，74.

③ 高等学校右派言论选编[C].中共中国人民大学委员会社会主义思想教育办公室，1958，75.

④⑤ 高等学校右派言论选编[C].中共中国人民大学委员会社会主义思想教育办公室，1958，121.

⑥ 高等学校右派言论选编[C].中共中国人民大学委员会社会主义思想教育办公室，1958，754.

⑦ 高等学校右派言论选编[C].中共中国人民大学委员会社会主义思想教育办公室，1958，752.

⑧ 高等学校右派言论选编[C].中共中国人民大学委员会社会主义思想教育办公室，1958，753.

政治制度的批判上：如指出汇报制度本身就是“官僚主义”的反映，“这种不正常的汇报使平时正常的同志关系也不好了，这样汇报形成了官僚化”[①]；批判人事档案制度，认为其助长了官僚主义、神秘主义和特权主义，造成了诸如“人事干部及其党员的特权思想”、产生了“某些诬告及其误会的漏洞”、形成了“干部对领导的隔膜和怀疑”[②]等。法律制度方面，有的武断地认为中国当时没有法律制度，处于“无法可依”的状态。“我国的宪法仅是原则性的东西，而我国没有民法典、刑法典、劳动法等等”[③]，“在县以下的基层单位可以说没有法制，在基层干部中没有什么法制观念”[④]。

针对1957年一些右派否定社会主义民主政治制度的言论，当时的中国马克思主义者给予了积极性的回应，以充分论证了社会主义民主政治制度相较之前特别是资本主义民主政治制度的优越性。具体体现为：在根本政治制度上回应了右派对人民代表大会制度的攻击，如有的从选举原则、形式、组织及其程序等方面驳斥了右派所谓人大制“不民主”、无法发挥监督功效的谬论，指出“人大制”充分贯彻了选举的普遍性和平等性相结合的原则，采取了直接选举与间接选举、公开投票与秘密投票相结合的形式，以及事前进行民主协商实行候选人提名等，有力地保障了“人大制”的人民民主性质和社会主义性质。[⑤]有的以“人大制”所开展的审查和批准预算为例，驳斥了右派分子诋毁人民代表大会的功能更多是形式主义的言论，强调之所以出现这种右派眼中的形式主义的假象，根本原因在于国家预算本身就体现了全国人民的共同利益和一致愿望以及事前经过了充分准备和广泛征求各方面意见，而这

① 高等学校右派言论选编[C].中共中国人民大学委员会社会主义思想教育办公室，1958，343.

② 高等学校右派言论选编[C].中共中国人民大学委员会社会主义思想教育办公室，1958，478.

③ 高等学校右派言论选编[C].中共中国人民大学委员会社会主义思想教育办公室，1958，87.

④ 高等学校右派言论选编[C].中共中国人民大学委员会社会主义思想教育办公室，1958，88.

⑤ 罗世英.驳斥右派分子对我国选举制度的污蔑[J].法学研究，1957-06.

些也正体现了社会主义民主的极大优越性。①有的还深刻剖析了右派谬论产生的思想根源，认为这是“用资产阶级的观点来看我国的人民代表大会制度”以及过分偏重“人民代表大会的环节”而忽视其群众基础的广泛性所致。②在基本政治制度上回应了右派对政协制度的攻击，如有的批判了一些右派将政协搞成“上议院”来控制“下议院”的企图，指出这充分暴露了他们的资产阶级的本性，混淆人民民主的多党制和欧美式的多党制的界限。有的强调政协长期共存和相互监督功能发挥的首要前提，就在于民主党派“在我国社会主义事业中仍然成为一个积极的而不是消极的因素”“在它们和共产党之间没有对抗性矛盾”。③有的认为在政协制度实践上我们采取的事先的充分协商和讨论这一做法，本身就是社会主义民主政治的特色和优越性的体现，而在协商中民主党派的意见是否被采纳根本还在于它们“是否符合广大人民群众的利益为标准的”④。在具体政治制度上回应了右派的相关攻击，如特别是针对一些右派认为当时中国处于“无法”状态的指责，有的以具体的数字和事实来进行了驳斥，指出我们国家的各项基本法律都已陆续颁布并在实践中取得了良好的效果；有的认为这是以资产阶级法律观点和思想作为判断标准的结果，“人民的法律只能是代表以工人阶级为领导的广大人民群众的意志，右派分子不承认甚至敌视人民法律，正是逻辑的必然结果”⑤。另外，有的还批判了一些右派主张只要法律不要政策的观点，认为这割裂了政策与法律之间的密切关系，也是企图“削弱了以至取消了党在国家机关工作中的核心领导作用”⑥的重要表现。可见，上述的回应有力地巩固了社会主义民主政治制度初建中所取得的

① 沈行韦.驳斥右派分子对人民代表大会审查和批准预算的恶意攻击[J].财政，1957-06.

② 龚祥瑞在法学界人士的座谈会上批判陈体强储安平的谬论[N].人民日报，1957-06-13(2).

③ 黎澍.资产阶级两党制和劳动人民的“雅量”[N].人民日报，1957-06-26(7).

④ 理夫，林岐瑞.天下究竟应属于谁？[N].人民日报，1957-09-02(7).

⑤ 王水.驳“无法可依”和“有法不依”[N].人民日报，1957-09-09(7).

⑥ 徐平.为什么只要法律不要政策？[N].人民日报，1957-09-12(2).

成果，也为其进一步深入推进奠定了良好的基础。

（三）民主政治关系方面：回应了“右派”批判一元化领导下的高度集权关系言论，强调了社会主义民主政治中坚持党的领导的必要性

任何一种民主政治现象都是民主政治关系的外化和具体表现形态。而作为民主政治本质的民主政治关系如何，直接体现和决定了民主政治实践中权力由谁掌握、为谁服务的问题。1957 年中国的一些右派以西方自由主义的抽象民主政治思想为指导，从党与人大、政府、政协、司法机关等之间关系层面对社会主义民主政治关系进行了批判，特别是攻击了所体现出来的党一元化领导下的高度集权关系。具体体现在：在党与人大关系上，批判了党“包办一切”的现象和行为，如有的认为我国的权力机关不是人民代表大会而是党委会、最高权力机关不是全国人民代表大会而实际上就是中央委员会①，人大只是党决策表现形式②。在党与政府的关系上，批判了以党代政、党政不分的现象和行为，如有的指出过去我们强调党只是抓思想和政策的，而现在“超越这个范围”，党已经直接向人民发号施令，致使“政府部门却没有权”③；有的直接将当时无产阶级专政评价为一党专政，人民的政权就是党的政权，“现在国家制度不是由人民专政，而是党专政，全部权力在于党”④。在党与政协关系上，如有的认为政协已经沦为党和政府部门的“传声筒”⑤，统战部是“电话总机”⑥，各民主党派和无党派人士扮演的只是“作作客”的角色。在党与司法机关的关系上，批判了以党代法的行为，如有的就揭露了当时存在着用党的指示或领导人的讲话代替法律、司法机关人员的任命选拔中重政治轻业务等现象，强调“宪法不是共产党

---

① 高等学校右派言论选编[C].中共中国人民大学委员会社会主义思想教育办公室，1958，78.

②④ 高等学校右派言论选编[C].中共中国人民大学委员会社会主义思想教育办公室，1958，77.

③ 中国政治法律学会资料室编.政法界右派分子谬论汇集[C].北京：法律出版社，1957，8.

⑤ 复旦大学校刊编辑室.“右派”言论选辑之一：毒草集[C].复旦大学出版社，1957，24.

⑥ 复旦大学校刊编辑室.“右派”言论选辑之一：毒草集[C].复旦大学出版社，1957，22.

的党章，是全体人民的法”，指出司法机关归一个党委会领导只能会导致“如果党委会本身有了问题，检察院就无法检察了”①。在进行攻击的同时，一些右派就如何确立他们心目中的上述民主政治关系按照自由主义的民主政治观进行了所谓的“设计”。如党与人大关系上，一些强调要提升人大的政治地位，赋予其政治设计院的功能，国家大政方针由其来决定。党与政府的关系上，一些主张按照编导和演员的关系来明确分工进行处理，编导一般不必上前台甚至取代演员，只负责解释说明②；甚至有的主张政府应由民主党派来负责。在党与政协关系上，一些强调各民主党派要独立自主和加强自身领导，在代表群众利益的事情上敢于与共产党斗争③；有的主张要把政协变成类似于西方的参议院，或者视为古代的御史，享有独立和公开的弹劾权④。在党与司法机关之间的关系上，一些指出“共产党可以派党员到司法、检察等机关担任负责工作”，但是这些部门“不应该受党委领导”⑤。不可否认，当时社会主义民主政治实践刚开始，必然存在着一些问题或弊端。而一些右派却将这些问题和弊端无限放大，以“党天下”“一党专政”等词汇给以歪曲描述，从而企图达到否定党的领导、否定社会主义的目的，以重建体现和维护资产阶级权力和利益的民主政治关系。

针对1957年一些右派有关歪曲或污蔑社会主义民主政治关系特别是否定党的领导的言论，当时的中国马克思主义者从右派错误言论产生的根源是什么、为什么要坚持党的领导以及如何正确认识和实践党的领导给予了积极性的回应。对于第一个方面，当时的中国马克思主义者从思想认识乃至阶级根源等方面进行了探讨分析。如思想认识根源上，有的认为这与一些右派分子对斯大林有关共产党员是“特殊材

---

① 高等学校右派言论选编[C].中共中国人民大学委员会社会主义思想教育办公室，1958，81.

② 章乃器.从“墙”和“沟”的思想基础说起[N].人民日报，1957-05-14(2).

③ 复旦大学校刊编辑室.“右派”言论选辑之一：毒草集[C].复旦大学出版社，1957，27.

④ 复旦大学校刊编辑室.“右派”言论选辑之一：毒草集[C].复旦大学出版社，1957，5.

⑤ 中国政治法律学会资料室编.政法界右派分子谬论汇集[C].北京：法律出版社，1957，9.

料制成"思想的错误理解密切相关，他们将其视为现实民主政治关系中滋生严重的主观主义、宗派主义和官僚主义的思想滥觞，斯大林的本意是指为担负着伟大的历史任务共产党员必须具有大无畏的、自我牺牲的精神和高尚品格，而非指在民主政治关系中共产党员以"特殊性"自居。[①]有的强调这与一些右派的认识上"以偏概全"和否定国家的阶级性有很大关系，认识上的"以偏概全"即把部分党员的作风问题扩大化整个党的制度性问题，否定国家的阶级性在于没有认识到"'国家'是服务于一定阶级的阶级统治工具，'人民'也有一定的范围，党是阶级斗争的最高组织形式"[②]。还有的认为这与一些右派混淆宗派与阶级、领导和管理、组织和人事安排的分别密不可分。[③]阶级根源上，有的指出一些右派将党形容成为"谋一己私利"的宗派、是"国家的主人"以及人民民主专政视为"共产党专政"，最根本的还是在于从资产阶级的利益出发，通过否定党的领导而鼓吹走资本主义道路。"所有这些言论，归根结底都说明，他们的思想实质是要篡夺党的领导权，不要党的领导，……党的领导不可动摇，要想把我们拉到资本主义道路上去，使社会后退，我们坚决不答应！"[④]对于第二个方面，有的从否定党的领导所带来的严重后果来谈坚持党的领导必要性，如认为离开了共产党的领导只会导致"帝国主义势力在中国的复辟"，招来了"殖民地的命运"[⑤]；强调坚持党的领导是"中国人民根据历史经验挑选了"，在党的领导下中国人民"走上了独立民主自由的道路"[⑥]。对于第三个方面，当时的中国马克思主义者进行了多维度阐释。有的明确党的领导就在于"出主意，用干部"，而这不是"独揽"；指出共产党是人民民主专政的核心，

① 小雅.关于"特殊材料制成的"……——和章乃器先生商榷[N].人民日报，1957-06-08(8).

② 张铭闻.共产党的根谁也挖不掉——批判张百生、黄振旅的谬论[N].人民日报，1957-06-23(3).

③ 复旦大学校刊编辑室.批判右派思想言论选辑之二：明辨集[C].复旦大学出版社，1957，41—44.

④ 陈垣.想动摇党的领导，我们坚决不答应[N].人民日报，1957-06-28(7).

⑤ 茅盾."放"、"鸣"和"批判"[N].人民日报，1957-06-17(2).

⑥ 华罗庚.几点平常的道理[N].人民日报，1957-06-23(2).

这就决定了从总政策总路线、工作方针乃至行动方向方面,“党政不分”溶成一片“是完全正确的,必要的”。①有的认为党的领导作用主要体现在“领导制定国家的方针政策”、组织动员全国人民以及“挑选党员担任领导干部”等方面。②另外,有的还就党能否直接向人民“发号施令”进行了分析,强调如果党向人民发布政治任务的号召或者发布关于政府工作中的方针政策的指示,那么这种“发号施令”不仅是正确而且也是必要的。③总之,上述的回应明确了社会主义民主政治关系中坚持党的领导核心地位不动摇的立场,也推进了社会主义民主政治关系中权力运行沿着保障和维护人民利益的方向前进。

(四)民主政治行为方面:回应了“右派”抹杀新中国以来民主政治实践成就的言论,肯定了民主政治建设在党的领导下所取得的进步性

政治行为的性质及其实践状况如何,最终关系着政治权力的运用方向和政治权利的归属问题。新中国成立后,为了巩固新民主主义革命实践的成果以及推进其向社会主义民主政治方向的转变,中国共产党对于“敌”“友”“我”采取了三种不同的民主政治行为,即对于“敌”采取了肃反运动、对于“友”实施了阶级改造和思想改造运动、对于“我”开展了开门整党运动。但是对于上述三个方面的民主政治行为尤其是所取得的成就,1957 年中国的一些右派却给予了攻击和否认。对于肃反运动的攻击和否认,如有的右派认为肃反是对人类道德的进攻和对人类心灵的摧残,肃反的错误不仅仅是方式方法的错误,更重要在于方针政策的错误,而这个错误应由党来承担④;有的强调肃反中所犯的错误与干部们的地位和思想方法有很大的关系⑤;有的则指出肃反是共产党要的手段,是利用一部分人杀掉一部分人,留下的都是满意的人⑥。对于

① 王力.“论党领导的人民天下”[N].中国青年报,1957-09-05.
② 理夫,林岐瑞.天下究竟应属于谁?[N].人民日报,1957-09-02(7).
③ 党不能发号施令吗?[N].人民日报,1957-07-10(1).
④ 北京大学经济系政治经济学教研室编印.校内外右派言论汇集[C].1957,20.
⑤ 北京大学经济系政治经济学教研室编印.校内外右派言论汇集[C].1957,51.
⑥ 高等学校右派言论选编[C].中共中国人民大学委员会社会主义思想教育办公室,1958,568.

资产阶级改造的攻击和否认，有的认为中国的民族资产阶级是红色的资产阶级，没有什么所谓的“两面性”，其不需要经过改造就可以转变成工人，即使转变成工人也并不意味其本质的转变；有的更是将资产阶级的改造称之为“杀猪养猪”的政策①。对于知识分子思想改造运动的攻击和否认，有的污蔑其为“有伤人道”“不道德的”，是对“知识分子人格的污辱”②；有的强调思想改造运动表面上是解决人民内部矛盾，而从采用的手段来看实质是“狂风暴雨，你死我活的残酷斗争”③；更有甚者认为知识分子的思想不需要改造，知识分子的世界应该任意发展④。对于开门整党运动的攻击和否认，有的歪曲党实施整风运动的目的，认为这是党缓和社会矛盾以此来维持“一党专政”⑤；有的表面上欢迎整风运动，但将其意义却视为是“党和国家消亡的开始”⑥；还有的污蔑党在整风运动中所采取的鸣放政策，批判其是“诱敌深入、一棍子打死”的歹毒策略⑦；等等。

上述极少数右派分子对党领导下的民主政治行为的攻击，这一期间也受到了中国马克思主义者的回应和批判。如针对肃反运动的攻击和否认言论，有的中国马克思主义者强调肃反运动是党根据我国阶级斗争的具体情况而定的，并且采取了严肃和谨慎的方针政策，这些说明了肃反运动既必要也是正确的；尽管肃反运动中出现了一些偏差，但这

① 高等学校右派言论选编[C].中共中国人民大学委员会社会主义思想教育办公室，1958，674.

② 高等学校右派言论选编[C].中共中国人民大学委员会社会主义思想教育办公室，1958，689.

③ 高等学校右派言论选编[C].中共中国人民大学委员会社会主义思想教育办公室，1958，688.

④ 高等学校右派言论选编[C].中共中国人民大学委员会社会主义思想教育办公室，1958，683.

⑤ 高等学校右派言论选编[C].中共中国人民大学委员会社会主义思想教育办公室，1958，493.

⑥ 高等学校右派言论选编[C].中共中国人民大学委员会社会主义思想教育办公室，1958，481.

⑦ 高等学校右派言论选编[C].中共中国人民大学委员会社会主义思想教育办公室，1958，490.

不意味着肃反运动的扩大化，相反这些扩大化也与肃反中斗争的复杂性密不可分的。①有的从法律的角度论证了肃反运动的合法性问题，指出肃反运动的合法性在于不仅以各种规范性的法律文件为依据，而且还有司法机关执行，同时坚持了“有反必肃、有错必纠”的指导方针。②还有的揭露了右派攻击和否认肃反运动的险恶用心，认为右派分子在肃反问题上大做文章决不是偶然的，他们的根本目的就是“排斥党的领导，来达到资产阶级的复辟”。③回击了攻击和否认资产阶级改造必要性的谬论，有的认为将中国民族资产阶级都看成是“红色”的，这是将爱国主义等同于爱社会主义；否认资产阶级的“两面性”，特别是将其与工人内部先进、落后的矛盾混为一谈，其最根本的实质在于否认资产阶级改造的必要性以及资产阶级的阶级性问题。④驳斥了污蔑思想改造的谬论，如有的认为思想改造是必要的，成绩是肯定的，必要性在于它考虑到了思想变化常常落后于客观事实变化的特点，更在于它是“彻底实现民主改革和逐步工业化的重要条件之一”⑤；成绩体现在划清了资产阶级与无产阶级的思想界限，认识了小资产阶级的“超政治”“超阶级”的谬论，肃清了崇美反苏的思想等⑥。有的还注重就“百家争鸣”与“思想改造”是否有矛盾进行了分析，指出“争鸣是为了追求真理，明辨是非，不是为了抹杀真理，泯灭是非的界限”⑦。反击了否认开门整党的怪论，有的中国马克思主义者指出实施整风运动并不是否认党的领导以及党所获得的成绩，而是为了消灭“极少部分的党员在作风上有一些不好的表现”⑧；有

---

① 批判右派分子林希翎等论文集[C].北京：中国青年出版社，1957，33—34.

② 复旦大学校刊编辑室.批判右派思想言论选辑之二：明辨集[C].复旦大学出版社，1957，103—104.

③ 复旦大学校刊编辑室.批判右派思想言论选辑之二：明辨集[C].复旦大学出版社，1957，108.

④ 柳成群.驳斥右派分子章乃器的谬论[M].北京：财政经济出版社，1957，5—27.

⑤ 复旦大学校刊编辑室.批判右派思想言论选辑之二：明辨集[C].复旦大学出版社，1957，95.

⑥ 复旦大学校刊编辑室.批判右派思想言论选辑之二：明辨集[C].复旦大学出版社，1957，96.

⑦ 王力.漫谈高等学校中的几个问题[N].人民日报，1957-06-07(7).

⑧ 李继侗，我对党整风的认识[N].人民日报，1957-06-14(7).

的特别批判了将官僚主义等不良作风等同于社会主义从而企图来否认党和社会主义的行为，明确强调整风是为了整掉官僚主义而不是为了反对社会主义，是为了整掉宗派主义而不是为了削弱党的核心领导作用，是为了整掉主观主义而不是否定马列主义①。上述的回应和批判，肯定了新中国以来党领导人民所开展民主政治行为的进步性，而这些又毫无疑问地捍卫了上述民主政治行为的现实正当性问题。

综上所述，1957年下半年中国马克思主义者从民主政治思想、民主政治制度、民主政治关系以及民主政治行为等方面对“右派”的言论所开展的回应和批判，有力地巩固和捍卫了党的领导、稳定了刚刚建立起来的社会主义制度；也有助于“在全国人民中间澄清了根本的大是大非”②，从而为社会主义民主政治建设实践的进一步推进统一了思想和凝聚了共识。但是，不可否认中国马克思主义者在思想文化领域的批判和当时其他行业、领域所开展的反右运动一样也存在着严重扩大化的错误。这种扩大化的错误，根本原因在于“当时党对阶级斗争和右派进攻的形势作了过分严重的估计”③。而从中国马克思主义者及其所持思想理论本身来看，也存在着一些因素加速了这种扩大化错误的发生。如当时这批中国马克思主义者更多地成长于革命战争年代，他们深受过去阶级斗争思维方式的影响，没有认识到社会主义民主政治制度建立后如何“建设”才是需要关注的重点，而是出于政治阶级性本能的反应更多地去做“辩护”的工作。同样，与这批中国马克思主义者作为马克思主义中国化实践中的知识分子主体角色功能定位密不可分，自20世纪40年代以后其在马克思主义中国化实践中的角色逐渐明确化，不同于领袖群体是“马克思主义中国化任务的提出者与主题的确立者、中国国情与时代特征的把握者”，他们扮演的较多是中国化马克思

---

①　千家驹，孙晓村，吴大琨，冯和法.为什么这是两条道路的斗争？——对章乃器反社会主义思想的批判[N].人民日报，1957-06-20(4).

②③　中共中央党史研究室.中国共产党历史(第二卷)上册[M].北京：中共党史出版社，2010，291.

主义文本的建构者以及“中国化马克思主义的传播者与运用者”[①]的角色，这就决定了其在浓厚的政治氛围下不可能充分发挥马克思主义中国化实践中的纠错作用。另外，当时中国马克思主义者所持思想理论本身内存的一些缺陷也助长了扩大化错误。如没有科学地处理好学术与政治的关系，将政治视为“体”、学术当作“用”，思想批判讨论一味植基于政治之中，致使思想理论的底色是“政治”；对右派及其主张没有进行精细化的分类而采取了统一格式化的批判斗争策略，实质上当时的右派，既有反对政府的右派也有拥护政府的右派[②]，他们的言论对党和新生的社会主义民主政治制度所构成的挑战类型也是不一样的，有的总体是维护型，有的是弱挑战型，也有的是强挑战型，这些决定了我们对于拥护政府的右派以及一些维护型或弱挑战型的言论，在批判的同时更多是包容引导，对于反对政府的右派以及一些强挑战型的言论应果断地回击和猛烈地批判。

二、对质疑高校党的领导言论的回应

建国初期，中国的社会转型处于快速发展阶段，即先由旧社会进入新民主主义社会，再由新民主主义社会过渡到社会主义社会。为了适应和推进这种社会转型，作为社会子系统的教育也进行了重大变革。以当时的高校为例，其中重大变革的表现之一在于党在高校的执政党的身份和地位得到了巩固和强化，一方面党“在高校的建党方式、发展对象、工作方式以及中心任务上都有一系列新的变化”[③]；另一方面，积

---

① 陈金龙.马克思主义中国化的主体探析[J].马克思主义研究，2010-05-117.

② [英]纳拉纳拉杨·达斯.中国的反右运动[M].欣文、唐明译.西安：华岳文艺出版社，1989，71—90.

③ 在《1949—1956年：中共在高校中的建设》(发表于《党史研究与教学》2009年第2期)一文中，周良书认为这种新变化表现在发展党员的问题上，中共采取先吸收学生，其次是讲师、助教，最后才是大学教授的方针；在干部建设问题上，中共一面调配大批干部充实学校各级领导机关，一面又通过整党整风的办法整肃党的干部队伍。此外，中共还通过生产劳动和政治运动两种方式，培育高校党员的群众观念，坚定高校党员的阶级立场。

极地进行了高校领导体制的调适，由 50 年代初实行的校长负责制到 1956 年党的“八大”新党章所确立的党委领导下的分工负责制，再到 1958 年 9 月中共中央和国务院联合下发的《关于教育工作的指示》中明确“党委领导下的校务委员会负责制”。面对高校的这种变化，一些固守旧社会大学教育观特别是西方资产阶级教育理念的人，利用党在高校执政党的身份和地位巩固和强化过程中所出现的一些问题和弊端，提出了质疑乃至否定高校党的领导的诸多言论。这些言论表面上涉及只是教育与政治的关系如何认识和处理，以及大学以认识论还是以政治论作为存在的哲学基础等问题，但是背后折射的却是“培养什么样的人、办什么样的大学”的问题。正是鉴于此，当时的一些中国马克思主义者①回应了这些质疑高校党的领导的言论。对这一回应实践进行具体的考察和分析，在理论层面有助于深刻了解和把握马克思主义教育观中国化的规律，在现实层面有助于当下更好地坚持和实践中国特色社会主义的大学制度。

(一) 20 世纪 50 年代中后期质疑高校党的领导言论的几种表现

综观 20 世纪 50 年代中后期质疑高校党的领导的言论，可以说是千奇百怪、包罗万象。如从质疑的性质和程度来看，有有所怀疑型、半信半疑型、全盘否定型等；从质疑的标准来看，有肯定旧社会大学教育领导体制而质疑新民主主义社会大学教育领导体制，有肯定新民主主义社会大学教育而质疑社会主义社会大学教育领导体制，有肯定西方大学教育领导体制而质疑新中国的社会主义大学教育领导体制等；从质疑的范围来看，涉及当时中国的大学内部管理体制、大学的公共关系、大学的教育科研规律、大学的教育内容、大学的教育功能、大学的教育效果以及大学的党员教育主体形象等诸多方面。在这些质疑高校党的领导的言论中，最具有代表性的有以下几种：

第一，“党政不分”论，即认为从大学内部的管理体制来看高校坚持

① 所探讨的中国马克思主义者总体指那些认同和实践(中国化)马克思主义的人，而不是以是否加入中国共产党作为界定标准的。

党的领导，导致了大学“党权”和行政权的不分，滋生了“以党代政”或“党天下”现象。持这种言论的人主张教育是独立于政治的，相应地高校的行政权和学术权具有独立自主性；而高校坚持党的领导后，“党权”严重挤压了行政权和学术权，甚至代替了后者。“最奇怪的是党委领导学校问题。我知道党委不能领导，而是校长领导，党员是可以由党委领导的，行政和党一定要分开，这方面搞不清，一定会引起混乱，像匈牙利就是这样搞起来的。”①他们开出的药方就是回到旧社会或西方大学所实施的“教授治校”或“民主办校”的管理体制，“教授治校”就是强调高等学校中的最高权力机构是“教授会”；“民主办校”，就是高校行政工作应由行政会议处理，而有关教学和科学研究方面的事项应由学术委员会处理。“将来大学里必然要做到‘教授治校’，因为全世界的先进大学的教育制度，没有不是教授治校的”②，“在学校中有最高权力的会，都应该让教授参加，大家公开讨论，包括党委在内”③。

第二，“外行领导内行”论，即从大学教育科研规律的认知和把握来看高校坚持党的领导，变相的就是“外行领导内行”。持这种言论的人给出的理由主要体现在以下几个方面，一是高校的教学和科研工作是有规律的，马克思主义并不是有关教育科学和自然科学的真理，因此对于这些中国共产党就是“门外汉”，相应地就无法领导这些教育和科研工作。二是有的强调教育和科学的专业是分门别类的，而世界上既精通教育科学而又擅长对其领导的干部是不存在的。④另外，还有的提出学术领导和科学研究的“火车头”应该在实际工作中逐渐形成的，而不是主观地先行规定的。⑤

第三，“墙”“沟”论，即从大学内部公共关系来看高校坚持党的领导，实质上就是在公共关系上人为设置“墙”和“沟”，造成了人际关系的

---

① 复旦大学校刊编辑室.“右派”言论选辑之一：毒草集[C].复旦大学出版社，1957，72.
② 复旦大学校刊编辑室.“右派”言论选辑之一：毒草集[C].复旦大学出版社，1957，60.
③ 复旦大学校刊编辑室.“右派”言论选辑之一：毒草集[C].复旦大学出版社，1957，61.
④⑤ 复旦大学校刊编辑室.批判右派思想言论选辑之二：明辨集[C].复旦大学出版社，1957，3.

复杂化。持这种言论的人认为一个人多一种关系或身份就多一个矛盾，过去大学教师之间的关系比较简单化，但自从坚持党对高校的领导特别是党在高校设置党组织，教师之间的关系因党组织这个“墙”和“沟”的存在而复杂、矛盾更多。①

第四，“奴性”论，即从大学的教育内容和教育功能来看高校坚持党的领导，扼杀思想学术的独立性的同时大量地培植了奴性。持这种言论的人主要从党对知识分子实施的思想改造以及高校开设的思想政治课程两个方面，来大肆污蔑党的领导。如认为知识分子追求的就是精神自由，其思想不需要进行改造而应该任其发展，相反对其的思想改造就是要“使人们建立了一种新的条件反射，造成恐怖，形成一种类似康德的至上命令主义的社会道德”②；强调思想政治理论课作为大学的必修课是不应该的，既然是一门科学就不应该害怕别人不相信，这种课程的开设已经没有起到“润滑剂”的作用反而是“麻醉剂”“皮鞭”“束缚”“压力”，最终的目的就是“培养一个循规蹈矩……只有尾巴没有脑袋的人”③。

第五，“嚣张气焰”论，即从大学的党员教育主体形象来看高校坚持党的领导，助长了党员教育主体的“嚣张气焰”。持这种言论的人将高校中一些党员及其干部“党气十足”即自以为“高人一等”或拥有无限“特权”，归咎为高校坚持党的领导；强调这类现象的大量存在客观上最终阻碍了高等教育的发展。如有的批评高校“党员品质日益低下，党章规定的义务，党员并没有做到”④；甚至有的直接将高校的党员丑化为“强求干部、盲目服从命令，宁左勿右；奉承领导，有心响应号召，只多不少”，“千错万错，马屁不错，这好那好，吹牛最好”⑤。

---

① 校内外右派言论汇集[C].北京大学经济系政治经济学教研室编印，1957，70—71.

② 高等学校右派言论选编[C].中共中国人民大学委员会社会主义思想教育办公室，1958，685.

③ 高等学校右派言论选编[C].中共中国人民大学委员会社会主义思想教育办公室，1958，690.

④ 复旦大学校刊编辑室.“右派”言论选辑之一：毒草集[C].复旦大学出版社，1957，99.

⑤ 复旦大学校刊编辑室.“右派”言论选辑之一：毒草集[C].复旦大学出版社，1957，101.

第六，“乱”“偏”“糟”论，即从大学的教育效果来看高校坚持党的领导，一味抄袭苏联大学教育模式，致使高等教育的发展出现“乱”“偏”“糟”的恶果。持这种言论的人，认为高等教育事业的“乱”表现在高教系统的行政领导上，是三级制还是二级制或是校长领导还是集体领导制都没有划一规定，校长以下的编制和职权还没有制定出来；“偏”体现在高校思想领导方面，导致老少之间矛盾，造成爱听好话的恶习；“糟”反映在业务领导方面，生硬地学习苏联来修订教学计划、教学大纲、工作量制度、考试制度等。①更有甚者将当时的教学工作量制度比作“剥削”制度、高教部是“官僚主义”、学习苏联的高教制度就是“作苏联的奴才”等。②

（二）20 世纪 50 年代中后期中国马克思主义者对质疑高校党的领导言论的回应

20 世纪 50 年代中后期针对社会上所出现的质疑高校党的领导的相关言论，当时的中国马克思主义者并没有回避，而是给予了积极性的回应。这种回应中中国马克思主义者不仅仅是一个批判者，而且更是一个建设者；同样作为批判者，所持的批判并不是非理性的报复式偏袒，而是理性辩证式维护；作为建设者，在坚定立场的前提下进行了较为系统充分性的论证。总体来看，当时中国马克思主义者围绕着“怎么看”“是什么”“为什么”“如何做”等方面进行了回应。

1. 怎么看：明确党在高校的领导体制运行中确实存在一些问题，但强调由此否定党的领导则是错误的。这点上，当时的中国马克思主义者主要从高校党的领导实践中有无错误以及错误产生的原因是什么；对待错误的态度或揭露错误的目的是什么；对待揭示出党的错误的相关言论或一些人员应持什么样的立场等方面进行了具体的阐述和深刻的分析。如第一个方面，当时的中国马克思主义者并没有遮遮掩掩，相反坦诚地承认高校坚持党的领导实践中确实存在着一些缺点和错

① 复旦大学校刊编辑室.“右派”言论选辑之一：毒草集[C].复旦大学出版社，1957，67.
② 复旦大学校刊编辑室.“右派”言论选辑之一：毒草集[C].复旦大学出版社，1957，78.

误，并且对其相关原因进行了剖析。如有的指出由于部分党员存在着不尊重非党人士意见、职权的思想作风等问题，导致了一些高校里滋生了“以党代政”现象；有的揭示一些高校存在着党委领导政治学习时“政治学习则变成一般化，特别对有些老教授，没有能够加以更多的照顾”“党委在青年党员同志的教育工作上也做得不够”“在党的组织内有些青年党员的组织工作负担过重”等弊端①；还有的着重分析了各高校党委们在执行党的政策过程中发生偏差或错误的原因所在，强调主要由两个方面因素所致，一是“党委们对群众的信任不够，结果就在处理事务时发生‘包办代替’的现象”，二是“一些党委们犯了‘自以为是’的错误，自己不懂，不虚心去请教别人”②。对于第二个方面，当时的中国马克思主义者指出一定要以坚持党的领导为“底线”，强调揭示党自身存在错误的根本的目的在于帮助其及时有效地改正。如有的认为“只要出于对党的爱护”，对党工作中所存在的缺点“就不应该藏在肚子里而缄默无言”③；有的直接明确“目前的问题不是否定党委的领导，而是如何改进党委的领导方法和工作作风，扩大民主，进一步加强党的领导，更好的办好高等学校的问题”④。对于第三个方面，当时的中国马克思主义者以毛泽东的《关于正确处理人民内部矛盾的问题》讲话精神为指导，要求以是否坚持党的领导为标准给予两种区别性对待，对于不以否定党的领导为目的的，要在团结的前提下进行批评式讨论；相反则要明确坚持立场的前提下实施猛烈的批判。如有的就强调在对待高等教育改革中的问题“必须体会党的‘鸣’、‘放’方针的精神”，既要“根据有利于社会主义建设的原则，来判别向党所提的意见是正确的或不正确的”，也还必须“坚决地站在工人阶级的立场向一切违反社会主义的言论与思想作斗争”⑤。另外，还有的重点从人民内部思想矛盾的角度分

①⑤ 周培源.高等教育改革中的三个问题[N].人民日报，1957-06-12(7).

② 郑华炽.高等学校中党的领导问题[N].人民日报，1957-06-21(7).

③ 侯仁之.不能缄默无言[N].人民日报，1957-06-11(7).

④ 党对高等学校的领导不应削弱而要加强——北京各高等学校教授座谈会旁听以后[N].人民日报，1957-06-14(7).

析了一些群众当时对高校党的领导不满的具体性原因，认为这是高教部、教育部以至各院校的领导对大多数的高级知识分子关怀不够、信任不足，高教部和教育部对各院校的事务管得太多、管得太乱，以及面对这几年来高等教育的措施变得太快人们在思想上行动上无所适从等多种因素综合作用的结果；同时，告诫人们一定要把“人谋之不臧”与政策的正确性很好地分别开来，而不要相互混淆起来，特别是“不能以执行政策中的缺点来否定政策的正确性”①。

2. 为什么：采用理论分析法和现实对照法并举的策略，以充分证明高校坚持党的领导的必要性和正确性。这种理论分析法，主要表现为一方面对“教授治校”“民主办校”和“外行领导内行”等谬论实质的分析、揭露；另一方面阐释了高校坚持党的领导对教育科研所发挥的积极性作用。如对于前者，当时的中国马克思主义者中有的认为“教授治校”的错误性在于否认了教授的阶级性和割裂了科学与政治的统一性关系，其最大的危害性和欺骗性就是“巧妙地先把党委从负责主动地位降为从属被动地位，换句话说，他用的手段，是从削弱以达到摆脱党的领导的目的”②；有的以旧社会高校实施的“教授治校”为例，指出它固然在当时有反对反动统治阶级统治高校的目的，但它在实际中造成了“学阀垄断的局面”“教授之间的派系斗争”③等大量弊端。另外，有的还重点分析批判了“外行领导内行”论，强调它抹杀了马克思主义的科学真理性，没有认识到马克思主义本身具有“概括各种科学的成果，指出科学研究的方向，分析各种科学之间，各种事物之间的关系”④等优良品质；同样，这种谬论也歪曲了“领导”的含义，将其等同于“指挥命令”⑤。而对于后者，当时的中国马克思主义者进行了多维度的阐释。

---

① 郑华炽.高等学校中党的领导问题[N].人民日报，1957-06-21(7).

② 复旦大学校刊编辑室.批判右派思想言论选辑之二：明辨集[C].复旦大学出版社，1957，13.

③ 复旦大学校刊编辑室.批判右派思想言论选辑之二：明辨集[C].复旦大学出版社，1957，15.

④⑤ 复旦大学校刊编辑室.批判右派思想言论选辑之二：明辨集[C].复旦大学出版社，1957，32.

如有的把当时的高校比作“在社会主义革命洪流中向前行驶的一只船”，高校党委的领导就是“船上的舵手”，其“保证了我们这只船向着社会主义前进的方向”；而党员就是“船上的水手”，其是“努力开动着船只向着这个方向前进的人”①。有的重点探讨了党的领导对高校教育教学工作的积极性意义，指出只有坚持党的领导才能制定科学的高等教育发展方针政策；才能不断提高教职员工的政治觉悟和思想水平；更重要的在于才能“培养能够为祖国的社会主义建设而奋斗的人才”②。有的则深入分析了高校的科学工作也需要坚持党的领导的必要性，强调自然科学本身没有阶级性，但科学家是有阶级性的，只有在党的领导下才能“有组织、有计划地使科学为社会主义建设服务，为人类谋福利”；才能使科学研究与国家需要、个人专长、生产实践等密切结合，从而推进科学的迅速发展和科学家专长的充分发挥；另外，我们党以辩证唯物主义作为自己的世界观和许多党员的勤恳踏实的作风，这些也足以说明党在科学方面是“内行”③。现实对照法，主要以当时高校教学科研整体所取得的成就或以某一具体高校的成绩，来对照一些质疑者所谓的“乱”“偏”“糟”论，从而充分地证明党对高校实施领导的必要性和正确性。前者，有的从科研机构和队伍、科研领域、设备实施等方面进行了新旧社会的对比，指出研究机构由旧社会的10个左右到现在的170多个，科研人员由过去600余人到现在的以万计，原子科学、计算技术、自动化等新领域的开辟，这些成就强有力地说明党能够领导好科学。④后者方面，有的以当时的复旦大学为例，强调在党的领导下教学改革的成绩是“主要的、肯定的、很大的”，而非“办糟”了。如开课的科目1953年是150门到1957年是273门，担任开课的教师1954年有30位而1957年有131位，学校的教学费用由1952年的13万元到1956年增加到109万元等。⑤

---

① 侯仁之.不能缄默无言[N].人民日报，1957-06-11(7).

② 郑华炽.高等学校中党的领导问题[N].人民日报，1957-06-21(7).

③ 批判右派分子林希翎等论文集[C].北京：中国青年出版社，1957，113—115.

④ 批判右派分子林希翎等论文集[C].北京：中国青年出版社，1957，116.

⑤ 复旦大学校刊编辑室.批判右派思想言论选辑之二：明辨集[C].复旦大学出版社，1957，69—70.

3. 是什么：强调高校中党是领导一切的包括党务、行政、教学、科研等，但这并不是说“党包办一切”。对于第一个方面，当时的中国马克思主义者给予了明确和具体化，并且就学校党委和行政之间的关系进行了阐述。如有的强调高校的主要工作有四项即政治、行政、教学和科学研究，而这些工作必须坚持党委的领导，党委的领导主要体现在提高师生员工的政治觉悟和思想水平，激发他们的积极性，以及通过坚持和实践群众路线而形成有关教学改革与开展科学研究等方面的方针性政策。①有的认为党对高校的领导集中表现在政治思想和方针政策的领导、学术上的领导两个方面，政治思想和方针政策的领导具体为以马克思主义武装广大教职员工以帮助他们树立为人民服务的人生观，同时向广大教职员工明确国家所需要发展的重点和方向；学术上的领导具体为坚持“双百”方针，开展自由争论，从而解决教学科研上的问题，发展教学科研工作。②至于学校党委和行政之间的关系，有的将两者比作党中央和国务院或党中央和全国人民代表大会的关系③；有的指出“不论学校的校长是党员或非党人士，他在政治上必须接受学校党委的领导，在执行高等教育部的政策上受到党委的监督”④。对于第二个方面，这一期间的中国马克思主义者基本上都有清醒的认识，反复告诫和提醒党“领导一切”并不是要党“包办一切”。如有的就直接明确党的领导并不是“强调对业务的直接领导”，也不是意味着“让领导科学的党员做某一项具体的科学研究”⑤；有的指出必须肯定党对高校的领导，但是如果将这种领导具体化为“党委干涉到图书仪器的设备，干涉到教学内容和教学方法”则“自然是错误的”⑥；还有的强调“所谓党在学校中的领导，是从思想上保证党的政策的完成，至于具体政策如何实施则应由校务委员会讨论，然后再由校长通知执行”⑦。另外，当时的中国马

①④ 周培源.高等教育改革中的三个问题[N].人民日报，1957-06-12(7).

② 批判右派分子林希翎等论文集[C].北京：中国青年出版社，1957，116—117.

③⑥ 王力.漫谈高等学校中的几个问题[N].人民日报，1957-06-07(7).

⑤ 批判右派分子林希翎等论文集[C].北京：中国青年出版社，1957，116.

⑦ 邢其毅.我对高等教育的几点意见[N].人民日报，1957-06-18(7).

克思主义者还就一些人将党的"领导一切"等同于"党天下"的谬论进行了批驳，批判"党天下"言论是"对共产党的污蔑造谣"，是"挑拨党和人民的关系"[①]；指出其错误在于混淆了宗派和阶级的分别、混淆了领导和管理的分别、混淆了组织和人事安排的分别[②]。

4. 如何做：坚持好党对高校的领导，就务必要提高党委在高校的领导水平以及改进其领导方法和工作作风。就这点，当时的中国马克思主义者从宏观总体和微观具体两个方面进行了深刻的探讨。如宏观总体方面，提出了学校各级党委会要善于把党的决定提到校务委员会议上来充分的研究讨论，使其变为行政的决议去贯彻；在教学和科学研究等问题上，学校各级党委会要注意扩大民主，虚心地多听取内行人的意见；各级党委会要坚持和实践群众路线的领导方法和工作方法，以克服官僚主义和主观主义。而联系到党委会的党委委员来说，就务必要"努力学习业务"，要"扩大民主，用各种方法，听取各方面的意见"。[③]微观具体方面，涉及许多环节，如在如何贯彻群众路线上，有的主张要具有经常性而不应是短期行为的特点，要信任、依靠群众特别是经验丰富的教授们，要"真正地给他们权力，让他们知道并且参与学校的重要事务"[④]；在高校思想政治教育的领导方面，有的强调各级党委要密切结合学生的思想情况，政治教育的教材和方法务必不能脱离实际；在科学的领导方面，有的提出要关心科学工作者，在给他们明确方向的同时还要让他们积极参加国家科学规划的制定[⑤]；有的认为在坚持党的领导前提下要积极支持和保证包括校务委员会在内的行政、教学部门开展工作，"这样的领导主要是属于思想范围的领导，是属于方针政策的领

---

① 复旦大学校刊编辑室.批判右派思想言论选辑之二：明辨集[C].复旦大学出版社，1957，49.

② 复旦大学校刊编辑室.批判右派思想言论选辑之二：明辨集[C].复旦大学出版社，1957，41—43.

③ 党对高等学校的领导不应削弱而要加强——北京各高等学校教授座谈会旁听以后[N].人民日报，1957-06-14(7).

④ 郑华炽.高等学校中党的领导问题[N].人民日报，1957-06-21(7).

⑤ 陈垣.科学事业决不能离开社会主义道路[N].人民日报，1957-07-25(7).

导。至于学校一切教学与科学研究的具体组织领导与行政事务工作，那都是学校行政部门以及负责领导教学机构的责任，和党委的领导并无矛盾”①；有的建议在高校的政治理论学习方面，学习的时间应该可以精简一些，学习的方法上应该照顾到知识分子的特点，学习的内容安排上理论学习的时间可以多些而政策学习的时间可以少些②；等等。

上述中国马克思主义者对质疑高校党的领导言论的回应，有力地捍卫了党对高校的领导，巩固了当时高校在党的领导下所取得的积极性成果；其中的一些“真知灼见”尽管后来因“左”倾极端化政治形势的发展而未能在实践中被采纳和实行，但是对当下中国特色社会主义大学建设仍具有借鉴性价值。如办好我国高等教育必须坚持党的领导，这是前提条件。高校是党坚持和实行领导的重要阵地，没有党的领导，高校作为培养社会主义事业建设者和接班人这一发展方向就会迷失。办好我国高等教育必须坚持理论创新，这是思想指导。特别是在立足我国具体实际中坚持和发展马克思主义，唯有如此才能及时发现高等教育发展中的新情况、新问题，从而寻找合适的对策和思路，而非照抄照搬别国的高等教育发展模式。坚持党对我国高等教育的领导必须加强和创新高校党的制度建设，这是制度保障。将高校党的制度建设贯穿和渗透于高校党的思想、政治、组织、作风建设等各方面中，既要加强根本性制度、基本性制度建设，也要注重具体性制度建设；既要加强实体性制度建设，也要重视程序性制度建设。另外，坚持党对我国高等教育的领导的关键环节，在于必须遵循高等教育政治性、人本性、学术性特点下，积极探索“高校党权、政权和学术权分权与制衡相结合的治理结构”③。

---

① 侯仁之.不能缄默无言[N].人民日报，1957-06-11(7).

② 王力.漫谈高等学校中的几个问题[N].人民日报，1957-06-07(7).

③ 杨东升.高校党权、政权、学术权的逻辑及其治理结构[J].广西社会科学，2014-08-200.

第九章
1978 年以来现代化建设路径问题上的论争与批判

20 世纪 80 年代以激进的资产阶级自由化思潮面目呈现出来的中国自由主义，对中国之前所选择和实践的社会主义现代化方案进行了全盘否定，企图将中国的现代化引入到西方化的歧途中。作为传播和诠释马克思主义及其实践的中坚力量，当时的中国马克思主义知识分子群体对资产阶级自由化的挑战给予了积极性回应。这种回应从中国现代化问题域维度来看涉及当时中国现代化主要问题及其产生原因是什么、当时中国现代化问题如何解决、马克思主义是否具有解决当时中国现代化问题的能力和品质、中国共产党是否能够担当中国现代化领导核心等方面。这些积极性回应，既捍卫了近代百年艰辛所选择的社会主义现代化之路正当性；也为中国特色社会主义现代化的开辟和创建提供了初步的理论论证。

为了捍卫中国化马克思主义的科学真理性及其实践的现实正当性，21 世纪以来中国马克思主义者对新自由主义的渗透和影响进行了批判。这种批判是多维度的，如体现在从全球实践结果的灾难性、中国意识形态安全性、中国社会实践影响性、理论内在科学性、思潮间差异比较性等五个方面，并涉及新自由主义理论与现实实际是否契合、新自由主义理论本身是否具有真理性、新自由主义与其他思想理论谁更科学等三个逻辑关系层面。同样，上述的批判也给新时代的意识形态建设提供了诸如回应其他思潮的挑战应具有长期性的思维、坚持主动性的态度、注重科学性的方式、秉承导向性的原则等启示价值。

一、对资产阶级自由化挑战的回应

20 世纪 80 年代以激进的资产阶级自由化思潮面目呈现出来的中国自由主义，对中国之前所选择和实践的社会主义现代化方案进行了全盘否定，企图将中国的现代化引入到西方化的歧途中。作为传播和诠释马克思主义及其实践的中坚力量，当时的中国马克思主义知识分子群体对资产阶级自由化的挑战给予了积极性回应。这种回应从中国现代化问题域维度来看涉及当时中国现代化主要问题及其产生原因是什么、当时中国现代化问题如何解决、马克思主义是否具有解决当时中国现代化问题的能力和品质、中国共产党是否能够担当中国现代化领导核心等方面。这些积极性回应，既捍卫了近代百年艰辛所选择的社会主义现代化之路正当性；也为中国特色社会主义现代化的开辟和创建提供了初步的理论论证。

对于文化与经济、政治之间的关系，毛泽东有过精辟的论述，“一定的文化（当作观念形态的文化）是一定社会的政治和经济在观念形态上的反映，又给予伟大影响和作用于一定社会的政治和经济”①。社会思潮作为一种文化现象也不例外，同样是一定社会问题的体现和折射。同一时代所出现的种种社会思潮以及之间的论争，实质上就是对于当时社会主要问题“是什么”“为什么是”以及“如何解决”等方面产生的分歧和斗争。从现代化的视阈来看，近现代中国以来直至当下，所面临的主要问题就是以何种类型现代化和如何通过现代化实现中华民族的伟大复兴。这就决定了各种社会思潮的言述“都是在‘现代’情景中展示理论内蕴的社会理论”，“只要‘现代’运动一经开展，这些社会理论的出现，便具有它得以出现的根据”②。如果说 1949 年之前不同社会思潮的论争的焦点在于选择何种类型的现代化；1949—1978 年伴随一元化

① 毛泽东选集(第 2 卷)[M].北京：人民出版社，1991，663—664.

② 任剑涛.中国现代思想脉络中的自由主义[M].北京：北京大学出版社，2004，107.

社会意识格局的建立，大部分时间更多的是在实践经过近代百年所最终选择的社会主义现代化特别是传统的社会主义现代化（这一时间段后期也尝试以过去“革命”的方式改变和消除传统社会主义现代化弊端的实践①，但最终因多方面因素而滑入“乌托邦”②的社会主义现代化之中）；1978年以后所出现的社会思潮争论的焦点在于“中国如何实现现代化”，这是过去尤其是1949年之前社会思潮间争论焦点的延伸和拓展③。

以20世纪80年代为例，中国社会除了（中国化）马克思主义之外，社会上影响较大的就是以资产阶级自由化面目呈现出来的激进自由主义④。不同于之前在近代中国所出现的自由主义较多以传统文化无法实现现代化为存在的理由，80年代激进自由主义则是以传统社会主义现代化和革命的乌托邦式社会主义现代化在中国实践所带来的结果为存在的借口。“自由主义是改革开放以来中国民间最重要的也是最早的一种思潮，它是伴随着中国知识界对极左时代文化专制主义的批判与反思而出现的，可以说，它与中国的思想解放运动同步产生。”⑤但

---

① 对于毛泽东晚年发动的“文化大革命”运动是否与“现代化”有关，国内外有这方面的讨论。以国内为例，何云峰在《革命化与现代化：毛泽东晚年思想的两个发展趋向》（《河南大学学报（社会科学版）》2011年第1期）认为在毛泽东晚年思想中革命化趋向和现代化趋向长期共存，但革命化趋向越来越占据主导地位，并最终压倒了现代化趋向；连儒来《毛泽东对现代化的误解兼拷问“文革”》（《内蒙古民族大学学报（社会科学版）》2006年第4期）强调不论“文革”到底是现代化还是反现代化的运动或事件，它都是中国现代化全过程中不可分离，但的确又是相对独立的事件。本专著在参考借鉴上述思想的基础上，认为一定程度上来说“文化大革命”是毛泽东试图运用过去“革命化”的方式纠正传统社会主义现代化模式的一次尝试，希望走一条不同于苏联也不同于资本主义现代化的第三条现代化之路。

② “乌托邦”有多种含义，本义指“没有的地方”或者“好地方”，或者无法实现的“空想”。本书更多从积极层面的引申义来解读，将其视为一种试图将某些美好的理想变成实现的尝试，但最终因种种原因而无法成功。

③ 高瑞泉，杨扬等.转折时期的精神转折：“新时期”以来中国社会思潮及其走向[M].上海：上海古籍出版社，2008，2—3.

④ “资产阶级自由化”是个有特定内涵的政治概念，指的是反对由中国共产党领导的社会主义制度，主张实行类似资本主义国家的民主制度的思想或行为。如从思想史维度来看，它是一种激进自由主义，不仅仅在文化层面，而且还在政治、经济等层面主张“全盘西化”。

⑤ 萧功秦.当代中国六大社会思潮的历史与未来[EB/OL].人民论坛网，2011-09-08，http://www.rmlt.cn/News/201109/201109081446342238_1.html.

是，两者的共同点都是将中国引入早已被实践证明是行不通的资本主义现代化之歧路上。面对这种激进自由主义所带来的挑战和危害性，当时的中国马克思主义知识分子群体作为传播和诠释马克思主义及其实践的中坚力量给予了积极性回应，这种回应既捍卫了近代百年艰辛所选择的社会主义现代化之路正当性；也为中国特色社会主义现代化的开辟和创建提供了初步的理论论证。可见，从中国现代化所涉及的问题域维度考察和探讨20世纪80—90年代初中国马克思主义知识分子群体对资产阶级自由化挑战给予回应的这段历史，有助于深化近现代中国化马克思主义与自由主义之间思想论争史的研究，以及揭示、把握马克思主义中国化的规律；亦利于为现实层面新时代中国特色社会主义现代化实践的推进提供一些启示性价值。

（一）就当时中国现代化主要问题及其产生原因是什么方面，回应了资产阶级自由化分子所构成的挑战

理性与现代化的关系是什么，以马克思主义为指导会发现无论是从物质与精神之间的唯物辩证关系，还是现代化实践主体人的现代化来看，不排除理性在现代化过程中所发挥的重要作用，可以说一定程度上扮演着“催化剂”的角色，但是并未起根本决定性的作用。可是，在西方资产阶级学说中主流的观点却将理性视为资本主义现代化产生的前提条件。这以马克斯·韦伯的《新教伦理与资本主义精神》一书最为代表，他认为资本主义的现代化发端于以理性为核心的新教伦理精神的形成。这种明显具有唯心主义性质的思想观点也支配着20世纪80年代的中国资产阶级自由化分子，他们以理性为现代化的前提条件，继而以抽象的人性和个人政治权利的现实状况为检验理性有无的“晴雨表”，就当时中国主要问题是什么形成了一些错误的判断。如刘宾雁认为解放以后中国的自由不是在扩大而是缩小，农民完全处于一种半奴役状态中①；方励之强调中国还处在一个宇宙演化的初期，在政治上不

① 中共浙江省委宣传部理论处编.资产阶级自由化主要论点评析[M].杭州：浙江人民出版社，1987，77—78.

透明的[①]，许多选举并不是真正的民主选举而是封建主义的[②]，中国人经常生活在一个恐怖环境里面[③]；刘晓波强调"在西方，个人的权利与责任都是先天的，……而在中国，人们争取自由的口气，特别是知识分子的口气，总有种乞求的味道"[④]；等等。不可否认理性对"人性"的解放与"人权"的发展具有积极的价值。以理性对"人性"价值而言，它"既是外在技术层面征服自然而实现人的自由的工具（科技理性），又是内在精神层面维系人的生命存在的目的（人文理性）"[⑤]；理性对"人权"的价值而言，"人权是人类具有理性思维之后的选择性产物，人权的发展以理性为主轴而形成相对完整的人权之链"[⑥]。相应的，以"人性"的解放与否和"人权"的发展程度作为判断和衡量理性的尺度，不失为一个有价值的思路。但是如以此来肯定当时中国资产阶级自由化分子相关中国主要问题判断的正确性，明显忽视或否认了其观点、主张中所内存的几个逻辑性错误：一是他们立论的大前提是错误的，即将理性看作推动和实现现代化的前提和决定性条件；二是他们所谈论的"人权"更多的是抽象性的民主政治权利，没有认识到民主政治权利是抽象与具体的统一，另外对于当时后发的中国而言人的生存和发展权才是"人权"中最基本和最重要的内容。除此之外，他们还从这一错误的表象判断来逆向推导问题产生的原因，只会一错再错。综合考察这一期间他们的相关言论，他们把当时人和社会完全处于"异化"这一所谓的主要问

---

① 中共浙江省委宣传部理论处编.资产阶级自由化主要论点评析[M].杭州：浙江人民出版社，1987，81.

② 中共浙江省委宣传部理论处编.资产阶级自由化主要论点评析[M].杭州：浙江人民出版社，1987，84.

③ 中共浙江省委宣传部理论处编.资产阶级自由化主要论点评析[M].杭州：浙江人民出版社，1987，94.

④ 中共北京市委宣传部理论处编.资产阶级自由化言论辑录[M].北京：中国青年出版社，1989，155.

⑤ 高力克.历史与价值的张力——中国现代化思想史论[M].贵阳：贵州人民出版社，1992，8.

⑥ 蔡宝刚，梁鸿飞.人权与理性的法理言说[J].扬州大学学报（人文社会科学版），2013-05-33.

题归咎为坚持社会主义和实施无产阶级专政。如归咎于坚持社会主义制度的：王若望认为我们的社会主义由于是跳过资本主义而建立，其“一切的东西，大多数的东西，都是封建主义的，不过涂上了一层马列主义、社会主义的油彩”①；方励之强调我们所建立的社会主义实质上就是“挂个民族主义招牌，民族旗帜下的封建主义，基本上是独裁制、集权制这样一个国家，没有民主因素”②，“近40年来幻想破灭，应该归咎于社会制度本身”③；戈扬指出在中国所建立的社会主义制度是超越历史发展阶段即违背社会发展规律的，是“反马克思主义的、唯心主义的”，实现的社会主义“本质是一种封建社会，它的头子必然是皇帝”④。归咎于实施无产阶级专政的：如刘晓波将无产阶级专政污蔑为是一个“封闭的、一元的、专制的政体”而非“一个开放的、多元的、自由的民主政体”，这种政体造成了“中国人无法摆脱非人生活”⑤；严家其等人认为无产阶级专政下政府丧失了自己的责任和人性，致使社会问题充分暴露⑥；更有甚者强调“政党的腐败、无能、社会问题，根源在于独裁”⑦。

20世纪80年代以邓小平为核心的党中央十分关注当时中国现代化中首要解决的主要问题是什么的思考。毕竟传统社会主义现代化在中国实践的弊端丛生，还是毛泽东晚年革命的乌托邦式社会主义现代化实践的失败，都与此有关，甚至可以说是一个主要原因。前者忽视了

---

① 中共北京市委宣传部理论处编.资产阶级自由化言论辑录[M].北京：中国青年出版社，1989，64.

② 中共北京市委宣传部理论处编.资产阶级自由化言论辑录[M].北京：中国青年出版社，1989，67.

③ 中共北京市委宣传部理论处编.资产阶级自由化言论辑录[M].北京：中国青年出版社，1989，70—71.

④ 中共北京市委宣传部理论处编.资产阶级自由化言论辑录[M].北京：中国青年出版社，1989，78.

⑤ 中共北京市委宣传部理论处编.资产阶级自由化言论辑录[M].北京：中国青年出版社，1989，100.

⑥ 中共北京市委宣传部理论处编.资产阶级自由化言论辑录[M].北京：中国青年出版社，1989，108.

⑦ 中共北京市委宣传部理论处编.资产阶级自由化言论辑录[M].北京：中国青年出版社，1989，107.

在社会条件不具备的情况下“培育现代性、培育现代化的基本要素和结构”①才是迫切需要解决和面对的主要性问题；而后者试图用革命式的共产主义精神和品质来替代这个主要问题的解决。正是通过对这两种现代化模式实践教训的反思，同时密切结合改革开放初期的建设实践，中国共产党人逐渐认识到社会生产的落后状况与现代化主体需求之间的矛盾才是当时中国所面临的主要问题，如十一届六中全会通过的《关于建国以来党的若干历史问题的决议》和十三大政治报告都将“人民日益增长的物质文化需要同落后的社会生产之间的矛盾”定位为社会的主要矛盾。作为当时的中国马克思主义知识分子群体对党中央这一科学判断进行了充分的论证和科学的诠释②，这实质就是对同一期间资产阶级自由化分子相关谬论的间接而根本性的回应。另外，当时的中国马克思主义知识分子群体还从民主、自由、人权如何认识、资本主义的民主自由是否是真正的完美的、社会主义的民主自由与资本主义民主自由的根本性区别是什么、社会主义制度和无产阶级专政是否是造成社会和人的异化的主因等方面，直接驳斥了资产阶级自由化分子在当时中国主要问题及其产生原因方面所作的有关错误判断。具体为：其一，在民主自由人权方面的认识上，批判了资产阶级自由化分子的

---

① 毛立言.跨越现代化基本要素和结构的“超现代形态”——从现代化视角对传统社会主义模式的政治经济学解析[J].江苏行政学院学报，2007-05-38.

② 当时中国马克思主义知识分子通过召开各种形式的学术研讨会进行了论证和诠释。如 1988 年初中国历史唯物主义研究会在西安就召开了“社会主义初级阶段与历史唯物主义理论讨论会”，其中一个重要议题为“关于社会主义初级阶段的主要矛盾问题”。另外，还有的学者专门撰文进行阐释和分析，如周鼎弟、翟祖发认为《决议》有关社会主义社会主要矛盾的科学规定，简单地说就是“生产和需要的矛盾”，它“完全符合社会主义社会的基本经济规律”（《关于我国社会主义社会的主要矛盾》，发表于《求实》1982 年第 2 期）。王珏、鲁从明指出《决议》有关社会主义社会主要矛盾的基本思想是正确的，因为它从人民需要与社会生产这两个方面来构想社会主义初级阶段的主要矛盾的大思路是对的，其蕴含有整个共产主义社会主要矛盾的一般规定性（《试论我国社会主义初级阶段的主要矛盾》，发表于《经济研究》1987 年第 10 期）。陈旭光强调“人民日益增长的物质文化需要同落后的社会生产之间的矛盾”的表述，较全面地反映了社会的全貌及其基本矛盾的多层次内涵，亦较深刻地反映了我国当前社会基本矛盾的阶段性特点（《试论我国当前社会主要矛盾的表述问题》，发表于《内蒙古民族师院学报》1984 年第 1 期）。

“普遍的、绝对的、无阶级”论，强调民主自由人权是相对的、具体的、历史的。如有的以“民主”为例，指出要树立正确的民主观至少应树立五个重要的观点，即阶级的观点、历史的观点、全面的观点、过程的观点、法制的观点①；以“政治自由”为例，有的强调其是特定的生产关系和经济关系的反映，受生产力和生产关系发展水平和性质的限制，同样从实践来看个人自由与集体自由以及自由与法律纪律等之间对立统一关系，决定了“没有无条件、绝对的自由”②；以“人权”为例，有的指出人权具有历史性、阶级性、相对性、内容具有发展的无限性等特征③。其二，就资本主义的民主自由是否是真正的完美的，当时中国马克思主义知识分子群体采取了较为历史辩证的态度，不否认资产阶级民主自由在历史上的积极性作用，但是不同意其是真正的完全行之有效的民主自由。如有的以西方的议会制、两党制和三权分立制作为参考对象，揭示其“是少数人的民主，是维护资产阶级的统治，欺骗、麻痹、愚弄无产阶级和劳动人民的工具”④；有的以资产阶级的人权为例，强调其理论是在反封建主义和神权论的基础上建立起来的，对于反封建社会的人身依附、等级和特权乃至推翻封建专制统治等具有历史进步性，可是由于资产阶级的私有财产制使资产阶级的人权“表面上是普遍的”“作为权利的最一般形式”，而实质上“不可能包括一切人”“仅仅是资产阶级的权利”⑤。其三，就社会主义的民主自由与资本主义民主自由的根本性区别上，当时的中国马克思主义知识分子群体总体上认为尽管社会主义民主自由在发展过程中吸纳了资本主义民主自由的一些有益成分，但是两者之间还是有原则性的差异。如有的指出相对于资本主义自由

① 郑杭生.树立正确的民主观[A].中共中央宣传部编.四项基本原则和资产阶级自由化的对立[C].北京：人民出版社，1990，301—314.

② 郑可圃.评“绝对自由”观[A].郑可圃主编.评资产阶级自由化观点[C].青岛：青岛海洋大学出版社，1990，38—39.

③ 杜永宪.马克思主义的人权观[A].中共甘肃省委宣传部、本书编写委员会.坚持四项基本原则反对资产阶级自由化论文集[C].兰州：甘肃人民出版社，1991，100—105.

④ 李振.资产阶级自由化谬论面面观[M].青岛：青岛出版社，1990，140.

⑤ 鞠德峰.析资产阶级人权论[A].郑可圃主编.评资产阶级自由化观点[C].青岛：青岛海洋大学出版社，1990，47—48.

民主是建立在历史唯心论和资产阶级人性论的基础上，社会主义的自由民主则是以历史唯物论和科学社会主义理论为基础的；相对于资本主义自由民主把个人作为“起点”和“核心”，社会主义自由民主则强调的是把国家、社会和集体的利益放在第一位；相对于资本主义自由民主是服务和服从于资本主义社会经济、政治的，社会主义自由民主则是反映和服务于社会主义经济、政治的。①有的强调社会主义自由民主与资本主义的自由民主有共性的东西，诸如建立在一定经济基础之上的、自身具有发展过程性和历史继承性等；但是在谁当家作主、谁享受民主权利，对什么人实行专政，产生的经济基础和服务目的，与政党的关系，阶级的本质等方面是有根本性区别的。②另外，就社会主义制度和无产阶级专政是否是造成社会和人处于“异化”状况的主因上，当时的中国马克思主义知识分子群众从理论与现实两个方面进行了回答。如在理论层面，有的通过对黑格尔和马克思恩格斯文本的分析，指出“异化”概念在黑格尔的哲学中只不过是其“强制性结构”的“证明工具”，而唯物辩证法的创立又是同清算“异化”概念分不开的，这说明“异化”概念从来不是唯物辩证法的基本范畴和基本规律。③在现实层面，当时中国马克思主义知识分子群体通过大量的事例、数据乃至新中国成立前后状况比较，批判了资产阶级自由化分子所谓的“封建社会主义论”“专制政体论”“无民主论”等，强调正是坚持社会主义和无产阶级专政使人民获得了广泛真实的民主自由。如有的指出社会主义制度无论从其实行的公有制、分配制度和有计划的商品经济乃至所推行的精神文明建设而言，本身就是一种消灭“异化”的制度，因为“异化”的产生是“以阶级对抗、

---

① 中共浙江省委宣传部理论处编.资产阶级自由化主要论点评析[M].杭州：浙江人民出版社，1987，54—56.

② 秋田.论社会主义民主与资本主义民主的本质区别[A].广州市社会科学联合会编：划清界限　正本清源——资产阶级自由化剖析[C].广州：华南理工大学出版社，1991，125—133.

③ 熊复.疾风中的呐喊——坚持四项基本原则反对资产阶级自由化论文集[C].哈尔滨：黑龙江人民出版社，1990，172—191.

特别是以雇佣劳动和资本的对抗为前提的"[①]。相应地,武断提出"社会主义异化论"实质上是从抽象的"异化"定义出发、是把"异化"永恒化、是以偏概全,明显背离了唯物辩证法。[②]同样,对于现实中所存在的民众一些政治自由权利尚未得到完全保障甚至有时受到侵害现象,当时中国马克思主义知识分子群体也未回避,认为封建主义的"遗毒"和社会主义自由民主自身所依赖的经济基础的不发达是这些现象产生的重要原因,而这些需要在坚持社会主义前提下和发挥无产阶级专政保障作用下,通过不断地改革来加以解决。"把人民民主专政仅仅看成是暴力,而又把暴力仅仅看成是施加于作为阶级的反动阶级身上,这是对人民民主专政的片面理解,甚至是一种歪曲。从马克思主义的观点来看,人民民主专政除暴力职能外,还有经济职能和国家领导职能,这两种职能的存在是社会主义社会必须坚持人民民主专政的更为重要的原因。"[③]

(二) 就当时中国现代化问题如何解决方面,回应了资产阶级自由化分子所构成的挑战

近代以来直至现在中国的现代化探索和展开实践中,如何认识资本主义以及其与现代化的关系等问题始终是无法回避的话题。毕竟这一长时间段的中国历史是"被卷入以西方近现代文化为标本的全球性现代化进程而发生巨大变迁的历史"[④]。对于这一话题,中国社会的各思潮进行着不同的回答乃至彼此间引发着交锋。以近代中国的自由主义为例,尽管在不同时期具体的流派可能因西化的侧重点(如首先是文化领域,还是经济、政治领域)和范围程度(如是"主导"或"主体",还是"全盘")各异,但中国的现代化唯有"西化"是其最基本的内容和最核心的精神要义。20 世纪 80 年代以资产阶级自由化面目呈现的中国自由

---

① 李振.资产阶级自由化谬论面面观[M].青岛:青岛出版社,1990, 38—41.

② 李振.资产阶级自由化谬论面面观[M].青岛:青岛出版社,1990, 38—40.

③ 连自昕.坚定不移地坚持人民民主专政[A].谷景华主编.立国之本——澄清被资产阶级自由化思潮搞乱的理论是非[C].呼和浩特:内蒙古大学出版社,1992, 202.

④ 张世保.西化思潮的源流与评价[M].上海:华东师范大学出版社,2005, 4.

主义，就当时中国问题如何解决方面不仅继承了这一“衣钵”，更将其推到全面极端化，呈现出浓厚的反社会主义的政治意图，在他们看来传统社会主义现代化模式在中国实践的挫折是一个实现自身“咸鱼翻身”的“窃机”。为了显示政治主张的所谓“科学合理性”和“现实正当性”，就为何要选择全盘西化的现代化而非社会主义现代化之路，从理论基础、现实实践和历史发展趋势等方面他们进行了煞有其事的论证。如在理论基础上，他们认为“现代化就是西化”论、“趋同论”等为走资本主义现代化提供了坚实的理论支撑，而空想的、模糊的马克思主义导致了社会主义现代化只是个空洞无物的幻想。如刘晓波指出“现代化是至明真理：私有制、民主政治、言论自由、法律至上。这是无可争议的，中国不存在理论问题，只是政治问题。全盘西化就是人化、现代化，选择西化就是要过人的生活”①；于浩成除鼓吹“现代化就是西化，西化就是现代化”的谬论之外，还武断地认为资本主义现代化中所出现的先进性东西“不是资本主义的问题，不是东方西方的问题，是人类社会进步的共同成果”②；王若望强调“我们对社会主义的概念是模糊的，不清楚的，有些东西是从空想社会主义那里弄来的，很多东西是虚幻的模式”③。在现实实践比较上，资产阶级自由化分子强调中西方的实践对比证明现实中的欧美资本主义现代化远远优于中国的社会主义现代化，尽管欧美的资本主义有缺陷但有极强的自我调整能力。如方励之认为美国、西欧、日本之所以是发达国家，就是他们具有“经济强大”、教育标准高、“政治上都采取民主政治方式，如美国是两党制，西欧多党制”这三个共性的东西，而中国“目前离此目标相距实在很远”“还处在相当贫穷的状态”④，这也表明中国的社会主义时期无论从经济、政治各方面“总的来

---

① 中共北京市委宣传部理论处编.资产阶级自由化言论辑录[M].北京：中国青年出版社，1989，130.

② 中共北京市委宣传部理论处编.资产阶级自由化言论辑录[M].北京：中国青年出版社，1989，137.

③ 中共北京市委宣传部理论处编.资产阶级自由化言论辑录[M].北京：中国青年出版社，1989，63.

④ 中共北京市委宣传部理论处编.资产阶级自由化言论辑录[M].北京：中国青年出版社，1989，129.

说是不成功的”①。刘晓波更是完全否定中国通过革命所实行的社会主义现代化的价值，指出其“无论从哪个角度讲都不具有现代化的意义，在经济上是官僚资本、集权经济；在政治上是官僚主义，思想领域更可想而知”②。在历史发展趋势分析上，资产阶级自由化分子妄称资本主义现代化才是合乎历史发展特别是中国实际的潮流；而无论是从人类发展规律还是中国自身历史发展趋势看，社会主义现代化都不是历史必然的选择。如王若望强调中国所建立的社会主义本身就是违背马克思主义自身所阐释的人类社会发展规律的，是“超越的”“空想性”的表现。“按照马克思对社会发展的阶段的分析，整个社会发展是奴隶社会——封建社会——资本主义社会——社会主义社会。……难道我们中国那么大的国家，那么几万万人就能够超越这 200 年的历史吗？如果能超过，我认为这就公开违背了马克思主义，这真正是彻头彻尾的主观幻想”③，“我想讲关于资本主义的生产方式问题，这恰恰是我们中国需要的，紧迫的需要。这是我分析长期历史经验所得出的结论”④。刘晓波指出真正的启蒙应该是在目标上为人（个人）的解放而不是振兴民族，在手段上是现代化（西化）也就是生产经济（私有化）、民主政体言论自由、多元开放等⑤；同时他认为“从历史发展的角度看，西方近代对落后民族的殖民化运动是一种进步，殖民化在世界范围内推动了现代化的进程”、“没有殖民化就没有世界化、国际化”⑥。可见，在资产阶级自由化分子的心目中中国的社会主义现代化就是违背历史发展的“只能爬、不能走”的

---

① 中共北京市委宣传部理论处编.资产阶级自由化言论辑录[M].北京：中国青年出版社，1989，67.

② 中共北京市委宣传部理论处编.资产阶级自由化言论辑录[M].北京：中国青年出版社，1989，82.

③ 中共北京市委宣传部理论处编.资产阶级自由化言论辑录[M].北京：中国青年出版社，1989，63.

④ 中共北京市委宣传部理论处编.资产阶级自由化言论辑录[M].北京：中国青年出版社，1989，64.

⑤ 中共北京市委宣传部理论处编.资产阶级自由化言论辑录[M].北京：中国青年出版社，1989，133.

⑥ 中共北京市委宣传部理论处编.资产阶级自由化言论辑录[M].北京：中国青年出版社，1989，132.

“早产儿”，只有补“资本主义”一课或接受西方资本主义殖民化统治才是所谓的“正道”。

党自成立以来在领导人民进行现代化的探索实践中，所获得的成就还是遭受到的挫折，一个重要的原因就是在于“与有否正确认识和科学把握社会主义与资本主义的关系问题息息相关”①。如探索作为现代化前提的革命时期对这一关系问题的认识经历了困惑与解惑过程，而在探索中国现代化之路时又经历了比较清醒再走向困惑的过程。②在中国特色社会主义现代化道路的初创期这一关系问题需要中国共产党人再次给予科学的解答，特别是面对资产阶级自由化分子所提出的全盘西化论的挑战下，选择和实践传统的社会主义现代化模式确实与我们没有正确处理与资本主义的关系问题攸关，但是否就意味着中国现代化一定要走西方资本主义现代化之路更值得人们深思。为了论证社会主义现代化之路是合目的性与合规律性的统一，当时的中国马克思主义知识分子群体对资产阶级自由化分子所提出的具有挑战味议题没有回避，而是积极的应对，其中一个鲜明的做法就是围绕论争论题采取了对应式的直接论证和反驳。具体体现为：其一，充分论证了中国选择和实践社会主义现代化之路具有坚实的理论基础，以此驳斥了“空想论”“早产论”等谬论。如有的学者指出中国式的社会主义不是一个空洞的“名词”，其“不仅有着丰富的具体内容，而且已深入到我国社会生活的每一个领域”③，这个事实的客观存在就在于中国共产党人坚持以马克思主义理论为指导，最重要的在于“在斗争实践中逐步认识到必须把马克思列宁主义基本原理与中国革命的具体实践相结合”④。还有的学者强调社会主义的存在之

---

① 石仲泉.中国现代化必须正确认识和处理社会主义与资本主义的关系[J].中国延安干部学院学报，2011-04-38.

② 石仲泉.中国现代化必须正确认识和处理社会主义与资本主义的关系[J].中国延安干部学院学报，2011-04，38—40.

③ 中共浙江省委宣传部理论处编.资产阶级自由化主要论点评析[M].杭州：浙江人民出版社，1987，12.

④ 中共浙江省委宣传部理论处编.资产阶级自由化主要论点评析[M].杭州：浙江人民出版社，1987，10.

所以是活生生的现实，根本的原因在于马克思恩格斯创立了科学社会主义，从而实现了社会主义由空想到科学的转变。这种科学社会主义的创立是积极利用了当时社会所提供的克服空想社会主义的有利的经济、政治条件的结果，是对空想社会主义实行积极性“扬弃”的产物，是以唯物史观和剩余价值论为理论基础的。①其二，突出强调了实践证明中国选择和实践社会主义现代化之路的正确性，以此驳斥了“失败论”“补课论”等谬论。一类是从中国革命的历史实践维度证明选择社会主义现代化之路的正当性。如有的认为在中国之所以没有选择走资本主义道路而是社会主义现代化之路，因为从国际环境看帝国主义列强不允许，从国内环境看中国大买办资产阶级除了依附于国际资本主义势力便不能生存下来，而民族资产阶级又具有先天不足、力量微弱的毛病。②另一类主要从社会主义现代化在中国的展开实践来证明其优越性。如有的以三十年社会主义建设实践作为考察对象，指出 30 多年来尽管我国经济发展不够平稳、增长速度起伏较大，但是总的来说增长速度在世界范围内还是最快的、精神文明建设的成就也是十分可观的，这些表明社会主义在中国的实践并非完全失败的。“方励之认为 30 年社会主义建设失败了，也许是因为他同发达资本主义国家作了比较。我们并不反对同发达资本主义国家进行比较，但进行比较时必须有正确的目标和方法。我们同发达资本主义国家在经济、技术上确有较大差距，但这种差距的形成有着客观的历史原因。”③有的以社会主义现代化实践前后中国的状况进行横向比较，强调从经济的发展速度、综合国力和主要工农业产品产量、经济发展途径等方面可以看出“社会主义中国是比不垮的”④。其三，科学阐释了人类社会现代化发展规律尤其是社会主义现代化代替资本主义

---

① 李振.资产阶级自由化谬论面面观[M].青岛：青岛出版社，1990，3—7.

② 昝琦.只有社会主义才能救中国，发展中国[A].中共甘肃省委宣传部、本书编写委员会著.坚持四项基本原则反对资产阶级自由化论文集[C].兰州：甘肃人民出版社，1991，3.

③ 中共浙江省委宣传部理论处编.资产阶级自由化主要论点评析[M].杭州：浙江人民出版社，1987，16.

④ 杨千里.从横向比较中看中国的社会主义[A].中共中央宣传部编.四项基本原则和资产阶级自由化的对立续编[C].北京：人民出版社，1991，172.

现代化这一趋势，以此驳斥了“趋同论”等谬论。如有的强调当代资本主义的“自我调节”改变不了它最终灭亡的命运，资本主义的灭亡根本上还是由其自身基本矛盾运动的结果，因为当前资本主义社会多种形式的资本社会化并没有改变生产资料的资本主义私人占有性质、“经济计划化”不可能消除资本主义生产的无政府状态和经济危机、“福利国家”不可能改变劳动者的雇佣劳动地位，相反帝国主义的本质特征在国家垄断资本主义的发展中更加明显。①有的指出人类社会形态的更替是一个长期曲折的过程，包括社会主义自身的发展也是曲折的，要正确认识到社会主义革命首先在经济文化比较落后的国家取得胜利是社会历史发展曲折的原因之一、资本主义世界在相当长的历史时期内它的经济政治文化军事等实力要比社会主义社会强大、社会主义是前无古人的事业在其发展过程中困难曲折是难以避免的、社会主义的生产关系和上层建筑的不完善是形成曲折的又一重要原因、在社会主义条件下仍然有资产阶级思想产生和再生的土壤。②对于“趋同论”这一谬论，有的明确无论从理论上和事实上“趋同”都是不存在的，毕竟建立在公有制基础上、消灭剥削的社会主义制度，从本质上是区别于建立在私有制和人剥削人基础上的资本主义制度的③；有的从哲学层面进行了分析，认为“趋同论”的认识根源在于“用唯心主义的世界观，片面地、孤立地、静止地看对待社会主义与资本主义之间的一些社会现象，是形而上学的理论大杂烩”④；还有的更是一针见血地指出“趋同论”的实质就是取消社会主义⑤。

---

① 范雁存，董笑梅，社会主义代替资本主义是人类社会历史发展的必然规律[A].谷景华主编.立国之本——澄清被资产阶级自由化思潮搞乱的理论是非[C].呼和浩特：内蒙古大学出版社，1992，14—25.

② 袁义文，林玉宝.社会主义再曲折中前进[A].谷景华主编.立国之本——澄清被资产阶级自由化思潮搞乱的理论是非[C].呼和浩特：内蒙古大学出版社，1992，33—40.

③ 顾宝炎.抹杀社会主义同资本主义的根本区别是“趋同论”的实质[A].广州市社会科学联合会编：划清界限　正本清源——资产阶级自由化剖析[C].广州：华南理工大学出版社，1991，67.

④ 韦英思.“趋同论”的错误根源与社会主义代替资本主义的必然性[A].黎守法主编.坚持四项基本原则反对资产阶级自由化理论文章选编[C].南宁：广西人民出版社，1990，194.

⑤ 李树蕊.“趋同论”的实质就是取消社会主义[A].黎守法主编.坚持四项基本原则反对资产阶级自由化理论文章选编[C].南宁：广西人民出版社，1990，189.

(三) 就马克思主义是否具有解决当时中国现代化问题的能力和品质方面，回应了资产阶级自由化分子所构成的挑战

马克思主义在中国的广泛传播，并不仅仅在于其是科学真理，更主要的在于其是实践真理。从现代化的视域来看，就是资本主义现代化方案在中国的实践破产之后，马克思主义被赋予了如何解决中国所面临的种种问题以及以何种方式从而使现代化最终得以完成这一重任。“从产生看，马克思主义中国化开始于中国追求现代化的过程中；从发展看，马克思主义中国化贯穿于中国追求现代化的过程中。”①尽管资本主义现代化在中国的退场是“历史发展的逻辑与必然”②，但是作为其指导思想（如自由主义）的信奉者们却并不甘心，一方面，他们以自由主义为指导就中国现代化所面临的问题“是什么”和“如何解决”提出了迥然不同于中国马克思主义者的判断、认识，这给（中国化）马克思主义构成了间接而根本性的挑战；另外，他们还对（中国化）马克思主义进行了直接式的挑战，即质疑乃至否定（中国化）马克思主义具有解决当时中国现代化问题的能力和品质。“把中国马克思主义哲学放到20世纪中国思想的背景中，……从总体上看，中国马克思主义哲学与中国其他哲学和社会思潮之间的论争是围绕着中国向何处去的问题展开的。中国向何处去的问题，本质上是中国的现代化如何可能的问题。”③以20世纪80年代的资产阶级自由化分子为例，除了前文两个方面所论述的那种间接根本式挑战之外，他们和之前的中国自由主义者一样对（中国化）马克思主义采取了直接否定的态度，最为典型的就是多方面地鼓吹（中国化）马克思主义的“过时”论。如有的认为（中国化）马克思主义的“过时”就在于其具有鲜明的狭隘、排他性，这也使得在中国所主张的（中国化）马克思主义实质上就是一种僵化的马克思主义。“我觉得在

---

① 宋一.现代化视域下的马克思主义中国化[J].湖南科技大学学报（社会科学版），2009-02-40.

② 张学涛，姚润皋.马克思主义中国化：中国现代化实践范式的质转[J].社会科学家，2013-01-23.

③ 何萍.开展以中国现代化为中心论题的马克思主义哲学中国化研究[J].马克思主义与现实，2005-05-17.

我们的理论体系中、宣传中最大的毛病，就是把共产主义宣传得太有排他性，或者说比较狭隘，实质上也就是比较浅薄”①，“什么是狭隘性？虽然我们平常谈马克思主义接受了人类文明，发展到现在。但在实际说法里认为只有马克思以来人类才真正认识真理。……把以前所有的事情都否定掉，把所有提到的人类历史上的文明，以及代其他国家、其他民族发展的东西都加以否定”②。有的强调（中国化）马克思主义的“过时”就在于适用范围是有限制的即只能在国家政治生活中发挥权力维护的作用，而不能适用于科学研究特别是自然科学研究。“马克思主义哲学是根据上个世纪自然科学联系比较紧密的部分总结出来的总规律。但今天自然科学变化已经很多，……有很多马克思主义哲学论断已经完全过时了”③，“不应当提用马克思主义指导科学研究，在科学研究中就是大家探索真理。……对我国来说，所谓马克思主义的指导更多的涵义就是领导的指导，实质就是政府的指导，或当权者的指导，或者是党的指导”④，“中共还坚持马克思主义，是有人作为维护他们权力的根据”⑤。有的指出（中国化）马克思主义的“过时”就在于它是一个过分的理性主义，而不能根据时代的变化及时地实行自己主题的转化。“马克思主义是过分的理性主义，认为世界一定和它所认识的那样，以后的发展也会沿着它所认识的和设想的走下去，于是导致了实践中的唯意志主义”，“事实证明，今天马克思主义处于严重的危机之中。现实提出了许多问题，马克思主义回答不了”⑥。另外，还有的从“变形论”（即将中国的马克思主义视为一种经过东方农民改造过、变了形的马克

---

① 中共北京市委宣传部理论处编.资产阶级自由化言论辑录[M].北京：中国青年出版社，1989，19.

②④ 中共北京市委宣传部理论处编.资产阶级自由化言论辑录[M].北京：中国青年出版社，1989，21.

③ 中共北京市委宣传部理论处编.资产阶级自由化言论辑录[M].北京：中国青年出版社，1989，24.

⑤ 中共北京市委宣传部理论处编.资产阶级自由化言论辑录[M].北京：中国青年出版社，1989，25.

⑥ 中共北京市委宣传部理论处编.资产阶级自由化言论辑录[M].北京：中国青年出版社，1989，29—30.

思主义）、“有害论”（即将中国长期的落后归咎于马克思主义，强调其本身就不适应中国国情）来论证（中国化）马克思主义的“过时”；等等。在对（中国化）马克思主义进行直接挑战的同时，资产阶级自由化分子也肆无忌惮地露出了自己的“底牌”，即主张指导思想上的自由多元化，认为（中国化）马克思主义不必也不应成为主导乃至主流性的意识。如方励之就煽动“真正的信仰是不受权力干涉的，信仰什么是每个人的自我选择，掌权者无权为全民选择信仰”①，“中国现在已经没有正统，年轻一代追求各种思想，也有追求宗教，也有追求存在主义、弗洛伊德，……这趋势形成中国信仰也开始多元化”②。

回应各种思潮的挑战特别是相关质疑、否定（中国化）马克思主义真理性的谬论，是马克思主义中国化实践中的重要内容。除了其是马克思主义中国化实践深入展开的“助推剂”，也在于其能充分地彰显（中国化）马克思主义的科学真理性和促进真理的大众化。“让马克思主义‘引力波’辐射更远，要在交锋中传播。真理越辩越明，道理越讲越清。人们寻求真理的过程，总是要与无知辩，与偏见争，与谬误斗。”③20世纪80—90年代初，针对资产阶级自由化分子所鼓吹的（中国化）马克思主义“过时”谬论，中国的马克思主义知识分子群体并未采取无所作为的“鸵鸟政策”，而是从资产阶级自由化分子为什么提出“过时”论、“过时”论错误的表现是什么以及怎么样正确对待（中国化）马克思主义三个方面给予了积极主动式的回应。具体体现为：第一个方面，重点揭露和批判了资产阶级自由化分子相关谬论的产生根源和实质危害性。如有的指出“过时论”者所凭借的三个依据（即强调马克思主义只是19世纪的一种文化现象，马克思主义是分古典和现代的，当前的新问题是马克思恩格斯所没有遇到的）都是站不住脚的，从理论观点上看是“只承

---

① 中共北京市委宣传部理论处编.资产阶级自由化言论辑录[M].北京：中国青年出版社，1989，29.

② 中共北京市委宣传部理论处编.资产阶级自由化言论辑录[M].北京：中国青年出版社，1989，27.

③ 樊伟.让马克思主义“引力波”辐射更远[N].人民日报，2017-09-28(05).

认真理的相对性，否认真理的绝对性”，从方法论上看是“用形而上学的观点看待马克思主义”，从阶级立场上看是“用西方资产阶级的观点看问题”以妄图在中国“建立资产阶级共和国”。①第二个方面，具体剖析和驳斥了资产阶级自由化分子相关主张的错误性。如对于资产阶级自由化分子指责马克思主义具有严重狭隘性、僵化性特点的言论，有的中国马克思主义知识分子就撰文强调无论从马克思主义的思想来源、马克思主义对待人类历史上其他阶级的思想文化的态度，还是从马克思主义对待自身的态度等来看，马克思主义具有了“其他任何学说所不可比拟的开放性、包容性”②。对于资产阶级自由化分子所提出的“学派论”即认为“马克思主义只是一个学派”，有的中国马克思主义知识分子就指出这种思想既不符合马克思主义的发展实际，因为马克思主义是作为无产阶级革命运动的指南存在着；同样这也是在理论上具有极大的荒谬性，其用学派的一般性抹杀学派的特殊性特别是马克思主义的特殊性，只讲各个学派都具有真理性而不讲各个学派掌握真理的特殊性特别是马克思主义在掌握真理上的特殊性。③对于资产阶级自由化分子所提出的“限界论”即认为(中国化)马克思主义只适用于政治生活中的权力维护而不能作为科学特别是自然科学研究的指导，有的中国马克思主义知识分子就明确自然科学的新发展并不能证明马克思主义的过时、无用，相反更加佐证了马克思主义哲学的真理性，因为马克思主义哲学是以科学包括自然科学的发展为基础的，又在认识论上对科学包括自然科学有指导性作用。④还有的认为将马克思主义的指导视为当权者的指导这一思想，表面上是要恢复所谓“真正”的马克思主义指导，而实质上是企图通过否定马克思主义的指导来否定党的领导；其错误在于混淆了马克思主义的指导同党的指导两者之间的关系，没有

---

① 李振.资产阶级自由化谬论面面观[M].青岛：青岛出版社，1990，204—205.

② 中共浙江省委宣传部理论处编.资产阶级自由化主要论点评析[M].杭州：浙江人民出版社，1987，139.

③ 李振.资产阶级自由化谬论面面观[M].青岛：青岛出版社，1990，208—210.

④ 高金田.评“马克思主义哲学的‘过时论’”[A].郑可圃主编.评资产阶级自由化观点[C].青岛：青岛海洋大学出版社，1990，154—157.

认识到“马克思主义的指导一般的是通过无产阶级政党的指导来体现和实现的”①。对于资产阶级自由化分子所提出的“误会论”(即认为中国选择马克思主义为指导是一个历史的误会)、“有害论”,有的中国马克思主义知识分子就指出中国人民选择马克思主义是历史发展的必然结果,既遵循了整个世界近代历史发展中社会主义制度必然取代资本主义这一客观规律,也是中国近代百年救亡图存曲折实践反思后所作出的伟大历史选择。②对于资产阶级自由化分子所提出的“主题转变论”(即认为“无产阶级革命”是马克思主义的理论主题,强调伴随着社会主义制度的建立“革命”已经不再是中国社会的主题,这就决定了必须用一种全新的理论体系取代马克思主义),有的中国马克思主义知识分子就批评这种谬论不仅是对无产阶级革命理论本身的严重歪曲,因为这种理论最终要服务和服从于无产阶级解放运动这一主题实践的,更是在于“忘记和违背了马克思主义关于无产阶级解放是国际的事业的思想”③。第三个方面,深刻地思考和阐释了怎么样正确认识和坚持(中国化)马克思主义的真理性。如对于马克思主义真理性和生命力的认识上,有的强调判断一个理论或学说是否真的“过时”,主要的标准在于看其基本原理、基本观点而非个别结论或主张;马克思主义的真理性就在于它的基本原理、基本观点是科学正确的,这也是它依然有强大生命力的真正所在。④还有的从真理的相对性和绝对性、理论与实际、人类认识的间断性和连续性等之间的辩证关系上分析马克思主义强大的生命力,强调“马克思主义正是处在相对与绝对的运动中的客观真理,它不存在过时的问题”、理论与实际和方法的完美统一使其获得了具备强大生命力的各种必要条件、“马克思主义正是在变与不变间断与连续

---

① 中共浙江省委宣传部理论处编.资产阶级自由化主要论点评析[M].杭州:浙江人民出版社,1987,148.

② 熊垂猛.中国人民选择马克思主义是历史发展的必然结果[A].黎守法主编.坚持四项基本原则反对资产阶级自由化理论文章选编[C].南宁:广西人民出版社,1990,34—38.

③ 李振.资产阶级自由化谬论面面观[M].青岛:青岛出版社,1990,244.

④ 中共浙江省委宣传部理论处编.资产阶级自由化主要论点评析[M].杭州:浙江人民出版社,1987,134—137.

的运动中保持其强大生命力的”①。对于如何坚持马克思主义的真理性，当时的中国马克思主义知识分子群体进行了多维度的思考，如有的指出必须要坚持马克思主义世界观、方法论和基本原理为指导；有的主张务必坚持马克思主义实践性和开放性的特点，“从马克思主义的实质和特征来讲，它所以能保持着强大的生命力，首先在于，马克思主义具有着实践性这个最本质的特征”②；还有的提出一定要正确处理“坚持”与“发展”之间的辩证关系，要充分认识到发展马克思主义就是对其的真正坚持和捍卫，但是反对“以‘发展’为名，行‘代替’之实”③；等等。

（四）就中国共产党是否能够担当中国现代化领导核心方面，回应了资产阶级自由化分子所构成的挑战

现代化的实践需要政治状态的稳定、社会意识的整合，乃至政治参与的扩大。而作为“现代社会和政治生活的神经中枢”④的政党组织，恰恰能够担负起这些责任。正如亨廷顿所指出的一个国家特别是较为落后的国家在实行现代化的过程中“未来的稳定在很大程度上取决于该国用以面对现代化和政治参与与扩大的政治制度具有什么样的性质”，而这“首要制度保证就是政党及政党体系”⑤。正是鉴于此，联系到近现代中国社会思潮之间围绕实施何种类型的现代化的争论来看，由哪一个性质的政党或以哪一种政党政治的方式去主导现代化也是争论的焦点之一。20世纪80年代，为了否定当时中国现代化的社会主

---

① 夏永翔.马克思主义生命力的辩证法——批判资产阶级自由化鼓吹的“马克思主义过时论”[A].黎守法主编.坚持四项基本原则反对资产阶级自由化理论文章选编[C].南宁：广西人民出版社，1990，39—47.

② 张志忠.论马克思主义在当代的生命力——驳“过时论”[A].谷景华主编.立国之本——澄清被资产阶级自由化思潮搞乱的理论是非[C].呼和浩特：内蒙古大学出版社，1992，272.

③ 张震.指导我们思想的理论基础是马克思列宁主义——驳资产阶级自由化否定马克思列宁主义的谬论[A].中共中央宣传部编.四项基本原则和资产阶级自由化的对立[C].北京：人民出版社，1990，298.

④ 丁俊萍，程铁军.现代化视角下的中国共产党政党功能调适[J].社会主义研究，2008-01-49.

⑤ [美]萨缪尔・P.亨廷顿.变化社会中的政治秩序[M].王冠华等译.北京：生活・读书・新知三联书店，1989，367.

义制度取向及其人民利益至上的价值取向，国内资产阶级自由化分子毫无遮掩地将抹黑和否定党的领导视为重要的选项之一。毕竟党的领导既是中国特色社会主义现代化实践的最根本保证，也是“中国特色社会主义最本质的特征”“中国特色社会主义制度的最大优势”①。综观当时资产阶级自由化分子相关言论，他们主要从所主观认定的党的性质“变质”和坚持党的领导带来的灾难性实践结果两个方面质疑和否定党的领导，并在此基础上鼓吹实行西方资本主义社会的多党制。对于第一个方面，他们或污蔑党已经成为一个完全充斥腐败的党，或胡说党已经成为一个独裁的权力集团，或诬陷党成为一个不能代表人民利益的宗教组织等，从而以党自身状况来达到否定党的领导的正当合法性。“中国封建统治的一个最大特点，我想是所谓权力的中心和道德的中心合二为一的。现在共产党就是这样”②，“现在中共坚持马列是为了保住权力，实际上说不上马克思主义，它实际上是一种权力的集团”③，“中共的腐化已到了惊人的地步——现在几乎‘全民崇商’、一致往‘钱’看。中共的干部多千方百计追求钱财，改善个人政治地位和经济生活及送子女出国”④。对于第二个方面，他们认为坚持党的领导只能带来一党专制独裁、腐败恶化严重、毫无人权民主自由等恶果，而这些与现代化进程明显是格格不入，以此来否定坚持党的领导的现实正当性。“中国目前……最根本的问题在于锈死的政治体制与不断推进现代化进程的矛盾，是国家政治民主化问题，是封建的一党独裁专制、党之权力高于一切，无限扩张而无制约机制问题”⑤，“中国的政治向人们展现的是一幅党权一体、党政一体、党法一体、党国一体、党军一体、党民一

① 中国共产党第十九次全国代表大会文件汇编[C].北京：人民出版社，2017，16.

② 中共北京市委宣传部理论处编.资产阶级自由化言论辑录[M].北京：中国青年出版社，1989，43.

③ 中共北京市委宣传部理论处编.资产阶级自由化言论辑录[M].北京：中国青年出版社，1989，48.

④ 中共北京市委宣传部理论处编.资产阶级自由化言论辑录[M].北京：中国青年出版社，1989，57.

⑤ 中共北京市委宣传部理论处编.资产阶级自由化言论辑录[M].北京：中国青年出版社，1989，53.

体、党经一体、党文一体的八位一体的这幅漫画”①,“他们把‘全部政权和人民的全部生活,都纳入共产党的掌握之中’。……经过中共39年的统治,中国大陆人民所享有的自由和民主,是在全面缩小之中”②。就中国共产党能否担当中国现代化领导核心这一问题上给予否定式回答后,当时中国的资产阶级自由化分子还大肆吹嘘和煽动唯有学习和实行西方多党制,通过各党竞选轮流执政,方能有效地解决现代化的领导核心问题,从而赋予现代化的推进一个所谓的正确方向。“要害在于党本身要改革。那么党改革以后将是怎么样的形势呢?请允许我再开放、宽松一点说,要实行多党政治”③,“对中国来说,更重要、更迫切的问题是,要改变中国大陆共产党‘一党专政’的局面,使中国大陆的政治走向‘多元化’”④。

20世纪80年代资产阶级自由化分子质疑、否定党在现代化中的领导核心地位,表面看指斥的矛头是中国共产党这一政治组织,而实质上是对社会主义现代化的完全否定,即既是对过去中国坚持社会主义现代化方向这一历史选择的否定,也是对当时社会主义现代化在中国现实实践的否定。“坚持和发展党的领导核心作用,不仅是中国发展社会主义的内在要求,而且也是中国现代化发展的内在要求。政党是现代政治生活的核心力量。对于以国家为主导的现代化发展来说,形成强大的政党领导,是现代化取得最终成功的关键。”⑤为此,针对资产阶级自由化分子所构成的相关挑战,当时中国的马克思主义者将党的领导上升到中国社会主义现代化建设的根本保证的高度,从“为什么”“如

① 中共北京市委宣传部理论处编.资产阶级自由化言论辑录[M].北京:中国青年出版社,1989, 53.

② 中共北京市委宣传部理论处编.资产阶级自由化言论辑录[M].北京:中国青年出版社,1989, 49.

③ 中共北京市委宣传部理论处编.资产阶级自由化言论辑录[M].北京:中国青年出版社,1989, 45.

④ 中共北京市委宣传部理论处编.资产阶级自由化言论辑录[M].北京:中国青年出版社,1989, 60.

⑤ 林尚立.政党与现代化:中国共产党的历史实践与现实发展[J].政治学研究,2001-03-03.

何看”和“怎么办”三个方面进行了回应。具体来说,“为什么”就是阐释坚持党对中国现代化建设领导的必要性和重要性。如有的从历史层面分析党的领导地位不是自封的而是历史发展的必然选择,指出从中国近代史看农民阶级和资产阶级都不能领导中国革命取得胜利,从中国现代史看国民党根本不能、各民主党派也不能领导中国革命取得胜利,从中国革命史看完成反帝反封建反官僚资本主义的革命任务历史地落在中国共产党的肩上。①有的从现实角度探讨坚持党的领导的重要性,强调只有中国共产党才能为社会主义现代化建设制定正确的路线方针政策,才能把亿万人民团结在自己的周围以共同为实现社会主义现代化而奋斗,才能为建设社会主义现代化提供一个安定团结的政治局面。②另外,还有的专门分析了坚持党的领导的多党合作制的原因,认为一个国家实行什么样的政党制度是由各个国家的社会性质和历史条件所决定的,党领导的多党合作制是由我国社会历史的具体条件所决定的也是我国长期革命实践历史的选择,它具有其他政党制度所没有的优越性诸如能全面反映人民的利益、能够调动一切积极性因素、能够充分体现民主集中制原则等。③“如何看”就是分析如何全面正确认识党的现状,并在此基础上驳斥资产阶级自由化分子的相关具体性谬论。如有的强调要坚决反对资产阶级自由化分子那种“抓住一点,不及其余的手法”,应该一方面承认党的本质和主流是好的,另一方面要认识到党确实犯过错误,但对于错误我们“勇于正视”“勇于纠正”④。对于资产阶级自由化分子所提出的共产党是“早产儿”谬论,有的指出中国共

① 林丹.中国共产党的领导地位是历史的选择[A].黎守法主编.坚持四项基本原则反对资产阶级自由化理论文章选编[C].南宁:广西人民出版社,1990, 71—76.

② 涂世驿.中国共产党是中国革命和建设事业当之无愧的领导核心[A].黎守法主编.坚持四项基本原则反对资产阶级自由化理论文章选编[C].南宁:广西人民出版社,1990, 64—67.

③ 刘爱华.我国必须坚持共产党领导的多党合作制度[A].谷景华主编.立国之本——澄清被资产阶级自由化思潮搞乱的理论是非[C]:呼和浩特:内蒙古大学出版社,1992, 160—163.

④ 中共浙江省委宣传部理论处编.资产阶级自由化主要论点评析[M].杭州:浙江人民出版社,1987, 104—105.

产党的创立是顺乎时代潮流的结果，是中国政治、经济发展的必然产物，其中中国工人阶级队伍的壮大是党产生的阶级基础，马克思主义在中国的广泛传播是党成立的思想基础，各地共产主义小组的成立为创建统一的全国性政党准备了组织条件。①对于资产阶级自由化分子所提出的“腐败论”即认为中国共产党已经是一个腐败的党，有的给予了驳斥，认为虽然党内出现了一些腐败现象和行为，但是党内健康力量是占主导的，党的性质和宗旨决定了党能够保持清正廉洁，党对于腐败现象和行为也一贯地采取了斗争的做法。②对于资产阶级自由化分子以经济多元化、一党执政没有权力制衡以及党已丧失执政资格能力等为借口鼓吹“多党制”，有的进行了具体性的批判，强调这种谬论的实质就是否定共产党的领导，他们的立论根据是站不住脚的，如我国的所有制结构不存在相互对立的经济利益多元化，社会主义民主政治所要求的权力制约形式并不是多党制和议会制度唯一的一种，总体来看中国共产党依然是一个伟大光荣正确的党，特别是对待自身的错误足以显示出党的强大生命力和伟大前途。③“怎么办”就是提出怎么样去改善党的领导从而以党的现代化去推进中国社会的现代化实践。如有的指出为了适应现代化建设和改革开放的需要，必须使党的领导原则、制度和措施逐步规范化、制度化、程序化，而这最重要的一点就是改善党的领导，即务必要在强化执政意识、正确处理党与国家政权的关系、加强自身各方面建设、正确处理共产党和各民主党派之间的关系等方面下功夫。④有的还就如何实现党领导的多党制这一政党制度的现代化进行了深入探讨，提出了多党合作要条理化法律化、民主协商相互监督要制

---

① 胡家强.中国共产党是“早产儿”吗？[A].郑可圃主编.评资产阶级自由化观点[C].青岛：青岛海洋大学出版社，1990，10—13.

② 李振.资产阶级自由化谬论面面观[M].青岛：青岛出版社，1990，157—159.

③ 孙国栋.“政党多元化”的实质是否定共产党的领导[A].谷景华主编.立国之本——澄清被资产阶级自由化思潮搞乱的理论是非[C].呼和浩特：内蒙古大学出版社，1992，183—193.

④ 肖东波.坚持和完善中国共产党的领导[A].谷景华主编.立国之本——澄清被资产阶级自由化思潮搞乱的理论是非[C].呼和浩特：内蒙古大学出版社，1992，140—143.

度化规范化、人民政协的党派色彩要强化、举荐民主人士到政府工作要普遍化等有价值的思想。①

20世纪80年代资产阶级自由化分子所掀起的挑战，党和国家最终以政治的方式给予了解决，但是这并不抹杀当时中国马克思主义知识分子群体对资产阶级自由化挑战进行回应的实践努力。上述四个方面较为立体、系统性的回应就体现出了中国马克思主义知识分子群体高度的政治使命感和责任感，一定程度上削弱和遏制了资产阶级自由化思潮所带来的恶劣影响，在坚定人们社会主义现代化信念的同时也推进了中国特色社会主义现代化道路的探索。同样，回应中无论是所获得的一些经验，还是所存在的不足，对新时代中国特色社会主义现代化实践特别是社会意识形态建设来说都是宝贵的财富。如对于社会意识形态领域的斗争一定要树立长期性的思维、采取主动性的态度、注重区别性的策略以及密切现实性的方法。树立长期性的思维，就是要认识到只要人类社会处于阶级社会，意识形态领域内不同思潮之间的斗争必将存在；相应地联系到中国的实际，回应其他思潮对(中国化)马克思主义及其实践所构成的挑战也是长期的。采取主动性的态度，就是对其他思潮所掀起的挑战要有清醒自觉的认识，并果断地采取措施将其扼杀在萌芽之中，而非其产生恶劣影响后被动地去应付。注重区别性的策略，对于强挑战的社会思潮或社会思潮内部强挑战的成分，一定要坚持立场并给予坚决回击；而对于弱挑战的社会思潮或社会思潮内部弱挑战的成分，在坚持立场给予批判的同时尽可能吸纳其合理性成分。密切现实性的方法，就是一定要以自觉的学派意识联系社会实际包括直面社会现实中所存在的问题去回应其他社会思潮所构成的挑战，这样既使(中国化)马克思主义更具有鲜活性，也使回应更有现实针对性和强有力的说服感。“它不是凭借权力去分析、批评各种非马克思主义的思想，它所依据的是自己的学术判断，以及实践对理论问题的最

---

①　黄方生.关于共产党领导的多党合作制[A].广州市社会科学联合会编：划清界限　正本清源——资产阶级自由化剖析[C].广州：华南理工大学出版社，1991，82—84.

终解决。这样一个马克思主义学派在与自由主义对话时，不论对方的地位有什么变化，它自己总是坚持马克思主义的探索精神，坚持真理的无畏性，自由主义就无法用学术以外的理由去贬损它了。”①

二、对新自由主义的批判

作为当代西方资产阶级的核心意识形态——新自由主义，借助于中国改革开放和融入全球化之机，大肆渗透到我国经济、政治、文化和社会等各领域，以“策应西方和平演变中国的战略”②。尽管新自由主义的渗透以所谓的“理论探讨”的形式和“世界潮流”的面目展开着，但是中国的一大批马克思主义者对此的危险性并未放松警惕。在对马克思主义中国化实践进行探索论证以及实践中的经验教训给予理论建构诠释的同时，21世纪以来他们也从多维度分析批判了新自由主义。如从全球实践结果的灾难性、中国意识形态安全性、中国社会实践影响性、理论内在科学性、理论“中国化”的适应性、思潮间差异比较性六个维度批判了新自由主义，这六个维度涉及新自由主义理论与现实实际、新自由主义理论本身、新自由主义与其他思想理论等三个逻辑关系层面。不可否认，这些分析批判有力地回击着新自由主义所带来的种种挑战，捍卫着中国化马克思主义的科学真理性及其实践的现实正当性；同样，批判中也存在着一些地方亟待改善，以需进一步增强批判的效果。

（一）从在全球实践结果的灾难性维度批判了新自由主义

对于理论的科学与否，人们经常联系到的是实践标准。近年来中国马克思主义者从人们这一熟识的思维方式出发，联系外部现实世界中大量的经验事实即新自由主义全球实践结果的灾难性来评判和证实其的非科学性。这些经验事实包括新自由主义对苏东剧变的影响、奉

---

① 黄力之.也谈中国的自由主义与中国的马克思主义之关系[J].哲学研究，2000-06-17.

② 梅荣政，张晓红.新自由主义思潮[M].北京：高等教育出版社，2004，104.

新自由主义为圭臬的华盛顿共识在全球蔓延的恶果、新自由主义对西方发达国家的影响特别是与国际金融危机的关系、新自由主义主导下全球化的风险性等。

就新自由主义对苏东剧变的影响方面：尽管在新自由主义是否是导致苏东剧变的直接或主要原因方面有差异性认识，但是近年来中国马克思主义者普遍认为受其影响是肯定的。梅荣政以苏联“500天计划”和“总统计划”为例，指出在西方政要的要挟下苏东国家是以承诺全面私有化为前提条件来换取西方大规模援助的，这充分证明了苏东国家的演变就是沿着新自由主义策划的道路行进的。①黄星清认为新自由主义就是西方世界完成对苏联“和平演变”的“致命武器”，并从政治路线、政治制度、组织路线、军队建设、经济建设、意识形态领域、民族政策七个方面就新自由主义如何影响苏联共产党作了详实的考察和分析。②有的学者着重从意识形态领域探讨苏东剧变的原因，强调这与多元化社会意识共同作用密不可分，其中新自由主义扮演着“瓦解社会主义经济基础”③的角色功能；如果说历史虚无主义为苏联剧变扫清了思想障碍，那么新自由主义推行下国有资产被贱卖、社会生产力被严重破坏，则“从经济领域摧毁大国根基”。④另外，还有的学者具体考察了当时撒切尔夫人和里根为使新自由主义成为苏联“改革派”的“圣经”而采取的各种软硬兼施的策略。⑤

就新自由主义在全球蔓延的恶果方面：近年来中国马克思主义者重点从如何认识“华盛顿共识”、“华盛顿共识”在全球实践表现如何以及如何分析这些表现背后的原因等层面给予了揭示。对于第一个方面，何秉孟认为“华盛顿共识”尽管在某些政策方面诸如加强财政纪律、

---

① 梅荣政，张晓红.新自由主义思潮[M].北京：高等教育出版社，2004，52.

② 黄星清.从苏联解体看新自由主义对社会主义改革的危害性[J].红旗文稿，2015-11.

③ 王立新.戈尔巴乔夫时期的社会思潮失控与苏联剧变[J].南京社会科学，2015-02-135.

④ 窦凌.苏联剧变中的历史虚无主义和新自由主义[J].求实，2006-07-71.

⑤ 李艳艳，朱继东.从强力推行新自由主义看撒切尔夫人、里根的反共本质[J].马克思主义研究，2013-08.

压缩财政赤字等有一定的合理性，但从总体来看它以新自由主义理论为基础，片面强调市场机制的功能、鼓吹私有化自由化市场化等，致使其是适应国际垄断资本特别是国际金融垄断资本向全球扩张的需要；另外，它也标志着新自由主义理论由学术化而演变成意识形态化、政治化、范式化。①还有的学者强调"华盛顿共识"并非西方发展的成功经验总结，而是美国利用世界经济形势所发生变化之机，操纵国际经济组织，强迫其他国家接受一整套维护美国经济霸权的新自由主义的结构改革方案，"华盛顿共识"的推广一定程度上就是"美国模式"的推广。②对于第二个方面，中国马克思主义者或从总体上或以某一具体国家和地区（如俄罗斯、拉美乃至亚非）为案例深入揭露了"华盛顿共识"在全球实践的表现情况，"深重灾难"是普遍的共识，强调这也间接地佐证了其不具有普世性。如何秉孟指出新自由主义改革给拉美国家所造成的灾难是触目惊心的，表现为国有企业私有化，经济发展停滞，失业率不断攀升，资金外流现象严重，两极分化严重，政府对经济调控力下降等；新自由主义"休克疗法"在俄罗斯是彻底失败的，在其实行的十年使俄罗斯陷入前所未有的经济社会危机中，彻底摧毁了前苏联所建立的公有制为基础的经济体系；新自由主义在东南亚等国家的推行，给这些国家和人民带来了挥之不去的噩梦，最典型的就是20世纪90年代初的亚洲金融危机的爆发；新自由主义在非洲一些国家如埃及的推行，导致埃及经济陷入混乱，两极分化加剧，最终造成人民起义和社会动荡。③对于第三个方面，有的中国马克思主义者从新自由主义改革的实施者角度进行了分析，认为与这些国家或地区的当政者"脱离本国国情，简单地接受新自由主义政策主张"④有关；而更多的则强调应从改革的指导思想即新自由主义理论本身的局限性给予探讨，如奉茂春指出"华盛

---

① 何秉孟，李千.新自由主义评析[M].北京：社会科学文献出版社，2012，45—46.

② 李珍."华盛顿共识"与发展中国家"新自由主义"改革[J].世界经济与政治，2002-05-74.

③ 何秉孟，李千.新自由主义评析[M].北京：社会科学文献出版社，2012，64—89.

④ 张鑫.从俄罗斯经济转轨看新自由主义的失败[J].中州学刊，2004-06-66.

顿共识”在全球灾难性的实践充分暴露了“既抛弃了古典自由主义的合理内核,又没有充分重视市场”的缺陷①,杜奎峰等人也认为新自由主义理论体系的弊端就是“把经济自由放任演绎到了极端,过分热衷于私有化,激进地推行贸易、投资和金融的自由化,以及过分排斥政府在经济管理活动中的作用”②。

就新自由主义对西方发达国家的影响特别是与国际金融危机的关系方面:中国马克思主义者采取了辩证的态度,肯定了20世纪70年代末80年代西方国家实施新自由主义政策对于摆脱“滞胀”危机所发挥的积极性作用,但是强调新自由主义政策从根本上来说没有也不可能彻底解决西方经济的复兴问题,经济衰退和失业率低下依然困扰着西方国家,同样政府控制经济特别是金融活动的权力也日益削弱,这些已经显示出了新自由主义模式的社会矛盾。而对于肇始于美国的金融危机(2007年),中国马克思主义者总体上认为其就是国际金融垄断资本主义的基本矛盾总爆发的结果,一定程度上宣告着新自由主义模式的破产。如徐崇温指出新自由主义就是引爆美国次贷危机——国际金融危机的罪魁祸首,因为它从两个方面导致了危机的爆发:一是推行私有化,加剧贫富之间的两极分化,加剧经济失衡和生产过剩;二是解除对金融的管制。③何秉孟认为金融危机是以新自由主义模式为基础的国际金融垄断资本主义制度内在基本矛盾斗争的结果,即生产社会化同生产资料私人占有之间的矛盾在进一步发展,金融企业内部的有组织有计划同超越国界的全球的无政府状态的矛盾空前尖锐,生产无限制扩大的趋势同劳动大众相对贫困导致有支付能力的社会购买力不足的矛盾在进一步激化。④在对国际金融危机新自由主义本质进行揭示的同时,中国马克思主义者也进行了思考,强调我国经济尤其是金融业的

① 奉茂春,王兆华.“华盛顿共识”在国家干预问题上的极端的新自由主义性质[J].中共福建省委党校学报,2006-06-25.

② 杜奎峰,程惠霞.新自由主义经济思潮及其在部分国家实践的再反思[J].当代经济研究,2003-10-45.

③ 徐崇温.新自由主义与国际金融危机[J].毛泽东邓小平理论研究,2012-04,89—90.

④ 何秉孟,李千.新自由主义评析[M].北京:社会科学文献出版社,2012,96—98.

发展要引以为戒，务必要建立金融监管统一的协调部门、审慎推进金融市场开放、正确处理实体经济和虚拟经济之间的关系等。①

就新自由主义主导下全球化的风险性方面：中国马克思主义者也进行了揭露和批判。如程恩富认为新自由主义主导下的经济全球化所带来的负面效应表现在三个“可能加大”，即可能加大世界经济发展的不平衡性；可能加大世界经济发展的波动性；可能加大世界经济发展的矛盾性。②张雷声强调“华盛顿共识”就是新自由主义经济全球化本质的实践形式，这种全球化实质就是“把资本主义生产关系和社会结构扩展到世界范围，扩展到整个发展中国家，把发达国家的利益获得建筑在发展中国家的利益损失之上”③。丁冰指出固然要肯定全球化的积极性作用，但是不可否认这种全球化与新自由主义联系在一起，不可避免地带来极大的消极性影响，诸如加深了全球的两极分化，加剧了全球的金融投机和风险，加深了发达国家与发展中国家经济独立自主发展之间的矛盾。④同样，在对新自由主义主导的全球化危害性给予分析的同时，中国马克思主义者也指出反对新自由主义主导的全球化并不代表着对全球化的否定，我们需要的是客观进程的全球化特别是提倡和推进那种和谐平等的全球社会主义。如吴怀友等从全球化与新自由主义关系分析入手，指出先有新自由主义而后有当代意义的全球化，全球化不等于全球“新自由主义化”，它只是客观全球化的“异化”而已。⑤张才国认为当今世界所出现的反全球化运动，实质就是反对新自由主义主控的全球化，它是“对标榜公正与平等、繁荣与富足的全球化的一个极大贬讽，也构成了全球化时代的一个极不和谐的音符”⑥。

---

① 蓝庆新.新自由主义的失败与美国金融危机的警示[J].南京社会科学，2009-01，27—28.

② 程恩富，大卫·科茨.新自由资本主义、全球化和社会主义——中美马克思主义经济学家对话[J].经济学动态，2005-04-18.

③ 张雷声.新有由主义经济理论与经济全球化[J].教学与研究，2003-10-52.

④ 丁冰.新自由主义与经济全球化——试析经济全球化的消极影响[J].当代经济研究，2002-06-40.

⑤ 吴怀友，曹休宁.全球化与新自由主义关系新论[J].国际论坛，2005-06.

⑥ 张才国.反全球化的实质：反对新自由主义主控的全球化[J].求实，2009-07-68.

（二）从中国意识形态安全性维度批判了新自由主义

在当前社会转型期意识形态工作是一项极端重要的工作，它起到统一思想、凝心聚力的作用。自20世纪80年代以来新自由主义的逐渐渗透，直接严重威胁到国家的意识形态安全，也影响着党的执政安全和国家的安危以及社会的和谐。正是鉴于此，中国马克思主义者从维护国家意识形态安全的高度批判了新自由主义的危险性。以21世纪以来他们的相关言论为考察对象，就会发现这种批判集中于分析新自由主义对当前社会意识领域总体影响、对（中国化）马克思主义具体思想主张的挑战、对特定社会主体的侵蚀等方面。

就新自由主义对当前社会意识领域总体影响方面：如有的认为新自由主义对我国的渗透逐渐暴露出它的意识形态化、政治化的罪恶面目，从四个方面给我国的文化安全和意识形态战略造成了严重的负面影响，即私有化理论与我国当前的社会主义所有制观念相抵触，个人至上观点对我国集体主义价值观带来负面冲击，全球治理和经济自由化理论助长了我国的"西化"观念，经济政策的散布误导了我国的改革观。①有的强调新自由主义对我国意识形态的渗透，是西方发达国家对我国进行"软实力"倾销的有力见证，它比"硬权力"的影响更为复杂和深刻，这种倾销体现为宣扬"社会主义意识形态过时论"、抨击集体主义和鼓吹个人主义、取消公有制和主张实行全面私有化的市场原教旨主义。②对于如何抵制和应对这种意识形态的渗透影响，中国马克思主义者也进行了思考。如提出了务必突出强调马克思主义的指导地位，大力倡导社会主义核心价值体系，努力加强党的理论建设等建议。③还有的着重从新媒介的角度探讨了如何预防和消解网络新自由主义意识形态化影响的思路，如强调打造好网上意识形态传播主阵地，构筑好错误

---

① 李武装."新自由主义"对我国文化安全和意识形态战略的影响[J].内蒙古社会科学，2014-03.

② 张才国."软权力"与新自由主义对我国意识形态的渗透[J].学习论坛，2006-01-19.

③ 高桂云，杨思思.新自由主义对我国意识形态安全的挑战及其应对[J].理论导刊，2011-05，44—45.

思潮“防火墙”，要网上解释好、网下解决好与主流意识形态背离的现象等。①

就新自由主义对(中国化)马克思主义具体思想主张的挑战方面：进入21世纪以来中国马克思主义者从经济学、民主政治理论、价值观乃至发展理论等进行了深刻探讨。如对于马克思主义政治经济学理论的影响，强调因改革开放以来新自由主义经济学思想在中国的广泛传播致使其越来越边缘化，中国经济学在理论基础、研究范式、教育体系上“西化”现象日趋明显，即西方主流经济学诸多学派的理论成为中国经济学界分析问题的理论基础、在研究范式上已经逐步从“苏联范式”转向“美国范式”、用现代西方主流经济学改造马克思主义政治经济学。②对于中国特色社会主义民主政治理论建构所带来的消极性影响，认为主要体现为大肆张扬新自由主义民主观而引发民主理念的混乱、鼓吹个人主义和否定集体主义而造成政治认知的分裂、宣扬私有制市场化而产生民主的精英化倾向。③对于社会主义核心价值观的影响，主要在于新自由主义推销所谓的“普世价值”和鼓吹历史虚无主义，从而使其不断地被消释。对于科学发展观的影响方面，指出在理论基础上新自由主义发展观与科学发展观有根本性区别，从而使得新自由主义在发展价值取向、发展道路、发展手段和发展理想等方面严重挑战着科学发展观。同样也要看到在分析批判上述具体消极性影响时，中国马克思主义者并未采取完全否定的态度，相反主张新自由主义理论的某些“合理性”依然可以被借鉴、吸纳。如新自由主义思潮中社会平等、公正理性以及个人自由的尊重等政治理念，就对中国化民主理论的建构具有价值借鉴作用。④

就新自由主义对特定社会主体的侵蚀方面：新自由主义对中国化

① 罗忠荣，杨永志.警惕网络新自由主义对主流意识形态的消解[J].理论界，2012-06.

② 张志敏.新自由主义经济学及其对中国经济学的影响[J].求是学刊，2011-03-46.

③ 刘海军.新自由主义思潮对中国化民主理论建构的影响[J].山东行政学院学报，2015-05，13—14.

④ 刘海军.新自由主义思潮对中国化民主理论建构的影响[J].山东行政学院学报，2015-05-14.

马克思主义的挑战，表面上是两大意识形态话语体系的交锋，而实质是对社会群体的争夺。由于青年是国家的未来、民族的希望，青年意识形态如何关乎着未来整个社会意识的走向；再加上青少年对社会主义意识形态的认识总体上还处于自在到自为的转变过程中，致使新自由主义在我国渗透时也加紧了对青年的侵蚀。正是鉴于青年的意识形态工作是国家意识形态安全工作的重中之重，中国马克思主义者也特别关注新自由主义对青年的侵袭情况，并提出了一些建设性意见。如于春江认为新自由主义已经严重消解部分青年对于马克思主义的信仰、动摇部分青年对于社会主义制度的信心、改变部分青年的集体主义价值取向以及扭曲部分青年的公平正义观念等。为此，他提出务必要加强马克思主义意识形态的创新模式、传播方式和“本土化”改革，以推进青年对社会主义主流意识形态的认同。①还有的以青年中的大学生群体作为考察对象，指出新自由主义已经渗透到校园中，对大学生的政治观、人生观、价值观、生活方式、行为方式等都带来了不小的冲击。以当前大学生政治观现状为例，柴宝勇强调在新自由主义的侵袭下一些大学生政治认知模糊、政治情感淡化、政治评价降低、政治信仰动摇、政治行为功利化。②针对新自由主义对当前大学生群体的影响具有周期性、长期性、隐蔽性和渗透性等特点，周泽红等认为应从积极创新教育引导方式、加强网络教育和监管、积极发挥社会主义先进文化的功能、营造健康向上的社会环境方面采取行之有效的举措。③

（三）从对中国社会实践影响性维度批判了新自由主义

改革开放以来新自由主义对中国的渗透影响，除了体现于挑战着中国化马克思主义为主导的社会意识形态格局之外，对中国化马克思主义指导下的社会实践变革也产生了极大的影响。如果说前者关乎着我们举“什么旗”的问题，那么后者则涉及我们走“什么路”的问题。为

① 于春江.论新自由主义与我国青年的主流意识形态认同[J].理论研究，2011-03.

② 柴宝勇.新自由主义思潮对大学生的影响及其引导[J].中国青年社会科学，2017-01.

③ 周泽红，詹耘.新自由主义思潮对大学生思想影响的机制及对策探析[J].思想教育研究，2011-11，90—91.

此，进入 21 世纪以来中国马克思主义者也从总体实践和具体实践领域的影响两个方面对新自由主义进行了批判。

就新自由主义对中国社会实践的总体影响方面：如有的强调新自由主义所谓规范化改革，因其推行彻底的私有制、把市场经济与宏观调控对立起来继而与社会主义基本制度分割开来，充分暴露了它的政治目的就是动摇中国社会主义的基本政治经济制度，企图用资本主义制度来“规制”中国，但是它既救不了资本主义，更救不了中国。①有的以中国特色社会主义“三个自信”为分析框架，指出新自由主义不仅仅因其自身的理论主张（即自由化、私有化、市场化）对中国特色社会主义的理论自信产生消解，更重要的在于其道路立场即西方资本主义发展道路以及制度指向即维护垄断资产阶级和金融寡头利益的制度安排，也分别对中国特色社会主义的道路自信和制度自信产生着巨大的威胁。②还有的认为当前中国社会转型中所出现的一些问题并非“社会转型”的必然结果，而正是新自由主义思潮严重干扰误导的产物，即诱导误导我国社会主义改革开放实践掉进了私有化、市场化、一切生产要素资本化、全球市场经济一体化和绝对自由化的陷阱中。③另外，有的从时间段上分析了新自由主义对我们改革开放实践的影响，指出 20 世纪 80 年代新自由主义发挥了一定的积极性作用，如加速了价格双轨机制的瓦解、促使政府职能转变、推进了企业股份制改革；但是 90 年代以后，给我国的经济建设带来了很大的危害，如打击压制了中国的民族工业，阻止了我国拥有保护自己市场的机制和手段，过分推崇私有制而导致一些地方出现私有化回潮，导致我国自私自利之风盛行、拜金主义充斥各行各业以及一些公权私有化现象等。④

---

① 李慎明.新自由主义的危害[J].人民论坛，2013-01(下)，26.

② 魏崇辉.新自由主义本质批判与中国特色社会主义“三个自信”研究——一个分析框架构建的尝试[J].理论与改革，2013-06，10—11.

③ 傅秀玲，杨思基.论我国当前发展中的问题和矛盾——新自由主义在我国的影响和后果之解析[J].中国矿业大学学报(社会科学版)，2015-06.

④ 范江玲.新自由主义及其对当代中国的影响[J].河南理工大学学报(社会科学版)，2009-04.

就新自由主义对中国社会具体实践领域的影响方面:从21世纪以来中国马克思主义者的相关文章来看已经论及经济、政治乃至社会各领域。如经济层面,重点探讨了新自由主义对社会主义市场经济改革、国有企业改革、金融改革等的负面影响。如周新城认为新自由主义的思想严重干扰了我们的社会主义市场经济改革,我们的社会主义市场经济改革不在于要不要搞市场的问题,而是在于搞什么性质和实行什么样的市场经济,如果按照新自由主义的思想特别是按照“市场原教旨主义”则要建立自由放任、反对国家宏观调控的市场经济体制,这明显与我们所设想的国家宏观调控下发挥市场对资源配置的基础性作用的经济体制的目标背道而驰。①丁冰强调新自由主义的一些观点诸如积极鼓吹私有化、主张国有企业退出一切竞争性领域、股份制就是公有制等,严重误导了我们的国有企业改革,在一些地方、部门已经带来了恶果。②政治层面,大多数认识到新自由主义对我国政治安全已构成了严重的挑战。如姜迎春认为社会上存在的政改体制滞后论、宪政思潮就是受新自由主义影响的结果。③冯来兴指出新自由主义不仅是一种经济思潮,而且是一种政治意识形态,它们在中国鼓吹多党制和普选制和否定中国共产党的领导,这实质已冲击了我国政治安全。④社会层面,强调新自由主义思潮在中国的传播,严重削弱了和谐社会构建的基础,造成了社会的不和谐不稳定。周新城分析到新自由主义主张私有化破坏了社会主义和谐社会的经济基础;鼓吹极端个人主义,破坏了社会主义和谐社会的社会基础;反对党的领导和人民民主专政,破坏了社会主义和谐社会的政治基础;主张指导思想多元化,破坏了社会主义和谐社会的思想基础。⑤

---

① 周新城.必须排除新自由主义对改革的干扰[J].山西财经大学学报,2006-02.
② 丁冰.简论新自由主义及其对我国的负面影响[J].当代经济研究,2004-11, 18—19.
③ 姜迎春.在改革中要警惕新自由主义的话语陷阱[J].红旗文稿,2014-20.
④ 冯来兴.新自由主义对我国政治安全的挑战及对策[J].学术论坛,2006-05-40.
⑤ 周新城.构建和谐社会与反对新自由主义[J].高校理论争线,2005-11.

(四) 从理论内在是否具有科学性维度批判了新自由主义

判断一个思想理论是否具有科学性,实践检验固然是根本性标准,但理论内在是否完备也非常重要。因为一方面在于运用实践标准时“首先必须确定这个理论的经验内涵,即确定该理论可用经验事实证实的命题”①;另一方面,当某些理论“距离直接可观察的东西愈来愈远”,以致用事实验证变得相当困难时,需要从内部的逻辑完备性考察。②为了彻底消解新自由主义对我国的影响性,不仅要在于从外部世界乃至中国的社会实践证明其错误性,也要从理论内在逻辑上证明其非科学性。21 世纪以来,中国马克思主义者从总体和具体理论的非科学性方面批判了新自由主义。

就新自由主义总体非科学性的分析方面:梳理 21 世纪以来中国马克思主义者相关思想来看,主要批判了新自由主义的哲学基础和价值取向。对于前者,有的认为新自由主义的思想是建立在认识论上的怀疑主义、形式和内容的分离、手段和目的的二元论以及价值上的虚无主义这些基本的预设上,从而导致其忽视了三个基本的事实:市场经济得以运行的总体性条件、人类生存的自然界限和社会有机体的存在。③还有的学者指出新自由主义是建立在唯心机械的世界观基础之上,所谓人是自利的、人具有无限的理性、人具有完全信息等经典的“经济人”的假设不仅是主观也是机械的,虚伪的价值中立在其自身的逻辑体系中也是站不住脚的,鼓吹的“优胜劣汰”的丛林逻辑更是违背了人类的道德底线。④后者方面,有的强调新自由主义对自身从人文意义上的合理性、社会意义上的合理性、意识形态上的合理性上有三重价值辩护,而每一个都“漏洞百出”,如关于经济自由是个人自由的基础的辩护上,其实是用规则层面的自由权利来遮蔽人们实际拥有经济自由上的不平等,强调自由的优先性而“反对平等主义”;关于经济自由能够增进效率

---

①② 李醒民.科学理论的评价标准[J].哲学研究,1985-06-32.

③ 陈玳,张以明.新自由主义的哲学基础[J].贵州社会科学,2017-02.

④ 刘嘉.是“灵丹妙药”还是“劫贫济富”的工具——对新自由主义理论逻辑的马克思主义分析[J].管理学刊,2012-06.

和整体利益的辩护上，存在三个值得推敲的问题即“经济自由”是否曾完全存在过、经济自由是否增进效率的独立原因、经济自由能否增进整体利益；关于新自由主义“普适性”价值的辩护上，用普适性反对特殊性，违背了自身所主张的多元主义和宽容原则，同时推销经济自由更是无视对象的利益诉求和历史条件。①还有的重点揭露了新自由主义理论传统方法论的个人主义价值观实质，指出把个人主义的自由规定为终极的价值目标，以及把国家、社会、集体看成是与个人自由绝对对立的东西，都是理性主义、集权主义的产物，是生存经验和感觉的直观论的反映。②

就新自由主义具体理论非科学性的分析方面：21 世纪以来，中国马克思主义者重点批判了新自由主义的经济理论、政治理论和历史理论等。而对新自由主义经济理论的批判，就涉及了新自由主义的经济发展观、经济全球化思想以及“市场失灵”理论等。如在新自由主义经济发展观上，有的认为它是古典自由主义发展观在新的历史条件下的运用，其弊端在于没有认识到市场往往排斥社会价值，市场制度本身不具有自我调节能力，过分强调了国家与市场之间的对立关系。③在新自由主义经济全球化理论上，有的强调它本质就是资本全球化，由于西方发达国家控制了经济全球化的“游戏规则”制定权，这就决定了它的推行必然是一个不平等的过程。④在新自由主义“市场失灵”理论上，有的指出它内存着双重悖论即理论悖论和实践悖论，其理论的根本立足点是错误的，没有认识到政府并不依附于市场而存在，也不依附于市场而发挥作用；同样，历史上从来都不存在只有市场活动、没有政府干预的经济体制。⑤对新自由主义政治观的批判，如有的指出新自由主义那种

---

① 程新英.评新自由主义的自我价值辩护[J].高校理论争线，2006-12.

② 谭培文.新自由主义理论传统价值取向的马克思主义经济哲学审视[J].吉首大学学报(社会科学版)，2006-03-05.

③ 余长火.新自由主义经济发展观评析[J].长江论坛，2005-01-35.

④ 王宏伟.经济全球化、新自由主义与社会主义[J].求实，2004-02，55—56.

⑤ 杨静.新自由主义“市场失灵”理论的双重悖论及其批判——兼对更好发挥政府作用的思考[J].马克思主义研究，2015-08，74—76.

以个人主义认识论和个人本位价值观为理论基础、以个人权利保障为基本特征的国家本质观，因为以缺乏系统思维的认识论和价值观为基础，致使呈现明显的二元分立特征，使个人与国家、个别与整体等事物二元属性间严重对立和分裂①；有的强调新自由主义的平等观的局限性，就在于用表面的平等正义旗号掩盖了无产阶级与资产阶级在社会的、经济的领域中真实的不平等②。对新自由主义历史观的批判，有的认为新自由主义在经济思想上提出经济人假设、政治上坚持自由至上以及价值观上主张极端的个人主义，实质上是抽象人性论的历史观在经济、政治、价值观上的具体展开。这种历史观的荒诞性在于认为人类历史上存在着抽象的人性，这是一种虚构，同时也解释不了人类社会历史发展的规律。③

（五）从理论“中国化”的适应性维度批判了新自由主义

马克思曾经说过“理论在一个国家实现的程度，总是决定于理论满足这个国家的需要的程度”④。以这一思想为指导，假设西方的新自由主义要成为中国社会的主导性乃至主流性意识形态，必须满足中国的两个需要：一是经过本土化或“中国化”转变成所谓中国的新自由主义，真正满足中国民众主观内心的需要；二是这种中国新自由主义较为成功地解决了中国现实问题，满足了中国客观现实的需要。对于第二个方面，新世纪以来中国马克思主义者从对中国社会实践影响性维度批判了新自由主义，就已经给予了否定的回答；而对于第一个方面，中国马克思主义者也从理论“中国化”的适应性维度给予了分析批判，指出了新自由主义在中国的传播并不意味着在中国的适应，传播是有特定原因的，不适应在于所谓“中国化”的新自由主义自身具有大量的局限性以及与中国国情的相违背。

---

① 陈华森.新自由主义国家本质观评析——基于马克思主义国家理论的批判审视[J].湖南社会科学，2010-05.

② 乔洪武，师远志.正义的不平等与不正义的不平等——功利主义、新自由主义和西方马克思主义的不平等思想评析[J].马克思主义研究，2015-06-100.

③ 张晓红.评新自由主义的历史观[J].探索，2005-06，188—189.

④ 马克思恩格斯选集(第1卷)[M].北京：人民出版社，1995，11.

就西方新自由主义在中国传播的原因方面,中国马克思主义者进行了多层次的揭露和分析。如有的从国际经济格局变化、我国经济改革政策失误、所有制格局变化上深入剖析了新自由主义思潮在我国广泛传播的深层次原因,指出国际经济格局由两级向多级发展的背景下,为达到削弱甚至改变中国的目的西方国家支持向我国渗透新自由主义,这是外因;我国经济改革政策方面的失误,导致了人们对于中国特色社会主义的不自信甚至质疑,这为新自由主义的传播提供了土壤;我国所有制格局的变化造成了当前意识形态领域多样化思想意识的存在,其中就包括新自由主义思潮。①有的强调新自由主义在中国的传播乃至泛滥与我们自身在社会主义意识形态建设上的失误,以及对改革开放、参与经济全球化的误解即将其等同于认同西方主流价值观念有很大的关系。②另外,有的强调新自由主义在中国的卷土重来,其时代背景就是误读了中国问题,机械教条地等同于当时西方所面临的问题及其实际情况。③总之,上述的分析揭露就在于告诉人们新自由主义在中国的传播并非中国实际内在的真正的需要,"传播"并不是"适应"。

就新自由主义不适应中国方面,21 世纪以来中国马克思主义者主要从其理论的弊端和与中国实际情况的是否相符给予了探讨。如对于前者,有的认为中国新自由主义在具有西方新自由主义"共相"的同时,也呈现出"异相"一面,即"在一种国家营造的非政治化的语境下,通过国家主导的经济与社会政策将市场关系从经济领域强行扩展到社会各个领域,以推动经济高速增长",另外"后全能主义体制的高度社会动员能力则进一步强化了新自由主义政策对中国经济与社会的影响"④。它存在着以自由贬低民主、以经济自由化约个人自由、以"消极自由"反

---

① 李常青,朱安东.新自由主义思潮在我国广泛传播的经济原因及对策[J].思想教育研究,2017-01, 44—45.

② 罗建文.新自由主义"中国化"批判[J].重庆与世界,2010-11, 23—24.

③ 王义桅.新自由主义为何卷土重来[J].人民论坛,2013-24-75.

④ 罗远航.当代中国"新自由主义"的掩蔽性管窥[J].现代哲学,2012-05-63.

对“积极自由”的谬误。[1]有的从经济、政治和思想文化上具体探讨了中国新自由主义的局限性，经济上推崇市场经济的自由学说和贬低马克思主义经济学，这实质上否定了经济学说的政治性，其根本目的是为了改变社会主义经济关系，动摇社会主义大厦的根基；政治上鼓吹“告别革命”和要求“政治多元化”，这实质将我国在社会转型期的社会问题刻意放大，也抹杀了民主的抽象性和具体性的统一；思想上推行“意识形态多元化”，这实质就是幻想在中国用自由主义代替马克思主义，最终达到资产阶级思想一元化的企图。[2]还有的以中国新自由主义某一具体思想为切入点来揭批其局限性。如李军林就以国有企业私有化主张为例，指出在学理上它存在致命的逻辑缺陷，具体为“实际上却无法确定的假设，即私有化总能产生正的社会总收益”，“没有理由认为科层结构中的信息不对称问题能够被私有化所克服”。[3]对于后者，有的强调社会根本制度的差异、国家基本经济制度的非契合性等因素都决定了新自由主义不适用于我国，如果照搬照抄则会“南橘北枳”，具体来说与我国社会根本制度不契合、与我国基本经济制度不符合、与我国社会主义市场经济调控现实不切合。[4]另外，还有的以中国新自由主义已展开的灾难性实践结果来论证其非适应性，认为其给我们带来了“三大灾难”，即“企图摆脱政府对市场的监管”而导致了经济改革过程中出现了诸如公有经济被弱化和严重不公现象；“由于过分推崇效率”而导致贫富两极分化日益扩大；“我们固有的思想文化领域的主流价值体系受到了严重冲击”。[5]

（六）从不同社会思潮间的差异比较性维度批判了新自由主义

比较法是现实中人们认识事物的一种常见的基本方法，它是把两

---

① 罗远航.当代中国“新自由主义”的掩蔽性管窥[J].现代哲学，2012-05-60.

② 赵阳.中国当代新自由主义思潮的表现与批判[J].重庆科技学院学报（社会科学版）2012-08，1—2.

③ 李军林.似是而非新自由主义的致命缺陷[J].人民论坛，2013-08（下），77.

④ 刘义圣，林菁菁.论新自由主义对当代中国的非适用性[J].福建论坛（人文社会科学版），2013-09，7—8.

⑤ 罗建文.新自由主义“中国化”批判[J].重庆与世界，2010-11，22—23.

个或两个以上的不同事物按照一定的标准进行对比，从而有助于获得乃至提高认识的科学性。21世纪以来中国马克思主义者对新自由主义的批判，也采用了比较法，如把新自由主义与（中国化）马克思主义这两个异质的社会思潮进行比较，让人们在鉴别中充分感受到新自由主义的非科学性以及（中国化）马克思主义的科学性；同样，把新自由主义与其他错误的社会思潮诸如新左派思潮两个同质（即都是错误的）进行比较，让人们在区别中深刻了解新自由主义的非科学性及其原因所在。

在与（中国化）马克思主义的比较中批判新自由主义：从21世纪以来中国马克思主义者所发表的文章来看，已经涉及了自由观、发展观、市场经济理论、全球化理论、产权理论、企业理论等方面的两者比较，充分彰显了（中国化）马克思主义相较新自由主义具有全面的科学性特质。如在发展观的比较上，有的以马克思主义以人为本、全面协调可持续的发展观作为参照系，重点揭露了新自由主义发展观的弊端，强调新自由主义的抽象人性论有悖于以人为本的科学发展观，新自由主义的社会论（即认为社会只是一种供个人实现一己目标的工具）有悖于人与社会的和谐发展，新自由主义的市场论（即将市场完美化、极端化）有悖于市场经济的双重特性。①在全球化理论比较上，有的强调马克思主义全球化理论的科学性在于运用唯物史观揭示了资本主义时代以来全球化进程的起源、动力、本质；而新自由主义相关思想的错误性在于从西方垄断资本的立场出发，极力推崇市场力量，把市场力量绝对化、神圣化，这掩饰了在现实全球化进程中的资本诉求和矛盾冲突。②在产权理论的比较上，有的认为马克思主义产权理论是一种从人们之间的劳动贡献关系入手研究产权关系，即从生产力发展的角度来思考问题，这从理论上正确说明了市场经济中各种产权关系的合理性；而新自由主义产权理论却把产权看成是自然的产物或"天赋人权"，这就无法从如何

---

① 杨淑珍，王艳华.用科学的发展观评析新自由主义思潮[J].湖湘论坛，2006-05.

② 董金明.马克思全球化理论与西方新自由主义全球化理论之比较[J].理论月刊，2006-01.

有利于生产力发展的角度来认识产权交易问题。[①]企业理论的比较上，有的明确指出马克思主义经济学以唯物辩证法作为企业理论研究的根本方法，以历史的、现实的人作为研究的出发点，其理论始终贯穿着唯物史观；而新自由主义相关理论则以个人主义方法论作为企业理论研究的基础，以“新经济人”假设作为研究的出发点，其理论渗透着唯心史观。[②]

在与新左派错误思潮比较中批判新自由主义：如有的把两者的分歧和争论归纳为对全球化的认识差异、对当前中国问题的认识差异、对民主的认识差异、对美国的认识差异、对资本主义的认识差异、对社会主义的认识差异、对中西方文化的认识差异七个方面，指出两者“都认为自己是真理的化身，把对方看做是特殊利益服务的工具，这种分歧发展至今已达到无法对话的程度”[③]。有的强调如果说新左派的错误在于以民主的理想形态比较民主的现实形态、以“应然”否定“实然”，那么新自由主义的错误则在于“经由市场经济、市民社会和消极自由而自发地进入民主社会的主张亦含有很大的一厢情愿的成分”，另外，也内含着一个自由主义民主理论的实现困境问题，即在中国怎样以自由主义的手段实现自由主义的目标？[④]

综上所述，这些维度反映了中国马克思主义者强烈的责任感和使命感，更在于彰显了 21 世纪以来中国马克思主义者对新自由主义批判的全面、立体性，其中前三个维度涉及了理论与现实实际的逻辑层面，充分佐证了新自由主义的非现实正当性；第四个维度涉及到了理论自身的逻辑层面，有力论证了新自由主义的非科学真理性；后一个维度涉及理论与理论之间关系的逻辑层面，间接体现了中国化马克思主义的科学性。不可否认，批判中还存在着一些不尽如人意的地方，诸如对新

---

① 裴小革.新自由主义产权理论与马克思主义产权理论比较[J].政治经济学评论，2004-02.

② 刘凤义.新自由主义企业理论方法论的政治经济学批判——新制度经济学与马克思主义经济学的比较[J].当代经济研究，2006-03.

③ 张飞岸.新左派与自由主义“争”在何处[N].中国社会科学院报，2009-01-13，(005).

④ 诸德伟.交锋：新左派与自由主义之争[J].山西师大学报(社会科学版)，2014-02-25.

自由主义中政治性和强挑战性的成分批判的多，而对其中学术性和弱挑战性的成分展开研究的较少；批判中总体给予“破”的多，而如何借鉴、吸纳其有益成分以充实中国化马克思主义以及推进社会实践的少；对于西方新自由主义与古典自由主义和现代自由主义之间关系研究的多，而对于西方新自由主义与本元马克思主义和中国新自由主义之间关系研究的少。但是“瑕不掩瑜”，上述的批判对于巩固和加强当前以中国化马克思主义为主导的意识形态格局，以及保障马克思主义中国化实践健康有序性都具有重要的启示价值。

第一，要求回应其他思潮的挑战应具有长期性的思维。只要阶级和国家存在，意识形态领域内不同思潮之间的斗争必然存在。另外，中国实际问题本身解决的复杂性也为不同思潮的存在及其斗争提供了客观的条件。这些决定了我们当前坚持和巩固中国化马克思主义的主导乃至主流地位并不是“一帆风顺”的，必将受到其他思潮的长期性挑战；相应地，对于其他思潮所构成挑战的回应也必将长期坚持下去。

第二，要求回应其他思潮的挑战应坚持主动性的态度。毛泽东曾经反复告诫我们思想阵地，如果你不去占领，则敌人就会去占领。改革开放以来我们就在这个方面吃过大亏，一段时间对资产阶级自由化思潮的挑战没有高度重视，差点导致灾难性后果的发生。自新自由主义传入我国以来，由于中国马克思主义者具有高度的政治敏锐性，深刻认识到与新自由主义的斗争关系到党的前途命运和国家长治久安，故在与其的思想交锋中敢于亮剑、敢于发声而非含糊犹豫、被动应付，这也致使新自由主义的影响呈现不断减弱状。

第三，要求回应其他思潮的挑战应注重科学性的方式。理论只有彻底才能说服人。这就决定了中国化马克思主义除了自身具有科学性的品质之外，也还要以科学的方式来回应其他思潮的挑战。这既能体现出中国化马克思主义的自信底气，也能够让民众对其的内外化更加的信服。科学的方式，一方面，需要在立足具体问题情境下树立全面系统性的批判意识；另一方面，需要我们坚持“差别性”和“辩证性”相统一的科学策略，即对不同挑战性质的思潮采取差别性的态度，对不同挑战性思潮采取总体批判的前提应实施积极性“扬弃”。

第四，要求回应其他思潮的挑战应秉承导向性的原则。在回应其他社会思潮挑战时，必须把坚定正确的政治方向放在首位，即坚持中国化马克思主义在意识形态领域的指导性地位不动摇。唯有此，才能牢牢掌握意识形态工作的领导权、话语权；才能明确回应的方向和增强回应的实际效果，让民众清醒地了解回应不是简单的“破”，破是为了更好地“立”中国特色社会主义这一伟大旗帜。

结　语

通过对近现代中国化马克思主义与自由主义思想论争的学术史考察，并不单纯地是为了论证在近现代重大的思想论争实践中马克思主义或中国化马克思主义“在场”的问题，也不仅仅是为了引入所谓的历史感和细节研究的成分来增强理解马克思主义或中国化马克思主义宏大叙事或抽象思辨的可信度、深邃度；而是更重要的在于以此来观照现实、启示现实。因为除了思想史研究作为历史研究的一部分而具有以史为鉴的功能之外，思想与现实之间本身也不是截然相分的，正如马克思所指出的“光是思想力求成为现实是不够的，现实本身应当力求趋向思想”①。在分析近年来思想史的研究为何方兴未艾时，著名学者葛兆光认为在于是自觉地回应现实中各种问题的需要，其中之一就是“回应新的中国社会和政治、文化的变迁，思想史世界的混乱，需要重新回顾过去，重新梳理脉络，找到思路”②。就近现代中国化马克思主义与自由主义思想论争的学术史的考察将获得何种现实启示？不同的视域也有各异的答案，本论著所遵循的从“情境→问题→思想论争实践→马克思主义中国化”这一独特的研究视角，它对于当前马克思主义中国化实践的推进乃至以马克思主义或中国化马克思主义为主导的社会意识形态格局的构建与巩固，至少能够获得以下的几点启示性思考：

---

① 马克思恩格斯选集(第1卷)[M].北京：人民出版社，1995，11.

② 葛兆光.思想史为何在当代中国如此重要[N].文汇报，2010-05-22.

一、近现代中国问题情境的动态复杂性，是导致双方论争呈现长期性特征的根本原因

围绕着近现代中国问题是什么、近现代中国问题产生的原因是什么以及近现代中国问题如何解决等方面，中国化马克思主义与自由主义双方进行了激烈的论争。可以说，问题情境就是近现代中国化马克思主义与自由主义论争的主要缘由。相应地，正是由于近现代中国问题情境的动态复杂性，亦造成了中国化马克思主义与自由主义之间的论争呈现出了长期性的特征。一方面，近现代中国问题情境的动态复杂性，决定其特征规律的显现不会直接明显，对其把握的难度必然会增加了，不同思潮之间的分歧和论争在所难免。另一方面，伴随问题情境的具体变化性，不同思潮所获得认识乃至彼此质疑的依据也要随之改变。中国化马克思主义要成功地应对自由主义的挑战，从而构建和巩固其在社会意识中的主导乃至主流地位，除了在思想上树立长期作战的准备之外，前提基础在于实践中能否科学判断近现代中国具体问题情境以及提出正确的破解方案，关键条件在于能否立足近现代中国具体问题情境实现自身的理论创新。

二、积极应对近现代自由主义所构成的挑战，是马克思主义中国化实践健康推进的重要体现

相对于其他理论而言，马克思主义所具有的最鲜明的特征就是现实实践性和强烈的问题意识。马克思主义在中国的实践是否有效顺畅，就在于它能否对不同时期、阶段所面临的现实问题给予科学的解决；并且在解决的实践中充分彰显出它的科学真理性。另外，马克思主义中国化的实践，除了与中国现实的实际相结合，还要与中国过去的实际相结合，特别是实现中国传统文化自身的现代化问题。而近现代以来自由主义的挑战，尽管客观上有助于推动和拓展中国化马克思主义者对中国现实的具体国情和过去的实际理解的深广度，但是毫无疑问

这种挑战对马克思主义中国化实践的健康推进更多地承担着负面的功能。具体来说，影响了中国马克思主义者以马克思主义或中国化马克思主义为指导对现实问题的科学判断和正确破解方案的顺利实施；阻碍了中国马克思主义者以马克思主义或中国化马克思主义为指导对中国现代化正确实践方向的推动；或多或少地消解了中国化马克思主义意识形态主导或主流地位这一格局的构建与巩固。可以说，积极应对近现代自由主义所构成的挑战，虽不是马克思主义中国化实践有效推进的主要标志，但至少是衡量和评价其是否具有健康性的重要标准和体现。

三、科学判断近现代中国具体问题情境以及提出正确的破解方案，是中国化马克思主义积极应对挑战的前提基础

科学判断近现代中国具体问题情境以及提出正确的破解方案，不仅仅是中国化马克思主义实践的生长点，更是中国化马克思主义积极应对自由主义挑战的前提基础。因为一方面，它利于有力地回击自由主义对中国化马克思主义真理性和现实正当性的质疑，从而为社会的发展提供了正确的方向指导；另一方面，它利于彻底地驳斥自由主义相关思想主张及其对中国化马克思主义挑战的种种谬误性，即不仅仅指出其谬误性的表现和原因，更为如何纠正其谬误提供了科学而具有强烈现实性的思路。如何科学判断近现代中国具体问题情境以及提出正确的破解方案，同样通过对近现代中国化马克思主义与自由主义思想论争的学术史考察，至少以下几个方面要特别注意：一是问题的“唯物性”，即要坚持唯物史观为指导，重点从生产力、经济基础层面来认识、解决中国不同时期和具体阶段所面临的特殊问题；二是问题的变迁发展性，即对特定时代主题下某一具体阶段中国问题的发现和解决，并不意味着对中国所有问题的解决，相反新的问题会接踵而来，随之新的解题方式也需要探索；三是问题的“世界性”，即特定时期、阶段中国问题的呈现特征与发展趋向，一定程度上是与总体的时代特征相契合、与世

界历史“大势”相吻合。

四、立足近现代中国具体问题情境实现自身的理论创新，是中国化马克思主义积极应对挑战的关键条件

近现代中国化马克思主义与自由主义之间论争的内容可以分解为间接式挑战和直接式挑战两种类型。前者体现为对不同具体的历史情境中的问题是什么、问题为何产生以及问题如何解决等方面，两种思想文化提出了不同的判断和认识，这些差异性本身就是一种根本性挑战；后者表现为自由主义对马克思主义理论或中国化马克思理论在解决问题情境中所面临的问题时，是否具有科学性、是否具有适用性、依据理论所提出的方案是否具有有效性等方面直接开展质疑与挑战。中国化马克思主义要在这两个方面取得对自由主义挑战的胜利，都离不开在坚持马克思主义为指导的前提下立足近现代中国具体问题情境实现对马克思主义自身的理论创新。因为一方面只有实现对马克思主义自身的理论创新，才能用发展着的马克思主义来分析富于变化的中国具体问题情境，认识其特征、把握其规律，最终获得对问题情境的正确破解；另一方面，只有实现对马克思主义自身的理论创新，才能真正地坚持和捍卫马克思主义的真理性，毕竟与时俱进是马克思主义最根本的理论品质。纵览近现代中国化马克思主义与自由主义之间论争史，也充分证明了中国化马克思主义之所以能够积极应对挑战并获取胜利，关键条件在于立足近现代中国具体问题情境实现自身的理论创新。如何立足近现代中国具体问题情境实现自身的理论创新，同样通过对近现代中国化马克思主义与自由主义思想论争的学术史考察，我们必须要遵循以下几点：一是要对马克思主义的本质规定性（即由马克思主义的理论基石、社会理想、政治立场和理论品质几部分所构成的）、基本原理和基本特征（即阶级性、实践性、科学性与开放性、发展性、创新性的有机统一）给予始终坚持。唯有此，才能为理论的创新指明正确的方向。二是要坚定地贯彻解放思想、实事求是的思想路线。它既是推进马克思

主义中国化实践及其所形成的理论成果发展的历史起点，也是其逻辑起点。只有把握这个精髓，才能不断解决变化实际中出现的各种新情况、新问题和新挑战。三是要以中国具体时期、阶段的具体情境为立足点实行对马克思主义“外围”的调整，即密切地结合具体地域的实际问题来发挥马克思主义基本原理的实践真理功能，以及不断修订乃至完善马克思主义经典作家所提出了的一些具体论断。

五、坚持“差别性”和“辩证性”相统一的方针，是中国化马克思主义积极应对挑战的科学策略

近现代中国问题情境中所需解决的矛盾的相对或相统一的境况，直接决定了近现代中国化马克思主义与自由主义论争的性质如何，即到底是强挑战性还是弱挑战性的。另外，西方文化的类型及其内部构成成分上是优劣共体。这些决定了中国化马克思主义要积极应对自由主义的挑战，科学的策略就是坚持差别性和辩证性相统一的方针。坚持“差别性”，就是对政治性、强挑战性的自由主义采取彻底批判和反击，而对学术性、弱挑战性的自由主义则实行包容和引导；坚持“辩证性”，就是对自由主义在对待传统文化特别是处理中西文化关系的相关思想，在总体批判的前提下实行积极性“扬弃”，吸纳其合理性成分，为我所用。

参考文献

一、著作

[1] 马克思恩格斯选集(1—4卷)[M].北京:人民出版社,1995.

[2] 马克思恩格斯全集(第40卷)[M].北京:人民出版社,1972.

[3] 列宁选集(1—4卷)[M].北京:人民出版社,1995.

[4] 列宁.哲学笔记[M].北京:人民出版社,1974.

[5] 列宁全集(第四卷)[M].北京:人民出版社,1995.

[6] 毛泽东选集(1—4卷)[M].北京:人民出版社,1991.

[7] 毛泽东文集(第一卷)[M].北京:人民出版社,1993.

[8] 毛泽东文集(第二卷)[M].北京:人民出版社,1993.

[9] 毛泽东文集(第三卷)[M].北京:人民出版社,1996.

[10] 毛泽东文集(第四卷)[M].北京:人民出版社,1996.

[11] 毛泽东文集(第五卷)[M].北京:人民出版社,1996.

[12] 毛泽东文集(第六卷)[M].北京:人民出版社,1999.

[13] 毛泽东文集(第七卷)[M].北京:人民出版社,1999.

[14] 毛泽东文集(第八卷)[M].北京:人民出版社,1999.

[15] 建国以来毛泽东文稿(第一册)[M].北京:中央文献出版社,1987.

[16] 建国以来毛泽东文稿(第二册)[M].北京:中央文献出版社,1988.

[17] 建国以来毛泽东文稿(第三册)[M].北京:中央文献出版社,1989.

[18] 建国以来毛泽东文稿(第四册)[M].北京:中央文献出版社,1990.

[19] 建国以来毛泽东文稿(第五册)[M].北京:中央文献出版社,1991.

[20] 建国以来毛泽东文稿(第六册)[M].北京:中央文献出版社,1992.

[21] 建国以来毛泽东文稿(第七册)[M].北京:中央文献出版社,1992.

[22] 建国以来毛泽东文稿(第八册)[M].北京:中央文献出版社,1993.

[23] 建国以来毛泽东文稿(第九册)[M].北京:中央文献出版社,1996.

[24] 建国以来毛泽东文稿(第十册)[M].北京:中央文献出版社,1996.

[25] 建国以来毛泽东文稿(第十一册)[M].北京:中央文献出版社,1996.

[26] 建国以来毛泽东文稿(第十二册)[M].北京:中央文献出版社,1998.

[27] 建国以来毛泽东文稿(第十三册)[M].北京:中央文献出版社,1998.

[28] 毛泽东著作选读(上、下册)[M].北京:人民出版社,1986.

[29] 毛泽东:《中国农村的社会主义高潮》序言和按语[M].北京:人民出版社,1975.

[30] 邓小平文选(第一卷)[M].北京:人民出版社,1994.

[31] 邓小平文选(第二卷)[M].北京:人民出版社,1994.

[32] 邓小平文选(第三卷)[M].北京:人民出版社,1993.

[33] 刘少奇选集(上卷)[M].北京:人民出版社,1981.

[34] 刘少奇选集(下卷)[M].北京:人民出版社,1985.

[35] 李大钊全集(1—4 卷)[M].石家庄:河北教育出版社,1999.

[36] 中国李大钊研究会编注.李大钊全集·最新注释本(1—4 卷)[M].北京:人民出版社,2006.

[37] 李大钊选集[M].北京:人民出版社,1959.

[38] 李大钊文集(上、下)[M].北京:人民出版社,1984.

[39] 蔡和森文集[M].北京:人民出版社,1980.

[40] 瞿秋白选集[M].北京:人民出版社,1985.

[41] 瞿秋白文集(政治理论编)第2卷[M].北京:人民出版社,1988.

[42] 瞿秋白文集(政治理论编)第4卷[M].北京:人民出版社,1993.

[43] 瞿秋白文集(文学编)第1卷[M].北京:人民文学出版社,1991.

[44] 瞿秋白论文集[C].重庆:重庆出版社,1995.

[45] 陈独秀文章选编(上、中、下)[M].北京:生活·读书·新知三联书店,1984.

[46] 胡明编.陈独秀选集[M].天津:天津人民出版社,1990.

[47] 任建树等编.陈独秀著作选(全三册)[M].上海:上海人民出版社,1993.

[48] 艾思奇文集(第一、二卷)[M].北京:人民出版社,1981.

[49] 艾思奇全书(第2卷)[M].北京:人民出版社,2006.

[50] 李达文集(1—2卷)[M].北京:人民出版社,1980.

[51] 张岱年全集(第1卷)[M].石家庄:河北人民出版社,1996.

[52] 胡绳全书(第1卷上)[M].北京:人民出版社,1998.

[53] 茅盾全集(第16卷)[M].北京:人民文学出版社,1988.

[54] 柳湜文集[M].北京:生活·读书·新知三联书店,1987.

[55] 中共中央党史研究室.中国共产党历史(第二卷)上册[M].北京:中共党史出版社,2011.

[56] 中共中央党史研究室.中国共产党历史(第二卷)下册[M].北京:中共党史出版社,2011.

[57] 中共中央文献研究室编.建国以来重要文献选编(第1册)[M].北京:中央文献出版社,1992.

[58] 中共中央文献研究室编.建国以来重要文献选编(第2册)[M].北京:中央文献出版社,1992.

[59] 中共中央文献研究室编.建国以来重要文献选编(第3册)

[M].北京:中央文献出版社,1992.

[60] 中共中央文献研究室编.建国以来重要文献选编(第4册)[M].北京:中央文献出版社,1993.

[61] 中共中央文献研究室编.建国以来重要文献选编(第5册)[M].北京:中央文献出版社,1993.

[62] 中共中央文献研究室编.建国以来重要文献选编(第6册)[M].北京:中央文献出版社,1993.

[63] 中共中央文献研究室编.建国以来重要文献选编(第7册)[M].北京:中央文献出版社,1993.

[64] 中共中央文献研究室编.建国以来重要文献选编(第8册)[M].北京:中央文献出版社,1993.

[65] 中共中央文献研究室编.建国以来重要文献选编(第9册)[M].北京:中央文献出版社,1994.

[66] 中共中央文献研究室编.建国以来重要文献选编(第10册)[M].北京:中央文献出版社,1994.

[67] 中共中央文献研究室编.建国以来重要文献选编(第11册)[M].北京:中央文献出版社,1995.

[68] 中共中央文献研究室编.建国以来重要文献选编(第12册)[M].北京:中央文献出版社,1996.

[69] 中共中央文献研究室编.建国以来重要文献选编(第13册)[M].北京:中央文献出版社,1996.

[70] 中共中央文献研究室编.建国以来重要文献选编(第14册)[M].北京:中央文献出版社,1997.

[71] 中共中央文献研究室编.建国以来重要文献选编(第15册)[M].北京:中央文献出版社,1997.

[72] 中共中央文献研究室编.建国以来重要文献选编(第16册)[M].北京:中央文献出版社,1997.

[73] 中共中央文献研究室编.建国以来重要文献选编(第17册)[M].北京:中央文献出版社,1997.

[74] 中共中央文献研究室编.建国以来重要文献选编(第 18 册)[M].北京:中央文献出版社,1998.

[75] 中共中央文献研究室编.建国以来重要文献选编(第 19 册)[M].北京:中央文献出版社,1998.

[76] 中共中央文献研究室编.建国以来重要文献选编(第 20 册)[M].北京:中央文献出版社,1998.

[77] 党的宣传工作会议概况和文献[C].北京:中共中央党校出版社,1994.

[78] 中国共产党第十九次全国代表大会文件汇编[C].北京:人民出版社,2017.

[79] 钟离蒙,杨凤麟.中国现代哲学史资料汇编(第一集第五册)——东西文化论战[M].辽宁大学,1981.

[80] 钟离蒙,杨凤麟.中国现代哲学史资料汇编(第一集第六册)——科学与玄学论战(上)[M].辽宁大学,1981.

[81] 钟离蒙,杨凤麟.中国现代哲学史资料汇编(第二集第一册)——哲学论战(上)[M].辽宁大学,1982.

[82] 钟离蒙,杨凤麟.中国现代哲学史资料汇编》(第二集第三册)——哲学论战(下)[M].辽宁大学,1982.

[83] 钟离蒙,杨凤麟.中国现代哲学史资料汇编(第二集第六册)——中国文化问题论战[M].辽宁大学,1982.

[84] 钟离蒙,杨凤麟.中国现代哲学史资料汇编(第三集第五册)——新心学批判[M].辽宁大学,1982.

[85] 钟离蒙,杨凤麟.中国现代哲学史资料汇编(第三集第四册)——复古派批判[M].辽宁大学,1983.

[86] 钟离蒙,杨凤麟.中国现代哲学史资料汇编(第四集第三册)——新理学批判[M].辽宁大学,1982.

[87] 钟离蒙,杨凤麟.中国现代哲学史资料汇编(第四集第一册)——解放战争时期哲学思想战线上的斗争[M].辽宁大学,1983.

[88] 蔡尚思.中国现代思想史资料简编(第 1 卷)[M].杭州:浙江

人民出版社,1982.

[89] 蔡尚思.中国现代思想史资料简编(第 2 卷)[M].杭州:浙江人民出版社,1982.

[90] 蔡尚思.中国现代思想史资料简编(第 3 卷)[M].杭州:浙江人民出版社,1983.

[91] 蔡尚思.中国现代思想史资料简编(第 4 卷)[M].杭州:浙江人民出版社,1983.

[92] 蔡尚思.中国现代思想史资料简编(第 5 卷)[M].杭州:浙江人民出版社,1983.

[93] 张君劢、丁文江等著.科学与人生观[M].济南:山东人民出版社,1997.

[94] 杨明斋.评中西文化观[M].合肥:黄山书社,2008.

[95] 贺麟.文化与人生[M].上海:上海文艺出版社,2001.

[96] 明立志、吴小龙等编.蒋梦麟学术文化随笔[M].北京:中国青年出版社,2001.

[97] 胡适思想批判(第 1—7 辑)[C].北京:生活·读书·新知三联书店,1955.

[98] 郭梦良编.人生观之论战(下)[M].上海:泰东图书局,1923.

[99] 陈高佣.中国文化问题研究[M].北京:商务印书馆,1937.

[100] 中国文化建设讨论集(中篇)[C].龙文书局,1935.

[101] 陈序经.文化学概观(四)[M].上海:商务印书馆,1947.

[102] 胡适日记全编·6(1931—1937)[M].合肥:安徽教育出版社,2001.

[103] 中国社会科学院近代史研究所中华民国史组编.胡适来往书信选(中册)[M].北京:中华书局,1979.

[104] 耿云志编.中国近代思想家文库——胡适卷[M].北京:中国人民大学出版社,2015.

[105] 欧阳哲生编.胡适文集(2)[M].北京:北京大学出版社,1998.

[106] 郭双林,高波编.中国近代思想家文库——高一涵卷[M].北

京：中国人民大学出版社，2015.

[107] 欧阳哲生编.傅斯年全集(第一卷)[M].长沙：湖南教育出版社，2003.

[108] 洪晓斌编.丁文江学术文化随笔[M].北京：中国青年出版社，2000.

[109] 姜文，姜淑红编.民国思想文丛——现代评论派、新月人权派[M].长春：长春出版社，2013.

[110] 邵建选编.新月时论[M].福州：福建教育出版社，2015.

[111] 陈崧.五四前后东西方文化问题论战文选(增订本)[M].北京：中国社会科学出版社，1989.

[112] 罗荣渠.从"西化"到现代化[M].北京：北京大学出版社，1990.

[113] 柳成群.驳斥右派分子章乃器的谬论[M].北京：财政经济出版社，1957.

[114] 复旦大学校刊编辑室."右派"言论选辑之一：毒草集[C].复旦大学出版社，1957.

[115] 复旦大学校刊编辑室.批判右派思想言论选辑之二：明辨集[C].复旦大学出版社，1957.

[116] 校内外右派言论汇集[C].北京大学经济系政治经济学教研室编印，1957.

[117] 高等学校右派言论选编[C].中共中国人民大学委员会社会主义思想教育办公室，1958.

[118] 中国政治法律学会资料室编.政法界右派分子谬论汇集[C].北京：法律出版社，1957.

[119] 批判右派分子林希翎等论文集[C].北京：中国青年出版社，1957.

[120] 北京大学经济系政治经济学教研室编印.校内外右派言论汇集[C].1957.

[121] 胡绳.中国共产党的七十年[M].北京：中共党史出版社，1991.

[122] 逄先知，金冲及.毛泽东传(1949—1976)下[M].北京：中央

文献出版社，2003.

[123] 李方祥.中国共产党的传统文化观研究[M].北京：中共党史出版社，2008.

[124] 张树军，史言.中国共产党重大事件实录(下卷)[M].长沙：湖南人民出版社，2006.

[125] 吴汉全.中国马克思主义学术史概论(1919—1949)下册[M].长春：吉林人民出版社，2010.

[126] 肖东波.中国共产党理论建设史(1949—1956)[M].北京：中共党史出版社，2006.

[127] 赵理富.政党的魂灵——中国共产党政党文化研究[M].武汉：武汉大学出版社，2008.

[128] 李曙新.中国共产党哲学思想史[M].北京：中共党史出版社，2003.

[129] 李泽厚.中国现代思想史论[M].北京：东方出版社，1987.

[130] 张掌然.问题的哲学研究[M].北京：人民出版社，2005.

[131] 林定夷.问题与科学研究——问题学之探究[M].广州：中山大学出版社，2006.

[132] 汪青松.马克思主义中国化与中国化的马克思主义[M].北京：中国社会科学出版社，2004.

[133] 张胜利.中国五四时期自由主义[M].北京：人民出版社，2011.

[134] 朱琳.激荡与融合——马克思主义中国化进程与三大社会思潮[M].北京：人民出版社，2013.

[135] 陈金龙等.近代中国社会思潮与马克思主义中国化[M].北京：人民出版社，2013.

[136] 林默彪.诠释与反思：马克思主义哲学的中国化[M].北京：社会科学文献出版社，2011.

[137] 冯契.中国近代哲学的革命进程[M].上海：上海人民出版社，1989.

[138] 王南湜.马克思主义哲学中国化的历程及其规律研究[M].北

京:北京师范大学出版社,2012.

[139] 李景源.21 世纪的马克思主义哲学创新[M].南京:凤凰出版传媒集团、江苏人民出版社,2011.

[140] 孙正聿.当代中国马克思主义哲学专题研究[M].长春:吉林人民出版社,2010.

[141] 陈亚杰.当代中国意识形态的起源——新启蒙运动与马克思主义中国化的生成语境[M].北京:新星出版社,2009.

[142] 马克锋.文化思潮与近代中国[M].北京:光明日报出版社,2004.

[143] 曲庆彪.超越乌托邦——毛泽东的社会主义观[M].北京:北京出版社,1996.

[144] 郭太风.文化的主流和支流[M].上海:学林出版社,2002.

[145] 刘怀玉等.资本主义理解史(第三卷):苏俄马克思主义的资本主义观[M].南京:江苏人民出版社,2009.

[146] 童世骏.中西对话中的现代性问题[M].上海:学林出版社,2010.

[147] 许纪霖,罗岗等.启蒙的自我瓦解——1990 年以来中国思想文化界重大论争研究[M].长春:吉林出版集团有限责任公司,2007.

[148] 杨威.中国传统日常生活世界的文化透视[M].北京:人民出版社,2005.

[149] 郭双林.八十年代以来的文化论争[M].南昌:百花洲文艺出版社,2004.

[150] 林毓生.中国意识的危机——"五四"时期激烈的反传统主义(增订再版本)[M].贵阳:贵州人民出版社,1986.

[151] 方克立.中西会通与中国哲学的近现代转换[M].北京:商务印书馆,2003.

[152] 郑大华.梁漱溟与胡适——文化保守主义与西化思潮的比较[M].北京:中华书局,1994.

[153] 胡伟希.中国近现代思想与哲学传统[M].杭州:浙江工商大

学出版社,2009.

[154] 吕明灼.近现代中国思想史论[M].青岛:青岛出版社,2003.

[155] 薛学共.中国传统文化与马克思主义中国化[M].长沙:湖南师范大学出版社,2010.

[156] 刘放桐.马克思主义哲学与现代西方哲学研究[M].北京:北京师范大学出版社,2012.

[157] 张允熠.中国主流文化的近现代转型(上下册)[M].合肥:黄山书社,2010.

[158] 张世保.从西化到全球化——20 世纪前 50 年代西化思潮研究[M].北京:东方出版社,2005.

[159] 张世保.西化思潮的源流与评价[M].上海:华东师范大学出版社,2005.

[160] 秋风.嵌入文明——中国自由主义之省思[M].南京:江苏文艺出版社,2014.

[161] 郑大华,邹小站主编.中国近代史上的自由主义[C].北京:社会科学文献出版社,2008.

[162] 胡伟希,高瑞泉,张利民.十字街头与塔——中国近代自由主义思潮研究[M].上海:上海人民出版社,1991.

[163] 黄敏兰.学术救国:知识分子历史观与中国政治[M].郑州:河南人民出版社,1995.

[164] 商英伟,白锡能.自由论[M].福州:福建人民出版社,1993.

[165] 启良.20 世纪中国思想史[M].广州:花城出版社,2009.

[166] 徐向东.理解自由意志[M].北京:北京大学出版社,2008.

[167] 张永理.封建主义及其当代影响研究——从社会生活的角度[M].北京:中国政法大学出版社,2007.

[168] 李强.自由主义(第三版)[M].北京:东方出版社,2015.

[169] 赵立彬.民族立场与现代追求:20 世纪 20—40 年代的全盘西化思潮[M].北京:生活·读书·新知三联书店,2005.

[170] 高力克.历史与价值的张力——中国现代化思想史论[M].贵

阳:贵州人民出版社,1992.

[171] 许纪霖编.二十世纪中国思想史论[M].上海:东方出版中心,2000.

[172] 卫春回.理想与现实的抉择:中国自由主义学人与“中间道路”研究(1945—1949)[M].北京:中国社会科学出版社,2010.

[173] 任剑涛.中国现代思想脉络中的自由主义[M].北京:北京大学出版社,2004.

[174] 刘乃源.近代自由主义发展与马克思的批判及超越[M].北京:光明日报出版社,2014.

[175] 许明等.当代中国的文化发展[M].北京:中国大百科全书出版社,2008.

[176] 高瑞泉,杨扬等.转折时期的精神转折:“新时期”以来中国社会思潮及其走向[M].上海:上海古籍出版社,2008.

[177] 中共浙江省委宣传部理论处编.资产阶级自由化主要论点评析[M].杭州:浙江人民出版社,1987.

[178] 中共北京市委宣传部理论处编.资产阶级自由化言论辑录[M].北京:中国青年出版社,1989.

[179] 李振.资产阶级自由化谬论面面观[M].青岛:青岛出版社,1990.

[180] 熊复.疾风中的呐喊——坚持四项基本原则反对资产阶级自由化论文集[C].哈尔滨:黑龙江人民出版社,1990.

[181] 梅荣政,张晓红.新自由主义思潮[M].北京:高等教育出版社,2004.

[182] 何秉孟,李千.新自由主义评析[M].北京:社会科学文献出版社,2012.

[183] 广州市社会科学联合会编:划清界限　正本清源——资产阶级自由化剖析[C].广州:华南理工大学出版社,1991.

[184] [希]波朗查斯.政治权力和社会阶级[M].叶林等译.北京:中国社会科学出版社,1982.

[185] [美]莫里斯・迈斯纳.毛泽东的中国及后毛泽东的中国(上、下)[M].杜蒲、李玉玲译.成都:四川人民出版社,1989.

[186] [英]卡尔.波普尔.通过知识获得解放[M].范景中等译.杭州:中国美术学院出版社,1996.

[187] [俄]谢・卡拉—穆尔扎.论意识的操纵(上、下)[M].徐昌翰译.北京:社会科学文献出版社,2004.

[188] [美]泰特斯、(美)史密斯等.老问题:西方哲学的经典议题[M].李婷婷译.北京:新华出版社,2014.

[189] [德]马克斯・韦伯.学术与政治[M].冯克利译.北京:生活・读书・新知三联书店,1998.

[190] [英]纳拉纳拉杨・达斯.中国的反右运动[M].欣文、唐明译.西安:华岳文艺出版社,1989.

[191] [美]萨缪尔・P.亨廷顿.变化社会中的政治秩序[M].王冠华等译.北京:生活・读书・新知三联书店,1989.

[192] [美]L.劳丹.进步及其问题[M].刘新民译.北京:华夏出版社,1990.

[193] [美]格里德.胡适与中国文艺复兴——中国革命中的自由主义(1917—1950)[M].鲁齐译.南京:江苏人民出版社,1989.

[194] [美]阿尔温・托夫勒.未来的冲击[M].吴宣豪等译.北京:中国对外翻译出版公司,1985.

二、论文

[1] 魏胤亭.马克思主义中国化的基本经验[J].中共天津市委党校学报,2007-04.

[2] 张盾.早期马克思主义者与五四时期的“东西文化之争”[J].求是学刊,1992-01.

[3] 别祖云,刘丹.实践理性的合理化[J].探索,2003-04.

[4] 姜佑福.当代中国马克思主义哲学研究中的方法论争与学术流派[J].社会科学,2013-09.

[5] 徐素华.中国三十年代哲学论战(三)[J].毛泽东思想研究,1989-04.

［6］缪方明.马克思主义中国化如何可能——基于本体论视角的研究［J］.兰州学刊,2010-08.

［7］吕希晨.中国现代唯物史观发展的基本历程（下）［J］.中共天津市委党校学报,2002-02.

［8］张允熠.从文化学视角看马克思主义的中国化［J］.上海师范大学学报（哲学社会科学版）,2010-06.

［9］张静如,高力克.自由与五四启蒙［J］.近代史研究,1989-03.

［10］叶汝贤.每个人的自由发展是一切人的自由发展的条件——《共产党宣言》关于未来社会的核心命题［J］.中国社会科学,2006-03.

［11］吴汉全.《每周评论》时期高一涵政治思想研究［J］.安徽史学,2005-03.

［12］章清.1920年代:思想界的分裂与中国社会的重组［J］.近代史研究,2004-06.

［13］朱庆跃.五四前后中国早期马克思主义者对东方文化派挑战的回应［J］.党的文献,2015-01.

［14］刘放桐.西学传入与“五四”前后中西文化和哲学的碰撞——西方哲学研究百年反思之一［J］.东南学术,2001-02.

［15］李白鹤,王丹桂.科玄论战与早期的马克思主义哲学中国化［J］.江汉论坛,2013-07.

［16］汪宗田,蔡贤军.马克思主义历史决定论是唯物的辩证的决定论［J］.理论月刊,2006-09.

［17］罗志田.从科学与人生观之争看后五四时期对五四基本理念的反思［J］.历史研究,1999-03.

［18］马建红.“人权派”宪政思想探析［J］.山东大学学报（哲社版）,2006-01.

［19］邵建.1929—1931年人权论战的历史困局［J］.学海,2006-04.

［20］李翔海.从民族性与时代性的现代张力看中国文化的未来走向［J］.理论与现代化,1998-06.

［21］陈晋.从抗日文化到延安文化——对毛泽东思考和实践新民

主主义文化的梳理和分析[J].文艺理论与批评,2002-01.

[22] 李建芳.中国文化发展之特征[J].文化建设,1卷6期.

[23] 张太原.20世纪30年代的“全盘西化”思潮[J].学术研究,2001-12.

[24] 刘芳.对文化自觉和文化自信的战略考量[J].思想理论教育,2012-01(上).

[25] 杨人楩.自由主义者往何处去了[J].观察,2卷11期,1947-05-10.

[26] 林建华.论“修正组合型”的自由主义——兼论20世纪40年代中国自由主义思潮的特点[J].北方论丛,2004-04.

[27] 萧公权.二十世纪的历史任务[J].世纪评论,2卷5期,1947-08-02.

[28] 陈仪深.国共斗争下的自由主义(1941—1949)[J].近代史研究所集刊,第二十三期.

[29] 孙斯鸣.中国政党政治往哪里走?——一党专制乎?两党制乎?多党制乎?[J].世纪评论,1卷16期,1947-04-19.

[30] 吴恩裕.自由乎?平等乎?[J].观察,3卷12期,1947-11-15.

[31] 邹文海.政治民主与自由[J].观察,1卷13期,1946-11-23.

[32] 蒋硕杰.经济制度之选择[J].新路,1卷3期,1948-05-29.

[33] 吴恩裕.由人性上证明计划社会的必要[J].新路,1卷9期,1948-07-01.

[34] 崔三常.“军队国家化”与“党对军队绝对领导”的历史语境[J].黑龙江史志,2015-11.

[35] 蒋积伟.解放战争时期新民主主义话语优势的确立[J].现代哲学,2016-06.

[36] 陈明兆,邓世穆,林之满.必然性与可能性探要[J].学术月刊,1981-01.

[37] 曹建坤.解放战争时期中共与自由主义力量的关系述论[J].中共党史研究,2010-03.

［38］陈明明.危机与调适性变革：反思主流意识形态［J］.经济社会体制比较，2010-06.

［39］安维复.哲学社会科学与意识形态关系的合理化重建［J］.学术月刊，2010-09.

［40］张述周.论社会主义主流意识形态的支撑力量［J］.当代世界与社会主义，2010-06.

［41］朱斌.马克思主义意识形态嵌入乡村日常生活探析——以新中国成立初期的土地改革为考察对象［J］.学术论坛，2013-12.

［42］石光树.李维汉建议邓小平肃清封建遗毒［J］.百年潮，1999-05.

［43］侯树栋.论三大封建主义概念［J］.北京师范大学学报（社会科学版），2008-06.

［44］李根蟠.略谈马列主义的封建观和社会形态观［J］.史学月刊，2008-03.

［45］金观涛.儒家文化的深层结构对马克思主义中国化的影响［J］.新观察文摘，1988-09.

［46］朱庆跃.马克思主义中国化进程中的问题域情境探析［J］.理论探讨，2013-04.

［47］张明霞.价值的边界意识及其影响因素分析［J］.求实，2015-02.

［48］韩庆祥，陈远章.马克思主义“三化”与话语权问题［J］.上海师范大学学报（哲学社会科学版），2015-02.

［49］杨东升.高校党权、政权、学术权的逻辑及其治理结构［J］.广西社会科学，2014-08.

［50］蔡宝刚，梁鸿飞.人权与理性的法理言说［J］.扬州大学学报（人文社会科学版），2013-05.

［51］毛立言.跨越现代化基本要素和结构的“超现代形态”——从现代化视角对传统社会主义模式的政治经济学解析［J］.江苏行政学院学报，2007-05.

［52］石仲泉.中国现代化必须正确认识和处理社会主义与资本主义的关系［J］.中国延安干部学院学报，2011-04.

[53] 宋一.现代化视域下的马克思主义中国化[J].湖南科技大学学报(社会科学版),2009-02.

[54] 张学涛,姚润皋.马克思主义中国化:中国现代化实践范式的质转[J].社会科学家 2013-01.

[55] 何萍.开展以中国现代化为中心论题的马克思主义哲学中国化研究[J].马克思主义与现实,2005-05.

[56] 丁俊萍,程铁军.现代化视角下的中国共产党政党功能调适[J].社会主义研究,2008-01.

[57] 林尚立.政党与现代化:中国共产党的历史实践与现实发展[J].政治学研究,2001-03.

[58] 黄力之.也谈中国的自由主义与中国的马克思主义之关系[J].哲学研究,2000-06.

[59] 黄星清.从苏联解体看新自由主义对社会主义改革的危害性[J].红旗文稿,2015-11.

[60] 王立新.戈尔巴乔夫时期的社会思潮失控与苏联剧变[J].南京社会科学,2015-02.

[61] 窦凌.苏联剧变中的历史虚无主义和新自由主义[J].求实,2006-07.

[62] 李艳艳,朱继东.从强力推行新自由主义看撒切尔夫人、里根的反共本质[J].马克思主义研究,2013-08.

[63] 李珍."华盛顿共识"与发展中国家"新自由主义"改革[J].世界经济与政治,2002-05.

[64] 张鑫.从俄罗斯经济转轨看新自由主义的失败[J].中州学刊,2004-06.

[65] 奉茂春,王兆华."华盛顿共识"在国家干预问题上的极端的新自由主义性质[J].中共福建省委党校学报,2006-06.

[66] 杜奎峰,程惠霞.新自由主义经济思潮及其在部分国家实践的再反思[J].当代经济研究,2003-10.

[67] 徐崇温.新自由主义与国际金融危机[J].毛泽东邓小平理论

研究，2012-04.

［68］蓝庆新.新自由主义的失败与美国金融危机的警示［J］.南京社会科学，2009-01.

［69］程恩富，大卫·科茨.新自由资本主义、全球化和社会主义——中美马克思主义经济学家对话［J］.经济学动态，2005-04.

［70］张雷声.新自由主义经济理论与经济全球化［J］.教学与研究，2003-10.

［71］丁冰.新自由主义与经济全球化——试析经济全球化的消极影响［J］.当代经济研究，2002-06.

［72］吴怀友，曹休宁.全球化与新自由主义关系新论［J］.国际论坛，2005-06.

［73］张才国.反全球化的实质：反对新自由主义主控的全球化［J］.求实，2009-07.

［74］李武装."新自由主义"对我国文化安全和意识形态战略的影响［J］.内蒙古社会科学，2014-03.

［75］张才国."软权力"与新自由主义对我国意识形态的渗透［J］.学习论坛，2006-01.

［76］高桂云，杨思思.新自由主义对我国意识形态安全的挑战及其应对［J］.理论导刊，2011-05.

［77］罗忠荣，杨永志.警惕网络新自由主义对主流意识形态的消解［J］.理论界，2012-06.

［78］张志敏.新自由主义经济学及其对中国经济学的影响［J］.求是学刊，2011-03.

［79］刘海军.新自由主义思潮对中国化民主理论建构的影响［J］.山东行政学院学报，2015-05.

［80］于春江.论新自由主义与我国青年的主流意识形态认同［J］.理论研究，2011-03.

［81］柴宝勇.新自由主义思潮对大学生的影响及其引导［J］.中国青年社会科学，2017-01.

[82] 周泽红，詹耘.新自由主义思潮对大学生思想影响的机制及对策探析[J].思想教育研究，2011-11.

[83] 李慎明.新自由主义的危害[J].人民论坛，2013-01（下）.

[84] 魏崇辉.新自由主义本质批判与中国特色社会主义“三个自信”研究——一个分析框架构建的尝试[J].理论与改革，2013-06.

[85] 傅秀玲，杨思基.论我国当前发展中的问题和矛盾——新自由主义在我国的影响和后果之解析[J].中国矿业大学学报（社会科学版），2015-06.

[86] 范江玲.新自由主义及其对当代中国的影响[J].河南理工大学学报（社会科学版），2009-04.

[87] 周新城.必须排除新自由主义对改革的干扰[J].山西财经大学学报，2006-02.

[88] 丁冰.简论新自由主义及其对我国的负面影响[J].当代经济研究，2004-11.

[89] 姜迎春.在改革中要警惕新自由主义的话语陷阱[J].红旗文稿，2014-20.

[90] 冯来兴.新自由主义对我国政治安全的挑战及对策[J].学术论坛，2006-05.

[91] 周新城.构建和谐社会与反对新自由主义[J].高校理论战线，2005-11.

[92] 李醒民.科学理论的评价标准[J].哲学研究，1985-06.

[93] 陈玳，张以明.新自由主义的哲学基础[J].贵州社会科学，2017-02.

[94] 刘嘉.是“灵丹妙药”还是“劫贫济富”的工具——对新自由主义理论逻辑的马克思主义分析[J].管理学刊，2012-06.

[95] 程新英.评新自由主义的自我价值辩护[J].高校理论战线，2006-12.

[96] 谭培文.新自由主义理论传统价值取向的马克思主义经济哲学审视[J].吉首大学学报（社会科学版），2006-03.

[97] 余长火.新自由主义经济发展观评析[J].长江论坛,2005-01.

[98] 王宏伟.经济全球化、新自由主义与社会主义[J].求实,2004-02.

[99] 杨静.新自由主义"市场失灵"理论的双重悖论及其批判——兼对更好发挥政府作用的思考[J].马克思主义研究,2015-08.

[100] 陈华森.新自由主义国家本质观评析——基于马克思主义国家理论的批判审视[J].湖南社会科学,2010-05.

[101] 乔洪武,师远志.正义的不平等与不正义的不平等——功利主义、新自由主义和西方马克思主义的不平等思想评析[J].马克思主义研究,2015-06.

[102] 张晓红.评新自由主义的历史观 [J].探索,2005-06.

[103] 李常青,朱安东.新自由主义思潮在我国广泛传播的经济原因及对策[J].思想教育研究,2017-01.

[104] 罗建文.新自由主义"中国化"批判[J].重庆与世界,2010-11.

[105] 王义桅.新自由主义为何卷土重来[J].人民论坛,2013-24.

[106] 罗远航.当代中国"新自由主义"的掩蔽性管窥[J].现代哲学,2012-05.

[107] 赵阳.中国当代新自由主义思潮的表现与批判[J].重庆科技学院学报(社会科学版),2012-08.

[108] 李军林.似是而非新自由主义的致命缺陷[J].人民论坛,2013-08(下).

[109] 刘义圣,林菁菁.论新自由主义对当代中国的非适用性[J].福建论坛(人文社会科学版),2013-09.

[110] 杨淑珍,王艳华.用科学的发展观评析新自由主义思潮[J].湖湘论坛,2006-05.

[111] 董金明.马克思全球化理论与西方新自由主义全球化理论之比较[J].理论月刊,2006-01.

[112] 裴小革.新自由主义产权理论与马克思主义产权理论比较[J].政治经济学评论,2004-02.

[113] 刘凤义.新自由主义企业理论方法论的政治经济学批判——新制度经济学与马克思主义经济学的比较[J].当代经济研究,2006-03.

[114] 诸德伟.交锋:新左派与自由主义之争[J].山西师大学报(社会科学版),2014-02.

[115] 朱庆跃.建国初党对旧意识形态的改造及其借鉴价值[J].江淮论坛,2016-04.

[116] 李方祥.现代学术批判对马克思主义中国化的双重影响——以20世纪50年代胡适思想批判为个案[J].当代中国史研究,2007-06.

[117] 陈树林."有了党性,就没有人性吗"?[J].学习,1957-17.

[118] 戴树柏.简论自由——驳右派分子关于自由的论调[J].学术月刊,1957-12.

[119] 侯志纬.新旧法律究竟有没有继承性?——粉碎右派企图复辟伪法统的阴谋[J].教学与研究,1957-12.

[120] 罗世英.驳斥右派分子对我国选举制度的污蔑[J].法学研究,1957-06.

[121] 沈行韦.驳斥右派分子对人民代表大会审查和批准预算的恶意攻击[J].财政,1957-06.

[122] 陈金龙.马克思主义中国化的主体探析[J].马克思主义研究,2010-05.

[123] 陈殿林.马克思主义中国化进程中的问题意识与理论自觉[J].中共中央党校学报,2012-02.

[124] 郭维峰,田云鹤.时代主题与特征:马克思主义中国化的历史坐标[J].学理论,2010-19.

[125] 林默彪.马克思主义中国化研究的方法论与问题域[J].福建论坛(人文社科版),2008-12.

[126] 周新城.怎样理解马克思主义中国化——从"马克思主义基本原理无法完全解决中国问题"说起[J].毛泽东邓小平理论研究,2012-04.

[127] 朱士群.当代中国社会思潮:回应与引领[J].安徽师范大学学报(人文社科版),2008-04.

[128] 郗培炎.五四时期马克思主义与中国传统文化的再认识[J].党史研究与教学,2009-03.

[129] 徐松林.论马克思主义中国化的主体[J].求实,2006-08.

[130] 陈红娟.马克思主义中国化主体合法性与结构探究[J].理论月刊,2012-11.

[131] 陈金龙.领袖群体与马克思主义中国化[J].理论学刊,2009-11.

[132] 潘沁,靳书君.从主体方面理解马克思主义中国化的基本特性[J].理论学刊,2009-08.

[133] 孔朝霞,田克勤.马克思主义中国化早期探索的主体研究[J].思想理论教育,2009-09.

[134] 王海璇.新月派眼中的“中国问题”及提出的解决方案[D].东北师范大学,2007.

[135] 耿彦君.唯物辩证法论战研究[D].中国社会科学院研究生院,2003.

[136] 李丕洋.评胡适的真理观[C].中国现代文化学术研讨会论文集,2005.

[137] 郑杭生.树立正确的民主观[A].中共中央宣传部编.四项基本原则和资产阶级自由化的对立[C].北京:人民出版社,1990.

[138] 郑可圃.评“绝对自由”观[A].郑可圃主编.评资产阶级自由化观点[C].青岛:青岛海洋大学出版社,1990.

[139] 杜永宪.马克思主义的人权观[A].中共甘肃省委宣传部、本书编写委员会.坚持四项基本原则反对资产阶级自由化论文集[C].兰州:甘肃人民出版社,1991.

[140] 鞠德峰.析资产阶级人权论[A].郑可圃主编.评资产阶级自由化观点[C].青岛:青岛海洋大学出版社,1990.

[141] 秋田.论社会主义民主与资本主义民主的本质区别[A].广州市社会科学联合会编:划清界限　正本清源——资产阶级自由化剖析[C].广州:华南理工大学出版社,1991.

[142] 连自昕.坚定不移地坚持人民民主专政[A].谷景华主编.立

国之本——澄清被资产阶级自由化思潮搞乱的理论是非[C].呼和浩特:内蒙古大学出版社,1992.

[143] 昝琦.只有社会主义才能救中国,发展中国[A].中共甘肃省委宣传部、本书编写委员会.坚持四项基本原则反对资产阶级自由化论文集[C].兰州:甘肃人民出版社,1991.

[144] 杨千里.从横向比较中看中国的社会主义[A].中共中央宣传部编.四项基本原则和资产阶级自由化的对立续编[C].北京:人民出版社,1991.

[145] 范雁存,董笑梅,社会主义代替资本主义是人类社会历史发展的必然规律[A].谷景华主编.立国之本——澄清被资产阶级自由化思潮搞乱的理论是非[C].呼和浩特:内蒙古大学出版社,1992.

[146] 袁义文、林玉宝.社会主义再曲折中前进[A].谷景华主编.立国之本——澄清被资产阶级自由化思潮搞乱的理论是非[C].呼和浩特:内蒙古大学出版社,1992.

[147] 顾宝炎.抹杀社会主义同资本主义的根本区别是"趋同论"的实质[A].广州市社会科学联合会编:划清界限　正本清源——资产阶级自由化剖析[C].广州:华南理工大学出版社,1991.

[148] 韦英思."趋同论"的错误根源与社会主义代替资本主义的必然性[A].黎守法主编.坚持四项基本原则反对资产阶级自由化理论文章选编[C].南宁:广西人民出版社,1990.

[149] 李树蕊."趋同论"的实质就是取消社会主义[A].黎守法主编.坚持四项基本原则反对资产阶级自由化理论文章选编[C].南宁:广西人民出版社,1990.

[150] 高金田.评"马克思主义哲学的'过时论'"[A].郑可圃主编.评资产阶级自由化观点[C].青岛:青岛海洋大学出版社,1990.

[151] 熊垂猛.中国人民选择马克思主义是历史发展的必然结果[A].黎守法主编.坚持四项基本原则反对资产阶级自由化理论文章选编[C].南宁:广西人民出版社,1990.

[152] 夏永翔.马克思主义生命力的辩证法——批判资产阶级自由

化鼓吹的“马克思主义过时论”[A].黎守法主编.坚持四项基本原则反对资产阶级自由化理论文章选编[C].南宁:广西人民出版社,1990.

[153] 张志忠.论马克思主义在当代的生命力——驳“过时论”[A].谷景华主编.立国之本——澄清被资产阶级自由化思潮搞乱的理论是非[C].呼和浩特:内蒙古大学出版社,1992.

[154] 张震.指导我们思想的理论基础是马克思列宁主义——驳资产阶级自由化否定马克思列宁主义的谬论[A].中共中央宣传部编.四项基本原则和资产阶级自由化的对立[C].北京:人民出版社,1990.

[155] 林丹.中国共产党的领导地位是历史的选择[A].黎守法主编.坚持四项基本原则反对资产阶级自由化理论文章选编[C].南宁:广西人民出版社,1990.

[156] 涂世驿.中国共产党是中国革命和建设事业当之无愧的领导核心[A].黎守法主编.坚持四项基本原则反对资产阶级自由化理论文章选编[C].南宁:广西人民出版社,1990.

[157] 刘爱华.我国必须坚持共产党领导的多党合作制度[A].谷景华主编.立国之本——澄清被资产阶级自由化思潮搞乱的理论是非[C]:呼和浩特:内蒙古大学出版社,1992.

[158] 胡家强.中国共产党是“早产儿”吗?[A].郑可圃主编.评资产阶级自由化观点[C].青岛:青岛海洋大学出版社,1990.

[159] 孙国栋.“政党多元化”的实质是否定共产党的领导[A].谷景华主编.立国之本——澄清被资产阶级自由化思潮搞乱的理论是非[C].呼和浩特:内蒙古大学出版社,1992.

[160] 肖东波.坚持和完善中国共产党的领导[A].谷景华主编.立国之本——澄清被资产阶级自由化思潮搞乱的理论是非[C].呼和浩特:内蒙古大学出版社,1992.

[161] 龚文雅.1950年代胡适思想批判运动的历史辨析[D].安徽大学,2013.

三、报纸

[1] “民族主义”需要重新解释[N].国闻周报13卷1期,1936-01-01.

[2] 军队国家化的根本原则与根本方案[N].解放日报,1946-01-23.

[3] 进一步加强党的宣传网,使它更好地为生产建设服务[N].人民日报,1953-01-03.

[4] 周培源.高等教育改革中的三个问题[N].人民日报,1957-06-12(7).

[5] 郑华炽.高等学校中党的领导问题[N].人民日报,1957-06-21(7).

[6] 侯仁之.不能缄默无言[N].人民日报,1957-06-11(7).

[7] 党对高等学校的领导不应削弱而要加强——北京各高等学校教授座谈会旁听以后[N].人民日报,1957-06-14(7).

[8] 王力.漫谈高等学校中的几个问题[N].人民日报,1957-06-07(7).

[9] 邢其毅.我对高等教育的几点意见[N].人民日报,1957-06-18(7).

[10] 陈垣.科学事业决不能离开社会主义道路[N].人民日报,1957-07-25(7).

[11] 丁三.党性和人性[N].人民日报,1957-06-18(8).

[12] 廖盖隆.论民主自由[N].人民日报,1957-10-06(7).

[13] 若水.究竟谁民主[N].人民日报,1957-10-06(7).

[14] 反右派斗争是关系国家存亡的斗争 陆定一在全国人民代表大会上阐述同右派的根本分歧[N].人民日报,1957-07-12(1).

[15] 龚祥瑞在法学界人士的座谈会上批判陈体强储安平的谬论[N].人民日报,1957-06-13(2).

[16] 黎澍.资产阶级两党制和劳动人民的"雅量"[N].人民日报,1957-06-26(7).

[17] 理夫、林岐瑞.天下究竟应属于谁?[N].人民日报,1957-09-02(7).

[18] 王水.驳"无法可依"和"有法不依"[N].人民日报,1957-09-09(7).

[19] 徐平.为什么只要法律不要政策?[N].人民日报,1957-09-12(2).

[20] 章乃器.从"墙"和"沟"的思想基础说起[N].人民日报,1957-05-14(2).

[21] 小雅.关于"特殊材料制成的"……——和章乃器先生商榷

[N].人民日报,1957-06-08(8).

[22] 张铭闻.共产党的根谁也挖不掉——批判张百生、黄振旅的谬论[N].人民日报,1957-06-23(3).

[23] 陈垣.想动摇党的领导,我们坚决不答应[N].人民日报,1957-06-28(7).

[24] 茅盾."放"、"鸣"和"批判"[N].人民日报,1957-06-17(2).

[25] 华罗庚.几点平常的道理[N].人民日报,1957-06-23(2).

[26] 王力.论党领导的人民天下[N].中国青年报,1957-09-05.

[27] 党不能发号施令吗?[N].人民日报,1957-07-10(1).

[28] 王力.漫谈高等学校中的几个问题[N].人民日报,1957-06-07(7).

[29] 李继侗,我对党整风的认识[N].人民日报,1957-06-14(7).

[30] 千家驹,孙晓村,吴大琨,冯和法.为什么这是两条道路的斗争?——对章乃器反社会主义思想的批判[N].人民日报,1957-06-20(4).

[31] 王伟.科学信仰:真理与价值的统一[N].光明日报,2005-06-30.

[32] 陈璞平.陈独秀的社会主义观[N].学习时报,2008-06-30.

[33] 张飞岸.新左派与自由主义"争"在何处[N].中国社会科学院报,2009-01-13(5).

[34] 刘同舫.挑战与建构:马克思主义理论发展的一个重要路径[N].中国社会科学报,2009-09-22.

[35] 郑大华,胡峰.近代中国社会变迁与文化转型的特点[N].光明日报,2010-12-14.

[36] 葛兆光.思想史为何在当代中国如此重要[N].文汇报,2010-05-22.

[37] 张允熠.马克思主义与中国文化[N].光明日报,2014-07-16.

[38] 樊伟.让马克思主义"引力波"辐射更远[N].人民日报,2017-09-28(5).

图书在版编目(CIP)数据

近现代以来中国化马克思主义对自由主义挑战的回应研究/朱庆跃,李怀琴著.—上海:上海三联书店,2023.8

ISBN 978-7-5426-8171-3

Ⅰ.①近… Ⅱ.①朱… ②李… Ⅲ.①马克思主义-发展-研究-中国 Ⅳ.①D61

中国国家版本馆 CIP 数据核字(2023)第 135275 号

近现代以来中国化马克思主义对自由主义挑战的回应研究

著　　者 / 朱庆跃　李怀琴

责任编辑 / 殷亚平
装帧设计 / 徐　徐
监　　制 / 姚　军
责任校对 / 王凌霄

出版发行 / 上海三联书店
(200030)中国上海市漕溪北路 331 号 A 座 6 楼
邮　　箱 / sdxsanlian@sina.com
邮购电话 / 021-22895540
印　　刷 / 上海展强印刷有限公司

版　　次 / 2023 年 8 月第 1 版
印　　次 / 2023 年 8 月第 1 次印刷
开　　本 / 640 mm×960 mm　1/16
字　　数 / 252 千字
印　　张 / 18.25
书　　号 / ISBN 978-7-5426-8171-3/D·594
定　　价 / 88.00 元

敬启读者,如发现本书有质量问题,请与印刷厂联系:021-66366565